黯然的

野花时

怀念绽红的胭脂

何时再见
梦　中人

MY DREAM
LOVER

谢礼恒 · 著

雲

山

画

序

/ 梦中人

正常营业 /

如果简单地说《何时再见梦中人》是《当你还是陌生人》的姊妹篇，我想是不够准确的。在《当你还是陌生人》一书被更多天南地北的陌生人接受之后，我想，藏在时间背后的更多人物，是时候拿出来与各位分享了。

同样地，《何时再见梦中人》里收录的人物访谈大部分都发生在过去数年间，我依然保留了他们最原始的访谈时间和状态，但有一些进行了修订或补记。在2015年的秋天和冬天，我对这本书里的很多人物一一做了回访，有几位还专程邀请他们授权或撰写了一部分文字。比如诗人北岛先生，我多次与他商量，最后选定他在《城门开》里的一篇散文《唱片》出现在《何时再见梦中人》里，谢谢北岛慷慨的版权授予。我希望他能看到这些属于美好年代的文字，美好地出现在这本书里。比如李健，他的文字《青春》让我感同身受，一并收录，再次致谢。我希望他们能够真正参与到这本访谈录的创作中来。诚然，这些人物有一些是确实没有办法放进《当你还是陌生人》的，按照一些艺术家给我的建议，“气质不符合‘陌生人’”——他们或许让人太过熟悉，或许太过久远令人有些淡忘，但他们的经历我认为都具有梦幻色彩，是的，“梦幻”一词我想了很久，很符合他们的集体气质，这种气息，一定经得起时间的穿透、命运的腐蚀、秘密的等候。

人的一生有很多意外，艳若浮生。《何时再见梦中人》中出现的人物，几乎都是一个个意外造就的，无论他们的名声多么响亮，还是生活多么坎坷……他们都不平凡。我没有沿袭《当你还是陌生人》一书的记述人物方式，而是更多选择了倾听他们的真实故事——他们与生活的相遇、搏杀与挣扎，他们对梦想的坚持、斗争与顺从，像一泓变幻着颜色的泉水，从未停止过荡漾。他们中的一些人到目前甚至都还在带伤一路狂奔，马不停蹄，他们负心，被负心，悲伤，被伤悲，可他们依旧坚信，梦里的清晖，注定会照耀他们。这些故事和语言真切地迫在眉睫，逼人无法绕开，他们在受访时坦诚而渴望倾诉的状态和眼神，我记忆犹新。他们是一个个活的梦中人，充满变幻的色彩和仓皇的轮转。

本书在收稿行将结束之时，一直担任这个系列作品的编务张涵，其身份和家事也发生了一些重要的变故。我不得不临时更换新的编务，但仍要再次对他表示感谢，并感谢他作为我的助手，在和我并肩的近两年时间里，慢慢地，从陌生人变成了梦中人。

我想，“梦中人”与“陌生人”最大的不同，是叙述情调的变化，《何时再见梦中人》加入了更多我自己的判断和想法，希望更富于变化和个性，一些人物的叙述几乎带着文学作品的情趣和表达方式，我希望做一个尝试。当然，这样的尝试得到了当事者的积极反馈，他们帮助我完成了这本访谈录。

这世界无时无刻不充满着惊奇的色香味。

与我相熟的海波先生说，难道你就只能写那些光环在身的名人或者明星？谁规定了他们就永远被歌颂？我觉得很有道理。在他们的另一面，更多的烟火气被发现，我加入了一些更多读者愿意看的“地气”，他们更接近于我们心目中的生活家。他们是当然的艺术家，比如魏葵、冯明。我欣赏魏葵的作品，他和我的数次深聊令我印象深刻，他的传奇故事简直有电影镜头的切换和美感，惊心动魄，迷人而又坦荡。冯明，一个曾备受争议的画家，身份复杂，我惊讶于他的波折履历和为人的坦诚，在风云诡谲的上世纪八九十年代，他的机敏与老练，是一种深入时代的典型血液，用“恰当的世故”来形容他，很合适。作为一个分寸感极强的中年男人，这一点在他的作品中已有鲜明的体现。

他们二位，我没有对访谈本身做过多的描述，忠实还原已足够惊心动魄。我想，干爽爽地呈现他们，是一种理所应当的尊重。在《当你还是陌生人》中由于种种原因未能收录的人物，有卡洛·格雷禾，一个活得自然的人，和另外一个以写作《空谷幽兰》著称的美国作家比尔·波特完全不同，一喧嚣一孤寂。在干妈何洁居士的引荐下，我和当时的几个朋友去到青城山见到了他，随后又通过电话多次聊过关于“隐士”的话题，可最后因为尊重他的个人意愿，我还是放弃了收录关于他的长篇访谈的想法，他有他自己应该有的距离与环境。另外，我很有兴趣去探访卡洛的神秘中国女友，看他如何把女友装进他的红磨坊里。

我想特别介绍的是臧天朔和赵安。由于一些已知的原因，他们的访谈得之尤为不易，花费了极大的心力；也因为一些不便透露的原因，使得我未能在美国拉斯维加斯与赵安深聊，但他几次与我的沟通显示出一种值得注意的淡然与气度，其才华与沉淀，力道与宽幅面的视野，多年以后，我仍深深敬佩。同时，我也很遗憾，最后我和编务吴小姐，还是共同决定将赵安的这篇文字删去，没有复杂深层的原因，只是觉得不合适。赵安的故事，应该是属于下一本对我来说更富中年反思性质的文本之中。

臧天朔，这个黄霑心目中大陆唯一会唱歌的胖子，让我体验到了完全不同的访谈氛围，无论过去数年中他给了这个乐坛和这个世道多少的风云吊诡和迷离故事，至少他坐在我面前时是完全敞开心扉的，是笃定的朋友方式。他讲到了自己的过去，讲到了狱中生活和狱友，由于涉及与本书不相关的一些人、一些事，我着力描述了我对他的理解，音乐上的，为人上的，抛开了故事化的叙述，纯属交心。我很感谢他们二位对自己的“不计前嫌”，能走到台前接受我的访问，本身就已是这故事的最精彩一章。

我的朋友钟立风作为我十分欣赏的民谣歌者，此次婉拒了收录《何时再见梦中人》的请求，每次发新片，他都会认真签上名，快递给我。无论他在哪里签售或者做分享会，也无论我在哪里出差、访问或度假，关于他的书，我一般都会自己在网上搜罗，我迷恋他在唱片中的沉郁嗓音，像是一种生命的提醒和难忘困苦的箴言——习惯了远远地关注他，让他在所谓的媒体面前保持他应该有的样子。我十分理解他与这些东西保持距离的想法。

其实多年前我们就已经熟络，通过民谣歌手洪启，我认识了他和杨嘉松，认识了齐秦、周治平、金兆钧、三宝等等有意思的音乐人，我们在北京听歌，在深圳喝酒，在成都吃串串，在网上嬉笑怒骂说各自的生活，那真是一场场风花雪月的事。如今每次见到洪启，我都会对他说，他那首《我不知道风是在哪一个方向吹》我真是喜欢极了。

后来才知道多年前就已采访过的水木年华的李健和他们也是好朋友，一来二去，早年采写李健的那篇音乐笔记更显得珍贵，那时他刚从水木年华中单飞。后来在北京郊区的一电影拍摄地还专门与变身导演的卢庚戌聊到过李健，席间对网上炒得厉害的二人“分手”传闻一一回应。那时的李健还没有参加《我是歌手》，还没有在万人瞩目的电视节目中演唱《在水一方》《车站》《梦一场》和《尘缘》，但那时的他更清澈，更纯净，更如璞玉，我庆幸这篇短短的文字没有像之后的一些长篇稿件那样充满了各种各样的解剖意味——作为一个新时代，我们总不习惯从单一方面来看一个人，就连纯粹听首歌也习惯从背后的经济学、时尚学、音乐学的角度去解构。在音乐面前，我们都写不出直抵他心口的文字，对于一个歌手而言，采访总是浅淡的，他就在他的歌声里，云淡风轻地讲讲这些歌本就十分迷人。幸好，我去听了他2015年冬天在成都电子科技大学的演讲，并完整收录了这则颇有价值的演讲文本，感触颇深。

李健也许是本书中最符合“梦中人”气质的一位。

本书中仍然收录了一些美术方面的艺术家。比如周春芽、曾梵志、徐冰等等。我与他们有过多次接触，我们甚至一起旅行和工作。周春芽是离我生活的地理位置最近的一个艺术家，我采用了他的作品《扬州女子》作为本书的封面。这幅画实在是太符合本书的基调，它适合一个人远远地观看，沉默，然后与自己挥手作别，我无法忘怀看到它的那一眼的感受，它的神秘色彩让我想起难忘的少年时期，充满着光环的混乱的迷彩风味的心灵浪荡时代。它注定成为这本书最贴合的包裹，看起来像个五彩斑斓的谜语。我要感谢女诗人翟永明对本书几篇文章做的文学统筹工作，她的谦和、温暖，令人印象深刻，我在她的白夜酒吧完成了整本书的最后一遍文稿梳理工作，那天下午的阳光正好。

“梦中人正常营业”，这是在完成这本书稿工作后，走出报社的那个傍晚，一抬眼就看到的招牌。报社对面一家服装店就名为“梦中人”，由于道路整治打围，服装店挂出这样的牌子，引领一种更别致的提醒。就如我正在修订《汤唯：背面的处女》一文时，她那天正好推出了新歌《梦中人》，作为她先生金泰勇新电影《她的传奇》的歌曲，我倒是读出了“满目山河空念远，何不怜取眼前人”的意味。

要感谢许燎源现代设计艺术博物馆的许燎源先生、张群英女士，感谢设计师许天琪，从《当你还是陌生人》开始，到《何时再见梦中人》，他们给了它们最合适的打扮，犹如出嫁前夜的赧颜，美若黎明。本书选用了几位好朋友的书法作品，放置在书内：许燎源、叶瑞琨、蒙中、霍晓、彭志强、许尔纯，致谢。当然这本书还要感谢我供职的《成都商报》和陈海泉先生、李若峰先生，他们是“梦中人”的坚实后盾。

这本书得到了大观艺术馆晏璧女士的特别支持，她的真诚和艺术情怀让人印象深刻，她的馆藏让我大开眼界。

何时再见梦中人：黯然的，野花时，怀念绽红的胭脂。

2015/冬至

雲

梦中人

何時再見

并非涂鸦 许尔纯作品

渐然以
春暮时

1

卡洛·格雷禾[2]

/ 红磨坊的六十个春天 /

在法国，一直流传着这样一种说法：
没有丽都，就没有巴黎的夜生活。
对于今年已38岁的卡洛·格雷禾来说，
这句近似于巴黎谚语的话早已谙熟于胸。

作为克里斯汀·格雷禾（Christian Clerico）之子和约瑟夫·格雷禾（Joseph Clerico，巴黎丽都秀创始人）之孙，卡洛属于这个最有名的巴黎歌舞秀格雷禾家族的第三代传人。该家族已运营丽都秀和红磨坊超过60年。 在卡洛任职于丽都秀的近20年期间，出品了上一个知名作品《美好的时光》。这一次，是《巴黎华羽》——涵盖了巴黎流光溢彩的夜生活和红磨坊的前世今生、传闻中真正的欧洲上流社会生活方式以及他在北京租住的四合院里那个美丽的中国姑娘Linda。Linda是他的女友，亚洲超模。“她犹如史戴西·肯特的婉转嗓音，甜甜的，天蓝色地躺在你耳边。”卡洛的赞美是正宗的法国风情，包括他接吻和坠入情网的方式。

几个小时的细聊下来，和我们对名流的想象完全不同，“历尽繁华后重归简单，这就是上流社会的生活。”卡洛淡淡地总结，喝了一口清水。接下来就是迷死人的微笑。

第一幕 巴黎 华 羽

到过法国的旅游者，一般都知道巴黎有两大著名的歌舞表演厅（还有一家更为小众的无上装表演夜总会“疯马”），一个是位于市中心香榭里舍大道116号的丽都，和LV旗舰店做邻居；一个是位于城北蒙马特高地（Montmartre）脚下白色广场附近的红磨坊。如果说丽都具有美国百老汇风格，那屋顶上有着长长的、闪烁着红色大叶轮的红磨坊则是更为地道的法国式歌舞厅。印象派大师奥古斯特·雷诺阿的名作《红磨坊》使这个歌舞厅蜚声世界。还有三部电影以红磨坊为主题，一部是法国大导演让·雷诺阿的《法国康康舞》，此外还有两版不同时期的同名电影《红磨坊》，其中妮可·基德曼摆弄着修长的双腿和帅到爆的男主角伊万·麦格雷戈谈情说爱的那一版最让人印象深刻。——白色广场上，一对异域情侣在街角亲吻，男方说：“亲爱的，为什么我们如此相爱？”女方回答：“因为我们站在世界上最幸福的地方……”这就是电影《红磨坊》里的经典对白。

红磨坊有着悠久的历史，早在1899年红磨坊酒吧就在巴黎蒙马特地区开业，不到半年，盛誉响遍整个欧洲。1946年，一个叫约瑟夫·格雷禾的意大利穷小子来到巴黎，在那里创办了丽都歌舞秀，与此同时还接手并改造了老的红磨坊，卡洛说："我的爷爷来自意大利一个贫穷的小山村，二战之后巴黎自由了，1946年他创造了丽都秀。1955年丽都秀已经非常成功了，然后红磨坊也开始红火起来，同一段时间丽都秀传到美国拉斯维加斯。"和拉斯维加斯签的合约最初只有6个月，但后来却一直演了36年！很少人知道，这个改变了巴黎夜生活的意大利人最初连一句英语也不会说。1977年，因为丽都秀很成功，需要一个更大的平台，所以搬到一个更豪华的地方。再后来，丽都秀在欧洲和美洲都进行了巡演，"那也是我父亲开始接手丽都秀的时间。丽都比红磨坊大，但两个都同时在做。"卡洛聊起家族辉煌的经营史，脸上洋溢着香槟色的光泽。

和中国人讲究循序渐进不同，胆子大、眼光独到的格雷禾选择了同时经营丽都秀和红磨坊，"红磨坊确实比丽都秀早，之前很多人转手做过，但都没有成功，是我们把它做起来的。2002年我29岁时正式掌管红磨坊，舞监、音控都会做。我祖父有做生意的天赋，当时丽都秀是他一手掌管，1999年他去世后有点混乱，这就是红磨坊第二代转手的时候，而我是第三代。"

生在巴黎长在巴黎的卡洛对巴黎却没有太深刻的感受，因为在他10岁之前，他甚至都没进过巴黎市区！

当时作为穷小子的爷爷约瑟夫自从靠丽都和红磨坊成为法国首屈一指的富翁后，随即在巴黎的近郊买了一座实在“大得过分”的城堡，里面仆人成群，光是专职负责种蔬菜和其他农作物的工人就有30多个，这些人日夜辛劳，供给着整个家族的日常餐桌生活。“这座城堡实在很大，除了有自己的菜园，还有牧场，像一个森林公园，其间麋鹿成群结队地穿梭，不用担心清洁问题，10多个工人会随时打扫这些麋鹿路过留下的粪便。深秋的黄昏时分，当敏感轻盈的麋鹿成群地悄然从城堡周边的林荫小径跑过时，简直就是一幅摄人心魄的油画，格雷禾家族就在自己的城堡中打猎。”卡洛的随身助手安静地介绍，就像介绍自家酒窖里的一瓶波尔多红酒。

对小卡洛来说，家族居住的城堡就是一个孑世独立的小世界。叔叔喜欢马，家里数十匹名马，英格兰温血马、阿拉伯马、蒙古马。爸爸喜欢车，家里的司机和对这些名车进行日常维护的工人工作时的声音如同置身市场。

卡洛生性斯文害羞，喜欢格调优雅、崇尚勇敢的马术运动，他在各个年龄段都有好几套昂贵的马术服。幼年的马背上的孩子有着独有的快乐，10岁之前，城堡世界就是他世界。他的家，开车转一圈需要一个多小时，所以他连学开车都在自家的庄园里……卡洛的哥哥Emmanuel Clerico喜欢名车在巴黎上流社交圈里是出了名的，他还是著名的F1巴黎站马尼库尔赛道的试车手（1994年）！

这个家族，每一天都在上演着新的传奇故事。

成年后的卡洛走遍了世界各地，他看到了很多穷困潦倒但相当有才华的人，才知道他们的生活和自己完全不同。卡洛前几年一直生活在上海，他和新加坡的Straco Corporation（星雅）集团合作在上海、新加坡、澳门和迪拜等地推出歌舞剧。同时他还以Straco-Création 的名义合资出品了一系列诸如《巴黎华羽》一类的巡回表演。而在最近一段时间，他主要停留在北京和成都等地，推广着那些雍容华丽的长腿女郎和飞扬的白色羽毛。

卡洛深知“简朴”对一个经受了良好教育的人的意义。他点餐毫不奢侈浪费，从来不会剩下餐盘里的食物，一张A4大小的纸，他总是习惯两面用，写写画画，图、表，像个画素描的艺术达人。

巴黎，巴黎。巴黎是个神奇的城市。这里的女孩脸上有好看的雀斑，香榭丽舍大道上还有惊鸿一瞥的大弯杠高脚单车。这里的摩登女郎笑起来会赤裸裸地盯着你，难免有些恍惚。

从记事开始，卡洛就在丽都俱乐部的舞台边生活。小时候，他好奇地看着长腿长颈的女人们穿着霓裳羽衣出入后台间，看着衣着考究的观众们从门厅里鱼贯而入，看着华美舞台上的莺歌燕舞在暗夜里沸腾。一夜又一夜，从未间断。

2002年，卡洛29岁，不再像孩子一样守候台后。他开始站到台前，以格雷禾家族第三代继承人和制作人的身份传承起祖父和父亲的事业，并开创属于自己的“丽都时代”。他的第一步创举，就是把丽都和红磨坊的舞台从法国香榭丽舍大道搬到中国。

丽都和红磨坊给卡洛带来了财富和名誉，当然，在他的人生体验里，家庭氛围更加重要。“我们的家族成员在一起工作就是二三十年，丽都和红磨坊的人就是我的第二批家人。我接触的都是各行各业的精英，得到的反馈都是非常喜欢这两个秀。红磨坊和丽都秀是我们第二个职业家庭，而我们本身还有一个家庭。各种行业都有特殊性，我们的舞者和歌手都有丰富的感情，我们的人都有各种感情的化学反应，就像一部真实的电影。我爷爷把丽都秀从欧洲带到了美国，那么我就应该把红磨坊带到亚洲等更远的地方，这就是我的责任。”

作为“传人”，卡洛还透露了一些这个家族独特的经营理念，“我年轻时执手过一个名秀《美好时光》，那时候很年轻，不敢改动太多，还是保留最传统的东西。但后来有把握后，我们对灯光和服装等硬件做了不少改动。”保留与改动，就是这个百年家族经营之道的精髓。“我们尽量保持不要改动太多。我的爷爷和叔辈根本不知道亚洲的市场怎么样，我最近都在做对亚洲市场的尝试，我试图将丽都秀和红磨坊更多地传入亚洲，特别是中国，如果确实不行，我也不会强行改变，不过如果大家能接受，一些小的改变就能讨得大家喜欢，我们很乐意作出改变，不过这还是要取决于受众的口味。”国内的资深演出经纪商说，像红磨坊一类的歌舞秀，在进入中国市场时，国内的承办商都习惯性地问：“演员们能露到什么程度？”卡洛每每遇到这样的提问都很“无语”，“红磨坊里漂亮女演员的裸露和色情没有任何关系，它自从创办以来就是这样的呈现方式。魔鬼的身材，天使的面孔和表情，纯真、认真。”

在丽都秀和红磨坊，也有中国演员，但都是杂技演员，舞者几乎没有。“丽都和红磨坊的舞美偏向爵士，而中国的舞者小时候都练芭蕾，所以不太合适。不过我们会考虑增加一些中国元素。”

巴黎的夜生活，注定让曾去过巴黎旅行的朋友也倍感陌生。因为这里每夜都在发生着一些带着温度的变化。目前丽都秀和红磨坊在欧洲的票价以及上座率相当不错。两处俱乐部都是日均两场，4月到10月是传统的演出旺季，场场爆满，而且需要提前好几天预约座位。11月到3月是演出淡季，因为旅游的人去的可能少一点，那时票价低一点，但全年来说上座率应该在75%到95%左右（丽都秀有1200个座位，红磨坊是900个座位）。纯看演出，不带酒水大概是100欧元/人。如果加上酒水，大概就是150欧元/人（下午6点为第一场，叫作“晚宴场”，带一顿法式餐，按座位不同180欧元到200欧元不等。晚上9点为第二场，不带晚餐，价格为100欧元/人）。

巴黎本地人去歌舞厅的消费习惯也令人印象深刻，丽都秀在香榭丽舍大道上，而红磨坊则在蒙马特高地。从消费上看，当地人完全可以接受，“60多年来大家都形成习惯了，有新秀上映时，很多人都会去看。就像进戏院看个话剧，本地人肯定不会每天都去，但如果遇到有意义的日子就会去，那是一个充满怀旧情调的高档次之地。比如结婚纪念日、过生日等，本地人会去那里过。”在丽都和红磨坊里，“能花钱的人很多”，特别是阿拉伯地区和俄罗斯的，甚至有很多包场的。“我们也承担婚礼秀，但那样费用就很高。”1998年法国拿到世界杯冠军时，全体队员就是去的丽都秀庆祝，外面数万球迷就堵在丽都秀门口，“场面震撼人心”。另外，每当有奥斯卡明星去丽都或者红磨坊时，也有大批粉丝想挤进去，这就是名人效应。有意思的是，英国女王伊丽莎白二世曾邀请红磨坊去白金汉宫表演，大概是上世纪80年代，她实在是太有名望了，如果专程到丽都秀来，“面子上过不去”。大牌迪奥的前首席设计师约翰·加利亚诺的试装会找了很多地方都不满意，后来就选到了丽都。“时装会开场时，众多法国名媛现身，由于她们之前对丽都太熟悉了，简直就像在自家开派对一样。”

电影《红磨坊》讲述的是一个乡村女孩一步步在红磨坊达到梦想顶端的故事，而在现实的红磨坊里，同样有很多法国的乡村孩子通过红磨坊改变了自己的人生。有一个名叫《白老虎》（White Tiger）的魔术类节目，上世纪60年代就火了，在拉斯维加斯演了20多年，“那个演员现在在欧美舞台剧界已经是呼风唤雨。他就是出身于一个农家。”

丽都和红磨坊，顶级的领舞收入大概为100万人民币一年，领唱的年收入情况也类似。“红磨坊和丽都秀一天的收入是200多万（人民币），但我们要负担400人左右的庞大工资，他们的工资都很高。而且我们一个节目的总投入是1亿多人民币，一个秀可以上演好几年甚至更长时间。”在独立打造《巴黎华羽》后，卡洛就很少过问巴黎本部的经营情况了，“可以肯定的是，现在巴黎本部的丽都秀和红磨坊的收入要超过200万人民币/天，当然，每个秀的投入肯定也比以前更高。”

你面前的法兰西，梦枕边的夜巴黎。

意兴犹酣的卡洛和他的家族创造了巴黎的夜生活，他的爷爷创办了很多久负盛名的高级俱乐部，包括被称为“巴黎高级社交花园”的“巴黎赌场”，也是格雷禾家族的产业。而卡洛本人则有更惊人的计划，“我最近发现一个很好的秀，打算在当地找个地方把它办起来。而在中国，我们也有一个庞大的计划，大概会在上海建一个红磨坊剧院，筹划已经搬上日程。”卡洛说起如此巨额的投资，脸上平静如常。

丽都和红磨坊，历来是贵族名流、富豪们在巴黎的首选休闲胜地。从其诞生之日起，就没有离开过香榭丽舍大道和蒙马特高地广场。夜夜爆满的票房，每年超过45万名观众数量，让它们没有理由离开那里。全世界贵族名流观众——包括埃尔顿·约翰、施瓦辛格、撒切尔夫人与戴安娜王妃这些常客在内——让卡洛很自豪：“社会各界名流，包括画家、作家、演员、歌星等都喜欢丽都和红磨坊，并长期保留他们的专座。撒切尔夫人、戴安娜王妃等都是我们的常客。”

是什么吸引了这些贵族名流？卡洛的答案很简单：“丽都强调的是

视听体验，我们的舞台灯光设计、舞蹈编排、服装设计都是其他俱乐部无法比肩的。我们不惜代价地制作很多大场面：直升机、金字塔、瀑布、冰川、眼花缭乱的羽毛风暴……舞台上能展现现实生活里不可能拥有的奢华和时尚。而且，在看这些秀时，还能享受法国大餐。”

至于丽都和红磨坊的区别，卡洛认为红磨坊是以巴黎传统歌舞为主，而丽都则是以制作取胜。“现在很多人谈起大型的舞台秀，都会联想到拉斯维加斯。但在过去、在欧洲，丽都一直是体验顶级舞台娱乐的最佳选择。”卡洛本人从未在歌舞秀之外的领域工作过，他甚至没有上过正式的大学。他的人生经验完全来自于丽都。

他找了一支雄心勃勃的团队——曾两次获得世界舞蹈界奥利佛大奖的编舞大师克莱格·雷弗·霍沃、曾为英国著名乐团Blur作曲（编曲）的卡利·沙因、曾获美国多项服装设计大奖的埃德文·皮克尼——这一帮人，用3年时间，打造了如今的《巴黎华羽》。

在《巴黎华羽》里，共有30名歌舞演员，其中5位首席皆是现任巴黎丽都秀的领衔演员。这些身高均在1.80米左右的男女演员，穿戴250多套镶有羽毛、亮片等饰物的奢华戏服，用优雅而妩媚的舞姿演绎不同历史年代的歌舞风貌。卡洛还特别为记者揭秘了红磨坊选择演员的标准：三围、长相很重要，其次就是跳舞的能力和功底。

“女演员身高要在1.75米以上，男演员要在1.80米以上，年龄大概是18到30岁，歌手年龄可以稍微大一点，能hold住全场的。”卡洛对自己挑选的演员信心满满，而且他并不要求自己的演员一定是单身，“在互相尊重的情况下，他们谈恋爱的话心情还会好些，只要不在恋爱期间突然变得很胖或者很瘦，对得起自己的职业就行。”

丽都秀和红磨坊这么多年都很红火的秘诀到底在哪里。“一定要有创新精神。我们有不同地域、不同文化的受众。不管多成功，这是娱乐行业，不能只在那儿高高指挥，必须要实际操作，理论和实际一定要结合起来。对于制片人来说，每个环节都非常清楚。但作为投资方职责就不一样了，专业的人做专业的事情，大家做好自己的事情就OK。”

第六幕 巴黎　春　宴

“和Linda的故事？呵呵，我们恋爱一年多了。我们想结婚。”Linda是卡洛的中国女友，亚洲超模，2003年踏入模特界，曾获得亚洲New Face模特大赛十佳。两人的相识和坠入爱河几乎是闪电式的。两人通过一个共同的朋友结识，和Linda在一起的日子，卡洛并没有太大感觉，可回到法国后，他就觉得失去了最重要的东西。于是，当他再回到中国时，他便给了她玫瑰和最珍贵的感情。

于是，卡洛给Linda介绍，法国上流社会的生活方式，其实很简单：有钱人会进好餐厅、抽好雪茄、喝极品红酒，法国高档饭店一般都比较小，要很有钱的人才能预订到。二三十年前，他们喜欢办派对，穿着华贵的长裙，但现在很低调。周末度假会去较远的地方旅行。后来，Linda也知道了他们在社交上特有的一些习惯，比如，如果两人不太熟，那主人一方会带客人去当地最好的餐馆，喝最好的红酒，聊天中涉及的话题会非常宽，但都不会太深入，非常客气。但如果熟络过后，双方就直接去对方家里做客。“他们没有送礼物的习俗。送礼物一般是结婚、生子等庆祝的活动。一般情况下表示友好是一起出去玩、旅游等。其实，法国上流社会的生活比其他人简单多了。”卡洛的助手说。

在中国，一直有种对法国上流生活方式的习惯性解读，每年9月是葡萄大丰收的季节，名媛们、大家族们会组织一起去法国的南部，看成片的薰衣草和郁金香，品尝新出炉的葡萄酒，但现在这种习俗已经差不多消亡了，“我只记得之前我参加过几次，印象不是很深刻了，只记得那些红酒的味道真是美若彩虹。”卡洛说起红酒，话题不断。

千万别爱上你的舞蹈演员！这是卡洛的父辈、爷爷从小给他灌输的江湖规则。“因为工作性质，跳舞的女孩都很漂亮，我在离婚后有一段比较深刻的恋爱经历。这种事情是我们应该避免的，要不然‘一点火’就会很危险，长辈告诫过我们不要和舞者谈恋爱，但他们都有这样的经历，但最后都以‘灾难’结束。”腼腆的卡洛说起之前自己的感情经历，多少令人惊讶。

卡洛和前妻育有一子，不过他并不强求他成为丽都和红磨坊的“第四代传人”，“我会让他自己做一些人生的重大决定。他可以做自己喜欢的事，但如果他能来帮忙，我已经感激不尽了。因为不管做什么工作，都靠激情，如果我小儿子喜欢，当然能帮我。如果想干其他的我也很支持，如果他其他的做得不好，我会给他介绍另外的事情。”让他欣慰的是，儿子和Linda相处得很愉快。“Linda简单大方，对未知事物充满兴趣，在家里吃面条和稀饭都很满足，和大多数物质的女孩不一样。她是一个宽容随和的女孩。”卡洛打算和Linda结婚后半年在国外，半年在国内。两人甚至已经在北京租了一套小四合院作为爱巢，两人自己动手装修房间，“我在法国一直住在高楼，到了北京的四合院，觉得接近地面真好。”两人还颇有情趣地在院子中央种了一棵树，“春天里，邻居们会过来摘一些嫩芽回去熬稀饭。”

至于那是红磨坊的主人过的第几个春天，卡洛似乎已记不得了。

1. 红磨坊剧团在中国会所的演出现场，photo by 何彬。

2. 卡洛·格雷禾：巴黎红磨坊家族第三代传人；被誉为巴黎夜生活缔造者。

3. 红磨坊始建于1889年，位于城北蒙马特高地脚下白色广场附近，法国式夜总会。

红磨坊的历史上，出现过多位有名的艺人，如古吕、摩姆·弗罗玛茨、珍妮·阿弗里尔。

而今，红磨坊已成为与卢浮宫齐名的著名的旅游景点，更是窥视法国民族文化艺术的一个重要窗口。

红磨坊以上演其著名的法国“康康舞”而闻名世界。

康康舞是一种充满诱惑力的舞蹈，最初是红磨坊中那些为贵胄服务的妓女为营生而编排的。

该文写于2011年9月17日。

曾经放浪山

秋天

1

12+
07
апреля
Концертный зал
имени
П.И.Чайковского
Ланг Ланг
фортепиано, Китай
И. С. БАХ • Итальянский концерт
фа мажор, BWV 971
П. ЧАЙКОВСКИЙ • «Времена года»
двенадцать характеристических картин, соч.

朗朗[2]

/ 风中的

招牌 /

郎朗这个名字和他被赋予的中国符号，
就像一个辉煌的招牌，
无论热风寒风，始终屹立不倒。

11月2日晚，郎朗站在国家大剧院“飞乐·超乐——中央音乐学院75周年校庆音乐会II”舞台的斯坦威钢琴前，满目欢喜。作为中央音乐学院校友的国际钢琴家、联合国和平大使，郎朗与中国青年交响乐团以及指挥家李心草合作了《柴可夫斯基第一钢琴协奏曲》。他当天被授予中央音乐学院建校以来首个荣誉博士头衔。1999年的芝加哥拉维尼亚音乐节世纪明星音乐会上，郎朗正是凭借“柴一”一曲成名，从此正式走上职业钢琴家的道路。

一天之后，郎朗新专辑《郎朗在巴黎》又在北京发布，12月他又要进行内地巡演。他之前在巴黎凡尔赛宫的镜厅举办了钢琴独奏音乐会，这张录制于巴士底歌剧院的新专辑，则再现了独奏会当天的盛况。虽然郎朗在各地著名的音乐厅都演奏过，但他说，比起音乐厅，自己其实更喜欢在博物馆演奏。“14岁，我在北京音乐厅举办个人独奏会时演奏肖邦，肖邦、柴科夫斯基两位作曲家在我少年时都扮演着非常重要的角色，而且两个人都曾在巴黎待过，我想借他们的曲子，带来听觉、视觉新的冲击力。”

风中的招牌

我和他多次面对面，对郎朗这个身份复杂又单纯的钢琴家来说，他的典型性成功案例当然无法复制，但对于千千万中国琴童及家长来说，郎朗这个名字和他被赋予的中国符号，就像一个辉煌的招牌，在寒风中依旧屹立不倒，并且成为众多商业、时尚、金融、音乐，甚至各个行业争相抢夺的唯一标本：每年要举办150场音乐会，录新专辑，每天坚持练琴2小时，夏天集中封闭训练。“26岁之前学习的永远不会忘，而26岁之后学习的不练习的就有可能会忘，常常练习，音符就会自然从指尖流淌。”

2015年4月30日，意大利米兰世博会在米兰大教堂广场举行，郎朗作为“2015意大利米兰世博会形象大使”和“2015意大利米兰世博会中国馆形象大使”，与意大利男高音安德烈·波切利合作了著名歌剧作曲家罗西尼的《塞维利亚理发师》选段以及经典曲目《今夜无人入睡》《我的太阳》，随后独奏莫扎特的《土耳其进行曲》。他特意选择演奏了中国名曲《春节序曲》，曾经的007主演皮尔斯·布鲁斯南来捧场。我记得他很骄傲地说，当时演出一共使用了两架钢琴，其中与波切利合作时的钢琴正是意大利著名歌剧作曲家普契尼创作《今夜无人入睡》时使用的钢琴。

圈子里都知道，郎朗有一个无比牛的推广团队，他们分工协作完成着郎朗的大音乐梦想，像一个流行世界里呼风唤雨的“古典杀手”，摇摇滚滚地进行着一场又一场极具商业价值与高端气质的音乐会。我很欣赏他2013年5月于莫斯科柴可夫斯基音乐学院的演出，2004年，22岁的郎朗首访俄罗斯时的演奏地点就是柴可夫斯基音乐学院，只不过当时是与圣彼得堡马林斯基剧院的艺术总监、素有“音乐沙皇”之称的指挥大师捷杰耶夫同台，而当晚却是他在俄罗斯首次举办独奏音乐会。

郎朗的俄罗斯情结由来已久。14岁进入美国费城柯蒂斯音乐学院深造，正是师从俄裔美国钢琴家格拉夫曼，比那更早的10年前引领他走进钢琴世界的，恰恰是格拉夫曼的老师——前苏联音乐家霍洛维茨。“我4岁的时候在自己第一位钢琴老师——朱雅芬老师家中……

当时看的还是前苏联卫星电视转播的霍洛维兹在莫斯科（柴可夫斯基）音乐学院的音乐会。虽然我当时只有4岁，但当我看到在他演奏舒曼的《梦幻曲》时全场观众泪流满面的情景时，第一次感到音乐拥有如此强大的感染力。”

从1986年到2013年，时隔27年，郎朗终于能够在这个为他敲开音乐生涯大门的殿堂举办独奏音乐会，一圆儿时的梦想。在郎朗满世界举行演出、出席各类活动时，他的身边总有一个“连体人”——曾经的二胡演奏家郎国任，而他最为人熟知的身份是郎朗的父亲，郎迷们都亲切的唤他为“郎爸”。2012年，由“郎爸”根据对儿子的音乐教育著成的《我和郎朗30年》出版，披露了郎朗从出生到30岁的成长历程。而早在2008年，由郎朗亲笔撰写的自传《千里之行：我的故事》一经问世便引来各种争议。在这本有关童年、梦想、取舍、偏执的自传中，郎朗成为优秀钢琴家的理想被描绘成一场押上全部的豪赌，为了“永争第一”，他的童年也丧失了所有小朋友应有的欢乐，取而代之的是严得密不透风的管教。对此，郎朗非但没有觉得委屈，反而感到自己是“幸运的”。他说：“这完全取决于你想做什么。我在5岁时就立志将来要成为最优秀的钢琴大师，既然我把自己定位在这种级别，就必然会付出、牺牲，也注定了我将拥有和别人不一样的童年。（我到目前为止）所取得的胜利是要付出代价的，即便是现在，我们也必须把几乎所有的时间都投入到我的事业上，这是不可避免的。”

郎朗把他如今在国际舞台取得的辉煌归功于自己的父母。“反正我认为（我过去遭受的一切）都值得，但如果别人没有（像我）这样热爱音乐，那最好就不要做这个事。”

在被问到今后如有了孩子是否会继承“郎爸”风格，将其培养成和自己一样的钢琴家时，郎朗说，让孩子学习音乐是必须的，因为即便“作为爱好，音乐也能带给我们很多神奇的感受”，但至于下一代能否成为钢琴家，则需要天分、机遇和努力。“我是不可能逼出一个新的钢琴家来的，我只可能去引导。”

我很吃惊，每个琴童身后都有严苛的父母，但少有像郎朗父亲郎国任这样，对儿子郎朗的钢琴生涯介入得如此之深，这一点可以从《我和郎朗30年》一书里看出来。“1982年6月14日，郎朗出生了，他的出生，可以说是我有生以来最大的转折点，因为这完全改变了我人生的方向。”此后的30年，郎国任和郎朗几乎保持着共生的状态，他们组成一对父子军团（其实李云迪和父亲李川也是），从沈阳空军文工团的家属大院一路杀到世界最顶级的古典音乐舞台，郎爸是郎朗的第一任老师、教练、陪练、观众、保姆、司机，甚至广义上的同学，在相当长一段时间内，他还是郎朗唯一的朋友。

对于外界一些称其弹奏趋于“表演化”、表情过多等争议说法（这一点在国内甚至国外的一些网络论坛里比比皆是，有的甚至还说他的演奏是“音乐马戏”），郎朗回应说，他本人根本没有这种感觉，持此看法的人首先是因为嫉妒他，这种评价本身纯属“无中生有”，并且过于“外行”，奉劝这些人“先把音乐学好”再对别人评头论足。

“只要是对古典音乐稍加了解的人都能听出来，只有外行人才说得出这种话。”他说，“音乐家在演奏时，最重要的仍是弹出的声音，所有的一切都是为了把音乐本身表达出来。至于表情贫乏还是丰富，这根本就不应在讨论范围内。”

郎朗说，自己追求的从来都首先是如何把作品诠释好，根本就没有想过要追求诸如表情这种与演奏本身无关的元素，“去追求自己的特点——这种说法本身就是很可笑的。把音乐本身表现好，把曲子的精神和作曲家的动机表达出来，这就是‘特点’了。艺术不是‘设计’出来的，靠的完全是艺术家的自然分析、体验和消化。”

在莫斯科的演出效果超出了郎朗本人的预想，还在上半场弹奏莫扎特作品时，台下就有观众大呼“Bravo”。而下半场他对肖邦作品的演绎更是奔放不已，停顿处敢于留白，予人无限的想象；湍急处密不透风，让人血脉贲张。第二天，郎朗又在同一个大厅为音乐学院的学生上大师课。为此，音乐学院专门举行了一场比赛，只有前三名才能有幸获得他的亲自指点。在俄罗斯文化频道的相关报道中，这三人之一——来自学院5年级的奥克罗斯茨瓦里泽说，他没有想到郎朗身上有如此巨大的能量，“当我在同一个舞台与他并肩而坐的时候，出乎意料的事情发生了——我身上也出现了这种能量。”或许，这就是他在之前所提到的，催人前进的“驱动力”，而音乐家自己还没有意识到，这就是他最大的特色。尽管经历了极其艰苦辛酸的童年，但郎朗的演奏却永远带着积极向上的情绪。如今，他要把这种正能量传递给更多的人，让更多儿童能够更早更好地学习古典钢琴。

“在古典音乐这个日渐萎缩的市场上，郎朗的每场音乐会的听众人数都在增加，每一张CD的销量都要比前一张更多，这就是他的非凡之处。”斯蒂芬·艾伯特——郎朗的英国经纪人——在BBC2012年10月播出的纪录片《破釜沉舟：郎朗的故事》中说。

指挥大师、郎朗的恩师洛林·马泽尔2014年07月13日在美国弗吉尼亚的家中逝世，享年84岁。马泽尔曾多次来华演出，2002年他担任纽约爱乐乐团音乐总监后，启用当时年仅20岁的郎朗作为钢琴演奏者，开启郎朗音乐生涯的崭新阶段。大师去世的时候，他刚刚在现场看完巴西世界杯决赛。我给郎朗发了一个微信，问他要不要为恩师说几句，“在马泽尔魔术般的指挥下，我感到血液在沸腾。决赛的时候听到马泽尔去世的消息，不愿相信这是真的，很难过。很荣幸与他有过30场音乐会的合作。2002年9月，他接手纽约爱乐乐团后第一周音乐会时，用我作为钢琴演奏者，并随乐团全球巡演。他对我的提拔和支持永生难忘。感谢他，在我音乐生命中的出现和鼓励。我会永远想念他。”郎朗说马泽尔“是我最重要的伯乐之一，马泽尔对我的帮助，我无法用语言表达。他是一个天才，也是一位智者，我们失去了一位巨人”。郎朗回忆，2000年的一次私人聚会上，两人相识。马泽尔当时觉得郎朗是个有才华的钢琴家，希望以后有合作的机会。直到2002年的8月下旬，他和郎朗才有了第一次合作。说起那次合作，郎朗话语中透着激动：“我至今感觉马泽尔大师手上挥动的不是指挥棒，而是魔术棒。他不但手法精准，而且每个细节都极具感染力。”而对于郎朗，马泽尔显得很惊奇：“他对音乐的理解已经超过很多比他岁数大的音乐人了，纽约乐团与他的合作非常愉快，他会谦虚地发表意见，这对一个少年成名的人来说非常难得，或许这就是中国人特有的谦逊吧！”

命里有时终须有，命里无时莫强求。回到2013年我与郎朗的一次时间最长的访问，2个半小时——委内瑞拉、秘鲁、智利、哥伦比亚、墨西哥……在结束欧洲巡演之后，“飞起来弹琴”的郎朗又马不停蹄地展开了南美洲的巡演，6月6日凌晨又从纽约转到成都参加2013《财富》全球论坛的开幕酒会演出，“今年夏天，我将过我的31岁生日，6月14日我将在清华大学举办我的生日音乐会。”郎朗倒完时差，清清爽爽地坐到我的面前。在拍照环节，他反复提醒我，“要把我拍得瘦一点哈”。

这次深入到拉美地区展开音乐巡演，对郎朗来说是种全新的“很拉美”的感受，和欧洲这种极具古典音乐底蕴的区域相比，南美的巡演带着别致的音乐风情，有些城市就在山谷里，琴瑟和鸣中“小欧洲”的感觉扑面而来，但它的风情分明是拉美味儿的，调性中又带着野性。“观众的热情让我吃惊，在这些经济并不太发达的地方，我惊讶古典音乐的那种纯粹的魅力与影响力。特别感动的是委内瑞拉，音乐在年轻人中的普及与渗透力让人印象深刻，他们全民学习艺术，贫民区的小孩通过音乐走上了正规的教育成才之路，这是音乐的教化和能量。”

郎朗对我说，他一直在考虑如何在“专业”与“爱好”的平衡中给孩子以指导。“在中国当今的学琴热潮中，如果能当一个专业的钢琴家当然是条好出路，市场也蛮大；但现在学出来能成的太少了。我想，学琴的孩子不一定都盯着成为一个古典音乐大师，流行音乐也是一个好出路。学钢琴没有错，但不是所有孩子都能像我这样幸运，走到现在，我当初学琴也是很累很艰辛。我想对所有在钢琴面前的孩子们说，不要逼自己成为某某某，享受在钢琴面前的时光和体会其中的快乐、意义，才是音乐本身的力量。当你16岁或者18岁时，相信你一定有自己的方向和选择，这时，你才是你。”

培养更多 爱音乐的 孩子

在全世界所有知名音乐厅演奏完成“大满贯”，和所有在世的古典音乐大师、演奏家都有合作，这毫无疑问，是郎朗“前无古人”的成绩。对中国古典音乐来说，也是一笔不小的财富。最让他流连的两位指挥家是1980后指挥家古斯塔夫·杜达梅尔（委内瑞拉）和西蒙拉特，郎朗跟前者吃完饭可以去打台球、打乒乓球，去俱乐部跳舞，同龄的快乐和对音乐的热爱让两人十分合拍。而后者，他认为是这个年龄段最优秀的指挥家之一。明年，郎朗将会尝试演奏拉威尔的作品。而今，郎朗的目标是做好自己的学校“郎朗国际音乐艺术学院”，培养更多爱音乐的孩子，郎朗认为，财富是要为人提供更高质量更有价值生活为目的的。

作为格莱美中国大使的郎朗第二天晚上在成都体育中心演出。他提到很多乐迷关于“中国音乐家离格莱美有多远”的问题，除了谭盾、汤木海、王健、宋祖英等获得过格莱美奖提名外，华人音乐家在格莱美这个“国际音乐奥斯卡”的舞台上仍处弱势，郎朗表示，这个对中国音乐家来说是显得有些“不公平”的，“毕竟他们的评委和选票几乎都来自欧美，他们对中国音乐家确实不熟悉。”

郎朗听过不少流行音乐，周杰伦、林俊杰等等都是郎朗喜欢的流行歌手。郎朗昨天还透露除了和周杰伦合作的《梦想启动》外，接下来和周杰伦还有关于流行音乐方面的合作。

四川学钢琴的孩子有点“凶”

郎朗曾私底下跟我说，古典音乐是一个很烧钱的行业，大家可能还不是很了解，每培养一个这样的艺术人才，都要花太大的财力和精力，而且有时候还不一定成功。“我来成都做客财富论坛，希望和更多的怀揣着艺术梦的‘财富家’们见面，让他们对音乐有更深入的了解，并希望他们把财富和眼光投向音乐教育上。”至于理财，郎朗说平时这些事不归他管，也不是给他爸，而是有专门的团队来打理。

“中国现在有越来越多的孩子在从事音乐和接受音乐教育，这是好事，家长舍得花钱给孩子接受教育，但我觉得还不够，社会还应该将更多精力投入到音乐教育上，让更多的孩子和普通怀梦者能走进音乐厅，感受音乐的力量。”

如今，似乎每个学琴的孩子都想成为郎朗，每个家长都想成为郎爸，如何给这些望子成龙的家长建议。郎朗说：“我去过四川音乐学院两次。四川的钢琴整体水平很高。我从小就知道，来自四川的学钢琴的孩子有点‘凶’。四川有几个非常杰出的高水准老师，这是四川音乐的财富。我7岁时参加全国比赛，那时候看到过几位来自四川的小朋友参赛，基本功极好，扎实、音乐感到位。古典音乐毕竟是西方的东西，中国人在演绎时很难做到原汁原味，但四川这个地方的音乐教育很扎实。中国音乐教育的问题不在普及，关键是在于如何让这种普及升级，让他们成长为全面的音乐家。”

1 2014年4月郎朗在莫斯科柴可夫斯基音乐学院音乐厅的演出海报。

2 郎朗，1982年6月14日出生于辽宁省沈阳市沈河区，国际著名钢琴家。
第一位受聘于世界顶级的柏林爱乐乐团和美国五大交响乐团的中国钢琴家，
获得古典音乐类多项权威奖项，包括德国古典回声大奖等。
曾在多个世界瞩目的海内外重要场合进行演出。
2013年10月28日，郎朗成为联合国第12位和平使者，
这是历史上最年轻的和平大使，也是第一位中国人成为和平大使。
该文写于2013年6月7日，于2015年11月4日补记。

1

李健[2]

/寂　寞　水色/[3]

应该有棵灰色的树种在这里。
风，微微吹过，那样才有宁静的感觉。
或者还应该有挂脆生生的风铃，起风时，
可以在那些寂寞的晨昏，悄然歌唱——

李健是个纯色的歌者。不喜欢“歌手”这个说法。真正用心唱歌的人是幸福而婉转的，那种透明和真实能够从眼睛延伸到手再弥散到心。这个过程是属于倾听和期许的。

我对李健音乐的倾听是一种期许。李健很简单，一如清风，也如流水。没有杂质的音色，宽而透明的音域，听他的时候会想起童年，很久远的甜蜜时候，轻松、荡漾、莫名忧伤。他的音乐中总有很多恍惚的故事情节，可是具体下来又找不到任何确凿的出处，像雾一般的味道，巨大的迷惘牵扯出的飘然让人安静，安静之中是寒冷的，因为心的纯粹会让那些反反复复的往事凝聚。过往，温暖的极少，变幻无常，感受他的声色故事，总是寂寞成长伴着寥落歌唱。喜欢在黄昏的时候听李健温和的声音，一杯清水，面前有一面很大的落地玻璃，远处有绵延的山，近处是难言的蓝色忧郁，那种久违的感觉像在踏实的追逐，往回忆以北的方向追逐，没有必要紧张。李健的音乐不会给你带来任何焦虑，他声音中最舒展的在于每句歌词的末尾，婉转的弹动流沙般的气声，或是一段哼唱，或是一截灵光忽现的高弱音。于是整个房间是清新绵延的，随风摇摆的情不自禁，悠然，幽雅迷离。

李健是个孤独的歌者，上世纪７０年代出生在哈尔滨某个文艺家庭，在父母的期待之下进入清华学习时髦专业，毕业以后从事着别人看来体面而稳定的工作。在学校的时候就因为声音的干净和独特的唱功得过歌唱比赛的冠军，和卢庚戌的水木结合把这个清风流水般的低调少年唤回来了，毅然从朝九晚五的人群中逃离，无牵无挂地投入到自小为伴的旋律世界。发表了后来囊括了几乎乐坛所有大奖的专辑《一生有你》，和卢庚戌匆匆完成了第二张专辑《青春正传》的制作以后，由于音乐理念的桥路不同而单飞。于是，风格鲜明的李健开始了自己流水民谣的孤独之旅。听《一生有你》专辑中他的角色有种旁观者的感觉，《快乐园》中的紧凑旋律，悠扬明朗；《美丽人生》中轻快的维吾尔节奏和小桑巴手鼓；《四月物语》中的东瀛小调，委婉的爱情誓言，离合不定的小三度和弦，都是极具李健风格的作品，这些小雅虽然不如小卢的《一生有你》《轻舞飞扬》那般具有传唱潜力，但它的独特清新还是让我们对李健的音乐感受颇深。到了第二张专辑《青春正传》就是另外一番情况了，这张专辑意料之中地成为水木年华的下坡路专辑，卢庚戌的创作才情明显疲惫，《单车岁月》和《青春正传》两首歌已经开始转型到校园摇滚的路子中去了，而且带有1970、1980年代英国雅皮摇滚的味道，比如大卫鲍依或是平克等等，而李健的《小爱人》《天使街》等作品已经从这种乐队化摇滚化的套子中脱节出来，前者的轻柔优美，后者的摇摆幸福让吉他爱好者们欢呼雀跃，很久没有这种脱俗的东西出来了，歌词隽永而浅晰，充满浓重的人文气息，像挂在春天里的一枚惊鸿的早熟果实，热烈、内敛、令人疼爱的脆弱。

关键还是他单飞后的《似水流年》。犹如封面一样的淡雅意象，惊讶于他的出色蜕变，可是仔细听完以后又觉得他一直都没变，还是那么质朴，让人着急的平和直接，水样的旋律绝对的民谣味道，像天蓝色的温情海水，也如同一缕粉红色的晨风。他在他的音乐质感中领悟着喧嚣以外的东西，行走于边缘，流淌着青春的豪情万丈和隐忍哀伤。他的音符属于内在的表达。听他的歌像是在欣赏中国水墨，写意、朦胧，而充满漂浮感。时间在他的歌声中是自惭形秽的：《绽放》和《远》中的高朗，《紫罗兰》中的潇洒精致，《一辈子的十分钟》的安然酸楚，都是默默震撼的，无声无息地腐蚀着适合忧伤的每个有歌的夜晚。一点温暖，一点凄迷。最近的一张《为你而来》是他静修一年多的心情收拾，封套上还是熟悉的微皱眉头，经历的丰富让李健的音乐萃取了时光沉淀的味道，电子乐队

“译”的编曲使得整张专辑的旋律性更强，音色上的处理更为透彻，层次感十足。吉他在他的音乐中一直是最亮色的，李健自己的吉他编配很有民歌的特点，主打曲《为你而来》中的节奏扫弦，《云上的日子》里大量的双吉他音效，都是最李健的感觉。而《父亲》中的淡淡怀念，《恋人》中的低回相思又是另一番细致欣慰。

李健是适合在遥远的地方聆听的，他的音乐总是很飘很飘，他的激烈是柔软的，创伤是安稳的，内在的很多感受躺在那些隽永沉郁的词里——时而飞翔、时而栖息，时而如微澜的伤感，时而又如绚丽的绽放。永远不会在他的声音中听到浮躁，因为李健和浮躁无关，永远在他的音乐中都能找到很多的期许，因为，这本来就是时间的味道。

李健，一朵在繁华边缘歌唱的寂寞水色。

我为生活　而来
特珍视我在乎的　那　一点　事[4]

在《我是歌手》的舞台上，人气与名字之间总隔着一道墙，谁也猜不透谁。李健总是跟时代背道而驰，但他参加《我是歌手》时，仍着实让我吃惊不已。他没办法再次低调了，我在朋友圈看到无数的圈内人在谈论他，他的穿衣之道、说话、暖男腔调，他的妻子……李健从之前的“歌手听的歌手”变成现在“满大街都在听的歌手”，我不知道这对他和他的音乐来讲是好事还是坏事，我很想知道他是怎么面对这种突如其来、扶摇直上的一边倒的赞美。这肯定是一种巨大的恐慌。

现在的李健成立了自己的工作室，他是自己的老板。李健穿着阿玛尼西装，黑色，坐在时尚杂志的镜头前，光很强，我在旁边看着他，他其实刚刚接受完一场采访，很疲倦。我到的时候他已经开始做其他的采访了。他说自己从小到大，都非常清楚自己要什么，是个非常有主见的人。小学时，有一次因为一件小事，李健和老师发生争执。如果是其他人，一定就妥协了，但他却坚称自己没有问题。被老师罚站在操场上，而李健却一点都不觉得委屈或不好意思，他在外面哼着歌，堆了一个雪人，才回教室。后来过了一段时间，老师向他道歉，确实是老师错了。李健说这是天生的，也是综合了父母的个性。在他们家里是严母慈父。《想念你》专辑的文本上有李健的全家福照片，“那一年，我5岁，最爱动物园。”曾在父亲失约不带自己去动物园的礼拜天，一个人翻墙跑了进去，直到父亲来找到坐在狮子笼旁边的李健。歌词页印着感言：至今还能想起当年全家游动物园的情形……照相时阳光刺得我睁不开眼睛，几乎看不清前方的摄影师，就像此刻的我，看着相片，前方也是模糊一片。父亲去世后，李健写好歌曲也不好意思拿出来，过了很久才给母亲听，“她非常喜欢。”父亲在世时他写过一个更年轻的父亲，

“我想象中也就比我大一点，四十来岁的样子。”《父亲》里写道：“你为我骄傲，我却未曾因你感到自豪，你如此宽厚，是我永远的惭愧。”

他说离开水木年华是“一言难尽”，我在北京郊外某个电影片场采访已转身成为卢导的卢庚戌，为什么李健会离开水木年华，他说的是，“可能你得去问问李健自己”。但李健很会说话，说水木年华真正打出知名度是在自己离开以后，他说自己早年都不叫“红过”，“我在的时候，水木还不算大红大紫，后来有一个人主导发展就好了。”

我再说一个故事，我的好朋友钟立风告诉我的。“李健约我去他位于西四的家做客，我骑车到了之后，看见一个干净明亮的院子，是夏天，芳菲悠闲，他们门口相应，郎才女貌，脱俗明亮，客厅充满了CD、书籍、精美物件，主人品味一目了然。那天告别时，李健给我一首曲子，请我完成。我夜晚灵感乍现，就是后来的《紫罗兰》，其中有他的恋人用独特语言唱出的句子和声。”《紫罗兰》里的和声部分署名“小贝壳”，也就是他人生故事里那个5岁就出现了的小女孩，两个人前几年诗情画意的生活微博被粉丝挖掘出来，极度令人艳羡。李健不喜欢三里屯和钱柜，说“回家去，听音乐、弹琴、写歌、看书……多好，我喜欢”。

“我为生活而来，特珍视我在乎的那一点事。”

李健：大约在春天

音乐手艺人在成都的一次演讲[5]

李健说，来成都做音乐会，大约在春天。

2015年11月30日下午，李健看了一下手表，才坦然站上电子科大成电会堂的舞台。我都不记得上次来成都是什么时候了，来到这里很亲切，因为我大学学电子的，是电子工程系的，是无线电的。因为我知道学电子学非常的艰苦，很同情你们。

“看见青春-缤纷世界里的专注”这个题目是那天他们问我，我随口而出的一个题目。我有一段时间一直在思考，为什么叫专注？其实很多地方不用专注，不用我来说。今天这个时候在我看来专注越来越难了，但是今天你们都很专注，你们都在专注地看着我。今天很容易做到，因为我们每时每刻都在被干扰，你看你们都拿着手机在拍我，我曾经读过一句诗，“地铁里到处都是向手机低头的人”，我们能看到很多人无时无刻在玩手机，很多朋友抱怨我李健为什么没有微信，电话也打不通，只能发短信，我的确是这样，我手机也没有那么智能，也没有微信的功能，也不能上网，并不是我买不起，我只不过觉得我受干扰的机会越来越多了，后来有一段时间我两三个小时才会看电话，开始有人抱怨回电话、回短信很慢，没关系，时间长了大家就习惯了，可以“任性”一点。其实很多时候我们做音乐的人，和创作者，包括一些很有名的作家，我跟他们聊天的时候，他们觉得手机其实是一个最大的干扰，包括IPAD，看各种信息，看朋友们吃什么，朋友们自拍拍什么照片了，又看到谁了，其实这些信息理论上来讲对我们没有太多的用途，我们一直说需要的是知识，需要的是智慧，很多信息没有用。专注其实说起来很容易，做起来很难，你会要面子，得罪一些朋友。

我曾经在意大利遇见一个做鞋的老人，今年发现他已经去世了，他几十年专注地做鞋，做得非常好，根本不用你们贴创口贴，因为不会磨脚，他看到你的脚就知道你穿什么样的鞋，就知道你的脚的尺寸。我很敬佩这些手艺人，在我看来他们就是艺术家，真正的艺术家，音乐家也好，文学家也好，理论上都是一个手艺人，只不过我们今天太多人空谈一些观念，空谈一些理想。音乐其实也是这样，很多人写一些宏大的主题，写一些自己不一样的想法，但是很难实施，因为没有技术，技术是任何时代都无法逾越的。无论到什么时候，我只能熟悉我这一行，曾经我也熟悉在座各位学电子的同学，只不过手艺学得不太好。我这个手艺一直没有打磨得很好，其实就是不够“专注”，不够“热爱”。我大学学电子，我最害怕做试验，因为准备试验要花几个小时，做试验需要四五个小时，写试验报告还得写几个小时，一学期应该有20个左右这样的试验，非常痛苦。我后来动手能力很差，记得有一年做一种叫FPGA的东西，我做得乱七八糟，我现在想一想做得不够好是因为不够热爱。我大学里面有一个同班同学，学习非常好，涉猎很广，也爱唱歌，跳交谊舞，还喜欢健美操，能弹吉他，能吹口哨，恋爱也谈得好，恰恰是这样一个风云人物后来成绩平平，我想还是因为不够专注。其实很多时候这样的人更适合做什么呢？做领导。在此没有任何贬低意味，其实一个人的能力是有限的，我们常常夸一个人很年轻，很漫长，觉得有很多可能，但恰恰不是，一个人真正能够掌握的，真正成为技能的机会非常少，能够学会一两样就已经很不错了，所以在这样一个纷繁的时代里面，其实应该舍弃很多东西。

我曾经说过一句话，“很多快乐应该浅尝辄止”，更容易得到愉悦，但是这并不矛盾。如果一个人你所热爱的东西成为你的职业的话，当然你很幸运，你更需要专注，但你的爱好，你有一些天赋在里面，你很专注在其中，它可能不会是你的职业，也不可能给你带来什么经济上的利益，但是可能会给你最深层次的快乐，这种快乐只有你自己知道。专注就是一个只有你才能体会的一种幸福，别人无法体会，比如说弹琴，弹琴其实很苦，但是真正体会到快乐的，只有弹琴者本人，那个快乐是巨大无比的。它的确需要专注，弹琴的人都知道，三天不弹的话熟练程度会打七八折，你可能就没有信心上台表演。很多事情就需要专注，专注是一件很难的事，有时候会让你厌倦，音乐也是一样。弹琴也好，创作也好，也有倦怠期，这时候还是应该偶尔远离一下，逃离一下。我知道一个人的能力是有限的，比如说我喜欢大提琴，喜欢钢琴，这些乐器你不可能学到一个很好的水平，甚至你赶不上一个儿童学一两年，这是非常清楚的，但是你一定要知道这样东西对我来讲玩玩就可以，没有必要花费太多的时间，因为不可能，你需要专注的是你擅长的那件事情，那个需要你专注。比如我只擅长弹吉他，已经够了。今天，一个人要面对的诱惑非常多。

我上次在清华演讲的时候，在经管学院。经管学院在我上学的时候是一个非常小的系，1995年好像刚刚组建，但现在我去做活动的时候，经管学院已经成为清华第一大学院了，能够看到学经管的人越来越多。我个人认为，真正需要的是做技术的手艺人，做基本技术的人，我们大学同班30多人，估计现在有十八九个人都改成金融了。一个人的追求不一样，可能专注于某一个，比如学电子的人、做程序的人太辛苦，很多人最后改行也不见得成功。真正专注于一两件事情就已经很好了。并不是说只有从事金融业的人能赚到钱，但是做电子的人，我个人觉得做到一定水平的时候机会更多，更具前途。只不过很多人不愿意听这些，也不愿意坚持，我们清华同学毕业的时候大部分都变成金融人才，从金融人才到投资电影，又进入娱乐圈，能看到一些趋势，在现在的电影圈、娱乐圈我经常碰到我的清华校友，什么时髦做什么，做这个，也做那个，有些人开始不断包装自己做电视节目，我开玩笑地说你们这不叫包装，叫“包扎”，什么都是去追赶。

我们这一届的人，93届入学的人，做得好的人，都是那些专注于一两件事的人，或者是专注于一件事的人，有很多大的网站，特别有名的公司，都是那些做技术的人做出来的。我的同学里面有很多专注于本行业的人，他们是很踏实的一群人，音乐圈里面也要这样，也需要专注，有一些人也愿意赶时髦。今天R&B很流行，去尝试一下周杰伦那样的，过几天摇滚乐很受欢迎，像汪峰那样的也很受欢迎，所以也去改那样，我记得当年《两只蝴蝶》出来的时候，很多人写“两只XX”的东西，赶各种各样的时髦。而当时我却是一个“异类”，总有人说要变一变，其实变和不变是一个非常难把握的事情，在音乐里面是很难改变的，对我来讲，我擅长的音乐在众多门类里面，其实就是一条线，很窄的一条线，换句话说每一位歌手都是这样的。没有任何一个歌手是十项全能的。其实你就应该专注于某一类音乐，不断地把它做得更远，更深。这是一种纵向的变化，横向的变化基本不太可能，当然除了迈克尔·杰克逊、保罗·麦卡特尼除外，爵士也可以，民谣也可以，但这样的人非常少，大部分人都只擅长某一类音乐……我们只专注一种自己最感兴趣，最擅长的一种音乐，特别害怕左右摇摆。音乐的风格是很难改变的，大家知道我喜欢的几个音乐人，几十年如一日，根本不改变，人们可能就因为你是这样的才会喜欢你。有一天如果我去做说唱，这是举一个例子，那你们可能也会来，可能会来一次，那就不是我了，那样的音乐我根本做不了，它可能在某一段时间非常的流行，任何一种音乐只要做到极致都会受到欢迎，并不是说今天，现在大家知道民谣很火，很多人去做民谣音乐，我的声音也不太适合唱特别民谣的，因为很多业内人士给我讲你的声音太“华丽”了，不够“苦”，应该再“苦”一点，再“难”一点。

演唱会是非常难的，因为你要顶得住那么多热烈的欢呼，然后灯光、电、人的气场等，各种声音都会干扰你，这时候你很难，如果平时没有这种专注的训练你很难投入到音乐中，你可能会分心，你可能会觉得就像刚刚说的那样，下一首歌怎么办，然后灯光什么的，会想很多，很多人会问我专注力怎么训练，我个人的体会，这完全是一种强迫的训练，比如你看书和做一件事的时候就应该关掉手机这些东西，然后全神贯注的，即使你瞬间没有达到一个强度，也不要停止。目前有很多娱乐圈的朋友流行信佛，很多“佛里佛气”的人，经常会跟我谈论如何自修，其实佛教里面有一个“专注力”，我对佛学不太懂，只看过一点书，那个“专注力”就需要修行。真正专注的时候是很忘我的。一种极致的真正专注，你可能耳朵只听得到你希望听到的，可能会“关闭”，你的听觉会“关闭”，我做不到这一点，你的听觉可能会有意识地“关闭”“封闭”外界干扰，那只是某一个时刻。我相信眼睛和头脑会专注于某一个方面，但是听觉做不到，还需要练习，真正做演唱会也好，做音乐也好，这个专注是非常要命的。我跟几位作家朋友聊天，我说这种专注的训练在取得一些成就之后，非常的凸显，作家也是一样，即使那些获得诺贝尔奖的作家也一样，也容易受到很多干扰，越伟大越受干扰。比如说他会看到外界的评论，有人说你好，有人会说你不好，很多专注力会排除这些不必要的干扰。专注力最后训练出来代替的是一种持久性和耐力、坚韧。

我记得汪涵有一次跟我说，他好像不用手机来搜索，他觉得那样得来的太容易了，应该去图书馆亲自去查，这样记得深刻，这样才有意义。这个方法好坏不说，但这个精神可以给予肯定，这样的人已经比较少了。但有时候网络给我们的确实是一些无关的信息，很多人见我一次，多年不见的同学批评我没有微信，我说你们微信都看什么？他说也没什么，就看看大家在干什么，然后说一些话容易快乐，然后拍一些照片，拍得好看一点，这些都没有太多真正的帮助……

很多道理讲起来很容易，讲好听也不难，写一点稿，名人名言用几句，再加上几个笑话，似乎这是一个精彩的演讲，但这种演讲跟心灵鸡汤似的太多了，没有意义。我总在批评那些心灵鸡汤，但是他们中的很多人恰恰是我的朋友，所以我非常的狡猾，从来不点他们的名字，毫无用处，真正需要做的还是靠你们自己做一两件事情。我还想强调几句，人的能力是有限的，不能过高地估计自己，能够专注成功一两件事情就已经很难很难了，不要老跳槽，我身边不停换工作的人太多了，往往在同一领域换来换去，虽然这样工资会高一点。我的一些身边的朋友总在换名片，今天是这个，明天是那个，这个其实最不可取，我毕业了17年了，老换名片的人恰恰常常碌碌无为，跟当初自己的目标越来越远，恰恰是那些在同一行业的人，反而时间长了，所做的成绩突然显现。如果这几年，这十几年我取得一点点成就的话，可能真正跟专注有关系，专注来自于一种，最开始来自于一种“任性”，偶尔来自于一种“抗争”，但最终来自于自我的认可。真正的专注，其实是心里面逐渐成长起来的自己，只有坚持十几年以上的人，才会真正体会到专注带给你的保护。

我相信今天的人可能会受到的伤害，受到的影响远远高于任何一个时代，今天这样一个时代靠自己努力的机会也远远高于任何一个时代，基本不太会指望有更多的人帮助你做一些事情，自己强大才会有更好的结果，其实这种自我强大更多来自于专注。专注是什么？——真正的自我修为，跟自己相处，倾听自己真正的声音，我希望在座的朋友十年以后尽量从事本专业，在我看来真正有发展的人，是有技术的人，空谈的人，无论在哪个领域里面，仅仅是一时的流行，真正需要的还是那些有手艺的人，有技术的人，音乐界也好，科技也好，我觉得只有匠人才会更坚强。

很遗憾，我青春期的时候都专注于数理化了。我比在座的各位同学年长几十岁，在我们那个年代谈恋爱，在我中学时代是难听的一个词语叫“早恋”。很不幸生在那个年代，中学时候有一点懵懵懂懂的爱情是非常美妙的，只不过我非常缺失。大学也很遗憾，你知道我们1990年代，我1993年入学，我们班就4个女同学，29个男同学，新生也没有什么机会，一些好看的同学基本上都已被“预定”了，我们这些年轻的同学只能指望着接下来新生入学时，但我一两年后在清华又开始小有名气，又不太好意思表达，基本错过了。其实对我来讲真正的释放自己，能够完全打开自己是在大学时代，当然恋爱是没有那么多的准备。

我说过的“40岁的青春期”更多是讲的那种状态，那种对青春的理解，40岁好像什么不惑了，很多人成家立业了，很多人事业有成，有很多优越感。其实这个优越感我特别不想提，特别可怕，很多老人什么也不懂，其实千万不要听年龄大的人讲的经验，很多经验在青春期的时代需要重新定义，重新思考，无论什么时候是一个青春期的状态，有好奇，经常会怀疑，迷茫期，“迷茫”是一个非常好的词语，青春期的经验确实没有太多，我当时唯一的爱好的是那把吉他，从初中就开始弹起，偶尔看看电视连续剧《红楼梦》，看看贾宝玉、林黛玉，当时好像觉得挺“解渴”的，更多时候家长更希望你看《西游记》，不太喜欢你看《红楼梦》，很遗憾，在水木年华的时候唱了一首歌叫《中学时代》，那首歌讲的“爱是什么，我不知道，我不懂自己……”。

我很小的时候嗓门特别好，我父亲唱京剧的，因为大人不太懂，我爸爸的同事老爱逗我，老让我唱花脸，大家知道唱花脸很费嗓子的，但是他们也不知道，老让我唱花脸，后来嗓子就哑了。我的老师听到我的声音就很惊讶，老师上课基本上不喊我回答问题，因为他们觉得我声音很难听，我也觉得我声音很难听，也不说话，我小时候话很少。但我感谢上天的安排，初中一年级，青春期来临的时候，嗓子居然恢复了，恢复到非常好的状态，这是一个老天开的玩笑也好，馈赠也好，当时我听了卡朋特的一首歌感动得我热泪盈眶。《昨日重现》，当时我刚学英文字母，不懂得唱什么，有一天我就想弹吉他，之后音乐的兴趣就来了，一发不可收拾，真正打开我音乐大门的就是《昨日重现》那首歌。

我曾经在九几年碰到一个来自陕西的诗人，他只读了小学，诗写得非常好，这个人后来去向不明，他写了一句话叫“我是一首歌，妈妈作曲，爸爸作词”，真好的一句。在我看来作曲是母体，我的歌基本上都是先有旋律，再填歌词，这个旋律基本上是不变的，我脑海里还有一个“橡皮擦”，尽量会更改一些歌词，填歌词是非常难，其实我有时候觉得填歌词比写诗还难，因为它有一个限制，而且要符合音律，填词有各种限制，别人不拿歌词就能听懂你唱，这意味着你不能用太难的字。比如“羞涩”可以，你不能说“羞赧”，“羞赧”看字面知道，但唱起来不太容易懂。我接下来做的一个歌曲是明年一个电影的歌曲，一个香港的导演来找我写的，现在还不能透露，我大概知道我怎么写，但脑子里一个音乐都没有，这是一个大概的色彩，这是一种直觉。我毕业的时候，因为清华是五年制，我高中同学四年的特别巧在招聘会上出现了，在招聘会上出现了我以前的高中同学，他看我的履历表，基本上都是音乐类的奖项，他非常好心地告诉我说你不要这么写，这样写会影响你找工作的前途，人家会觉得你在清华里面什么都没有学到，就学到“没用”的一些东西，这种非议怎么坚持下来，一言难尽，也不是一直信心满满。

我有时候也在想，如果没有2010年王菲唱《传奇》，我是不是还会继续从事音乐，或者还在继续良性地出唱片——生活中没有假设，假设没有意义，因为这就是我的命运，这就是我自己一步一步过来的。对于你们来说，每年的1月份和6月份都是最难熬的，要考试，毕业多年以后我还会在这两个月里做恶梦，多年以后在美国的时候碰到他们，他们也会，因为考试非常折磨人。坚持，尤其是男同学能上一个理工科院校是一种馈赠，让你变得很坚强，男生就应该上理工科院校，不停地折磨，让自己变得更坚强。我上大学的时候脆弱过，如果没有清华翻来覆去的折磨和恐吓，没有补考，两次不过第三次就开除了，是淘汰制，每次考试都如履薄冰，我算下来这些考试很后怕，能够顺利毕业，能够交待就很不容易了，无论怎么样，考得好考得坏坚持下来是非常不容易的，不为自己也为家里人考虑，我曾经在《中国新闻周刊》写了一篇文章，讲父亲，讲大学生活就写了这段生活。当时特别想退学，但一想到曾经你是家里的荣耀，一个上了清华的学生，很难面对父母这种难过，硬着头皮就坚持下来了，生活往往没有那么艰难，忍一忍就过去了。

如何表达自我又能保护自己？这是一个需要智慧的事情。但是我一直觉得作为一个公众人物，受万千少女爱戴的偶像派歌手，开玩笑，作为一名歌手，很多东西在你的作品中的表达其实已经足够了，你说话的时候要想这个话值得商榷，你要非常的谨慎，因为媒体和更小的人可能会产生歧义，家长也对一些年龄小的小孩担心。表达真我是一些真正运用话语机会的人应该珍惜和必须做的，在我看来，如果你在台上夸夸其谈讲一些没有用的，其实是不够真诚，或者是不够有责任。当然也有技巧，你可以批评人，但没有必要点名。我们今天听到很多话，有的真，有的假，讲真话也是需要勇气，也是需要另一种智慧。我今天说这样一个话可能是很多人很难体会到，我身边有很多人不停地讲话，然后经常会遇到各种各样的棘手问题，但恰恰证明也没有那么难，总会有一些真实的想法对一些人有用，这就是讲真话的意义。比如我告诉你们一些生活的艰难，我最近看《笑傲江湖》这个节目，我看到喜剧人背后生活的艰难，这给我更大的体会：当那些人不遗余力地表演，希望别人发笑，给别人带来欢乐的时候，他背后的生活是非常的艰难，包括参赛者的身份和他们的状态——这就是真实的，但作为一个歌手，一个文学家，一个作者来讲，在作品中做到绝对的坦诚就可以了，在讲话当中的坦诚那是额外的馈赠，做与不做都没有关系。生活是自己的，生活的定义在我看来就是一种体验，不应该掩盖个人的生活和个人的价值，艺术也好，电影也好，音乐也好，很多人都做得很精美，很有成就，把生活过得很艺术的人反而少，我觉得生活艺术是最高级的艺术，甚至远远超过了政治家。

清华，我经常会半夜回去散步，但很少接触当代的大学生。我发现大学生的状态不太会因为时代而改变。你们今天的状态、装束、表情跟我们当年差不太多，为什么会这样？校园音乐要怎么培养？校园音乐不需要培养，因为只有像你们这样的人在，校园音乐永远会生长，春风吹又生，不再需要额外的冗余的操心。校园的生活是短暂的，这是一句废话，但的确是非常短暂的，我曾经对学校的一些埋怨，不美好的记忆，随着多年以后更多的是烟消云散，更多的是怀念那段灿烂的时光。后来发现今天的成长，给你机会做储备的，也就是仅仅这几年，工作的时候很多时候已经来不及了，不太允许你培养一个什么新的技能。很多时候你依靠的事情，非常重要的事情是大学时候建立起来的，无论信念也好，心理素质也好，或者是某一些技能，包括你看的就是这个事情，毕业的时候真是来不及，因为你根本左右不了浪潮的冲击，你会四处漂流，真正让你有一点根系的，就是你大学四年时光所建立起来的，所以我老生常谈地说一句，应该抓紧一点时间。

我也希望有机会来校园做一点音乐会或是座谈会，这个短期内很难形成，我已经不需要证明自己是拥有那么大号召力的人了。再次感谢你们！谢谢在以后的音乐会或是一些无关紧要的场合里遇见你。

青春[6]

文 / 李健

很多人说，谈论青春是非常危险的，容易流于心灵鸡汤，我所能讲的仅仅是一些我在大学的生活。其实，还有一种危险的情况，谈论青春会引起误会，一般青春已逝的人会谈论青春，可我还没有。我的青春没有逝去。

我所认为的青春并不是指年轻，而是有一个很好的状态。现在很多年长的企业家去爬山，做一些年轻人做的事情，他们就很青春。又比如，村上春树的书中有很多细腻的情感描写，足见他有一颗敏感的心。不仅如此，他养猫、听音乐，可见他现在的状态和大学时代差不太多，他这种状态很好，也是一种青春。青年时代容易迷茫，但迷茫是自我认知的开始。我在中学的时候，基本没有太多的想法，真正迷茫是在来清华之后，那时我才开始寻找真正属于自己的乐趣——唱歌。但寻找乐趣的途中充满了疑惑与困顿，刚上大学的时候，我考虑过出国，也畅想着生活的蓝图，但后来，我发现在清华这样高手如云的地方，人的天赋差距很大，出国不是我的唯一选择，而且光靠努力不是完全有用的。因此，每当我迷茫或遇到挫折时，总会找一些我所拥有的其他东西安慰自己，类似于唱歌，可能对于当时的我来说，好像没有什么比唱歌更合适了。享受乐趣的同时认识了一些校园歌星，和一些野生的音乐家，让我很窃喜。

但我大学时也怀疑过自己，写这么多歌有什么用呢？但后来恰恰是这些作品，给了我逐渐的自信。大学的后几年，我在迷茫中不断探寻着乐趣，逐渐找到了属于自己的生活方式。所以，每个人都要拥有自己热爱的生活，拥有很多乐趣，热爱生活从而寻找乐趣，拥有了乐趣从而热爱生活，其实二者是相辅相成的。

在我的乐趣成为我的职业和自我依靠之前，我到广电总局工作了几年，那时候的很多苦闷都是通过弹琴和锻炼身体等乐趣消减掉了。但当乐趣真的成为职业——成为歌手后，我也有一段所谓的沉默时期。当时很多人为我担忧，但我拥有自我安慰的方法，生活里的小乐趣消减了我的压力，是我最好的支撑。如果没有这些乐趣，沉默期的我可能愁苦又焦虑，不会有做音乐所需的纯粹和专注，也许很难沉下心来写一首歌。
想起当年，我和卢庚戌弹琴时，他问我：“李健，你有钱想干什么？”

我说我有钱想去秀水买衣服，买高领毛衣和皮靴，我还要买CD机——这些幻想给我很多快乐。后来我有了听友，我幻想在北展、工体开演唱会。后来，当这些幻想实现的时候，那就是生活的馈赠。

可以说，我的乐趣一直是我的支撑。我曾经在一个寒冷的四合院里住了五年，我受够了北京的冬天，它的冷总让我感到无甚善意。但生活里的小乐趣能够驱走寒意。比方说，在四合院里我弄一个小锅炉，研究一下锅炉的运作方式；再研究一下水泵，看看如何将水泵放在水管里。这些东西看似无聊，但研究的过程中，屋子渐渐暖和起来，寒意渐渐消散，北京的冬天似乎也有些美好了。在最冷的时候，我也会写一些抗拒寒冷的歌曲，我写过一首歌叫《温暖》，多年以后很多人问我为什么写这首歌，非常简单，因为我住的地方太冷了，温暖是我当时的渴求。所以说，真正的智慧来自于生活，生活艺术家才是真正的艺术家。

在这个大时代里，每个人一生短暂，个人生活的经营似乎显得尤为重要。我想每个人真正的乐趣并不会太多，但要看重它，要对之经营和投入，尽量把它培养成更大的乐趣。我一直都看重自己的乐趣，可能也是因为悉心地经营，才会让我成为一个歌手吧。作为歌手，我是这样经营自己的乐趣的，比如：我给自己定了一把吉他，但是它需要很久才到，这段时间支撑我的就是这个吉他。当我演出累了，有烦恼了，我会想想过些日子我的琴就要到了，就释然了。

我们都会羡慕那些把自己生活经营得津津乐道的人，在我看来，这些人都有着青春的状态和属于自己的乐趣，因为即使他们深陷困境，所拥有的青春状态和对乐趣的探寻都会减轻他们所经历的苦痛。有人可能会认为，年岁的增长会磨灭这样的状态与乐趣。我曾唱过《当你老了》，其实我觉得老了并不可怕，在我看来，最可怕的是老无所依——精神上没有了依靠。

我还赖在青春里不走，只有在青春里才能体会到乐趣。借用凯鲁亚克的一句话来说，便是“愿我们永远年轻，永远热泪盈眶”。

---

1. “李健和我们的青春”——李健在成都电子科技大学的演讲现场，photo by 鲍泰良。
2. 李健，1974年9月23日出生于黑龙江省哈尔滨市，歌手。毕业于清华大学电子工程系。
   2001年与清华校友卢庚戌成立“水木年华”演唱组，以组合名义发行第一张专辑《一生有你》。
   2002年5月，在发行第二张专辑《青春正传》后李健主动退出水木年华。
3. 《寂寞水色》一文写于2007.5。这是在一篇当李健什么都不是的时候写的一则“小故事”，
   重新再看的时候，我粗略做了一下估算，这篇文字转载已上万次。
   那时的李健还没有《传奇》上春晚，还没有在《我是歌手》上的一夜爆红，
   它原本的名字叫《李健，一朵在繁华边缘歌唱的寂寞水色》。
4. 此小节为2015.11.2的补记。
   我很想把更多关于李健的事情写出来，但临了，又发现几乎都写不出来，
   李健不用微信，微博更新越来越少，博客也停了。
5. 《李健：大约在春天》为2015年11月30日李健在成都电子科技大学的演讲实录。
6. 《青春》一文经李健独家授权刊载。

李娜[1]

/ 出走的灵歌 /

长伴青灯，时间玫瑰。几乎是一整个九十年代，
众多歌迷的荧屏旋律记忆都有关于一个叫“李娜”的歌手。

她，嗓音高亮，穿透时光、薄雾，像在一栋新建大楼的高层制高点，有一扇侧窗，望出去是一片旧式的声音迷景，夕阳的光里面，当电视开启，片头或者片尾就飞翔着黑色的斑点，那是回家的鸽群和一代人共同的家庭声响。越是烟火，越显得孤高。17年前，著名歌手李娜登上湖南张家界天门山，以一首《天门山》震惊乐坛。也因她在天门山的“人生顿悟”，她转身离开，投身佛缘。

心里有一种伤痛，不知是被谁伤着了，分明是来自无边无际的不可抗力。李娜的出走，有很多种说法：情伤，灵魂顿悟，钻研佛歌的

另一种生命图像……作为一代声音偶像，李娜如同一个永远看不到内核的传奇。在一个明星、名人还从没因“出家”而搏出位的年代，身在其中的我们就是这样，被自己的生活和眼界覆盖，无论怎样拉开了距离，站在制高点，其实看来看去看到的，还是通过别人的命，映照自己的内心。它的外部的光华，总有一些熟腻的烟火气，还有一些戚容，这就是生活的洇染与多情。难怪，多年过去，这些多情，还持久散发着奇幻的味道和慧光。

就在2012年李娜“顿悟”15年之际，我经过几个月的联系，有缘结识到几位李娜的密友，知晓了她目前的一些近况。

不染烟火的苦修者

一位在美国跟李娜一起生活的密友通过中间人告诉我，李娜目前正在美国洛杉矶，已放下一切，谢绝一切外界联系，对媒体的采访需求，一律回绝。“也许，15年后，我们再听她的歌，就是对她最好的想念和关心。”这个地方，应该是一个叫西来寺的寺庙，我曾专门打电话过去了解，无论是李娜，还是“释昌圣”的法号，对方都表示没有这个人。遁形的歌手李娜，已是不染烟火的苦修者。

寻找李娜，这是目前很多人都在努力做的事情。2004年，曾有传李娜会悄然回湖南参加文化活动，并将会在活动上放歌，可后来被证实为误传，李娜并未回国。我后来联系上了著名音乐制作人邢玉柱，他曾是李娜2005年发行的新专辑的制作人。通过他，我还联系到李娜的闺蜜，原总政歌舞团著名歌唱家苏萍，她目前和李娜都在美国，在知晓我的采访邀约后，她通过邢玉柱回应：两人均放下一切，谢绝媒体采访。邢玉柱更透露，当初李娜在和他合作时，曾专门嘱咐，她们本身不和任何媒体接触，只想通过专业的制作单位把她们的歌声传播出去。“她们（李娜和苏萍）之前已经是非常知名的艺人了，现在就是为了放下一切名利。她们很排斥商业性的宣传，更排斥炒作。我有一点可以告诉公开的是她的终极目的还是为歌唱。”

同时，我通过一些圈内朋友还了解到，在1998年李娜到美国后，她一度在美国洛杉矶的一家中文电台开办了一个教育节目，讲解一些生活哲理故事。再通过几个中间人了解，李娜平常只需步行便可过去做节目。2000年，相声名家姜昆曾在当地探望过她，并撰文一篇，描写了李娜的生活。

“一身黄衣僧侣服，洁净的剃度代替了当演员时头上的发饰；然而，面色红润，目光有神，某种纯之又纯，以至于无尘的精神充溢在她的每一个举动中。几乎每个歌手必然会呈现在脸上的那种劳累的苍白和缺乏睡眠的倦意在她这里销声匿迹，连曾经在她眸子中闪烁过的懒散和迷茫也不见了；而今，出家的李娜全身荡漾着一股‘在家’的和谐与安祥，交谈起来呢，却滔滔不绝，一变她过去与任何人交接时那淡淡的似乎接近于冷的表情。”姜昆提到第一眼在洛杉矶看到李娜的感受。

两人的话题很快转到姜昆做的网站，“她对此所表示的关心令人感动，我甚至觉得这可能就是最高层次的关心了，因为她根本就漠不关心，仿佛世界上并没有网络这回事儿。确实，我能理解，她把自己从真实的‘网’中解放出来，其目的显然并不是为了再进入虚拟的网中。但我还是征询能否为她制作网页的事。她笑了:‘我可能离那些太远了，我都快被忘记了。不是被别人，而是被自己，我真的不记得十年前的那个李娜了！’我说：‘你当然有忘记自己的权利，这表明你的修行又进入更高的境界；可你的观众，你的歌迷不会忘记，你的成就还被社会承认，这些不应该成为佛家四大皆空的理由吧！’她听后，若有所思地说：‘对以前的我怎样评价，那是别人的事，也可以说是社会的事，我无暇去顾及，也不会去顾及。用句古人的话说就是‘今日之我已非昨日之我’了。至于制作网页，那更是你的事，你怎么干我就不管了；我刚入佛门，得一心一意地学法护法。’我说：‘是脱离尘世？’她微微一笑：‘还没有那么玄，但总得进行研究和探讨吧？’”

李娜说得很平静，但听者却很不安宁。几个人的描述，其实都给出了差不多的结论：李娜的心确实走出了红尘，她越隐秘，人们越高昂，她越平静，人们却越忧伤。在一次姜昆到成都参加活动时，我还特意问过姜昆。他依稀记得第一次见到李娜是在央视“难忘一九八八”晚会上，她像鸟儿飞过窗口一样从他眼前掠过。“以后的相见都是在舞台上下，在摄影棚内外的匆匆擦肩而过之中。她给我留下的印象深刻吗？不，谈不上深刻，只记得那双与众不同的眼睛，总是不愿睁得太开，好像噙住了很多光线，以至于不愿再释放出来似的；对同行也是淡淡相处，正如歌曲里所唱的‘水中的一抹流红’，她独自而在，独自存在于自己音乐的宁静之中。”

但一曲《青藏高原》分明是令人对李娜刮目相看的。李娜身材并不高大，躯体内谁会想到竟然蕴藏那么一种生命的原始激情。在盘旋而上好似直入雪峰纯静之广袤的蓬勃旋律中，巨大的渲染力骤然迸出，那一定是一种生命的真诚与热望。以后，姜昆听说了她在香港的演唱时，以无伴奏的方式讴歌《青藏高原》。全场观众，鸦雀无声，静心地聆听，“是的，谁的心灵能不为那跟“青藏高原”一样巍峨纯净的绝唱所感动呢？唱完了，李娜从自己的旋律中解放出来了，但观众还陶醉在她所制造的声音的波纹里，半分钟的沉默等来了长久的掌声与欢呼不断，我想象得出那该是怎样壮观的场面。”

我2012年5月还联系上2006年在美国与李娜见过面的西北民族大学教授多识，他在自己的文章中记录了与李娜见面聊天的全过程，李娜表示，自己从不接受采访，但并不排斥将这样的偶遇写成文字对外发表，只要是真实记录，她就能接受。

李娜当时表示，自己以后不会再上舞台唱歌了，“干过的事就不会再干了。当然有时跟朋友在一起会唱着玩一玩。”李娜透露当时《成吉思汗》剧组曾找她唱插曲。李娜还表示：“我喜欢清静，没有家庭和孩子，这样好，我喜欢。实际上该尝试的都尝试过了，我拥有过爱情，谈过恋爱，只是没有结婚生子而已。我比较喜欢新的事物。”

李娜敢想敢做，率性而为，“拍拍屁股就上山了”的想法如何给自己的母亲解释？李娜当时这样回复，“我刚上山时没敢告诉妈妈，那时她已在加拿大定居。后来报纸登出来了，妈妈知道了，刚开始时她哭得很厉害。我爸去世早，妈妈一个人生活，我就想去加拿大跟妈妈团聚，但拿不到签证；后来我就来了美国，然后把妈妈接来与我同住。第一年我们母女有很多摩擦，妈妈没日没夜地劝我，但她说服不了我，我也说服不了她，我们常常抱在一起哭。后来，妈妈感受到我的变化，渐渐接受了我的选择，现在我们生活很好。”许是看着来人心诚，李娜隔了一会儿便慢慢道出自己是怎样看破红尘的："我过去的生活表面上很丰富，可没有什么实质的内涵，不是吗？唱歌，跳舞，成为媒体跟踪的对象，这几乎是我过去生活的全部……多早啊，就身不由己地进入了名利场的追逐之中。

"每当独自一人时，我就情不自禁地要思考：难道我这一生就这样下去，自己表演，也表演给人看，欢乐不是自己的，而自己的痛苦还要掩饰，带着面具生活，永远也不能面对真实的自己。了解我的人都知道，我干什么都比较专一，不喜欢败在某个人的盛名之下，也不愿意在艺术实践上保持一个风格。包括为了生活的烦事而接触宗教，我也是倾心尽意，一往深情，我看《圣经》，看《古兰经》，几乎所有的宗教性书籍我都感兴趣，但这也是在选择，一直寻找能寄托我这颗心的归宿。不瞒你说，在舞台上我虽然失去了自己，但在生活中我还没有失去寻找自己的勇气。

"一个很偶然的机会，我得道了，从'六字真经'中领悟了道。在对'唵嘛呢叭咪吽'的永不停息的诵念之中，我忽然获得一种被什么提升起来的感觉：眼明，心亮，身体也处在一种异常兴奋和快乐的动静交融的感觉之中，我想：这是什么地方？过去我怎么不知道？我怎么从来也没有到过如此令人陶醉的地方，享受这种非物质的快乐？当这种感觉消失后，我必须又一次地从吟诵经文当中得到这种心灵的感受。于是，我从知道'大彻大悟'这个词，到理解和感受到'大彻大悟'。后来，在学法的过程中，我知道这是'法喜'，所谓'法喜禅乐'就是指的这个。于是，我觉得我应该出家，我把尘世中的烦恼和过去名利场上的经历、成绩、荣誉、教训全都抛诸脑后，我寻找原本蕴藏在我们每个人心灵之内的那么一种清静的觉醒，那么一种安宁的本性的冲动，然后潜下心来，慢慢领会自然与人类生来即已具有的和谐与真谛。”

我对李娜说给姜昆的一番话印象深刻。姜昆问：“当初你为什么要出家？”李娜淡淡地回答：“我没有出家，是回家了！” 李娜目前正在洛杉矶生活。“她和母亲住在一起，过着平静如水的生活，现在的生活多年未变，凌晨3点起来，一日两餐，过午不食。”一位知情人对我透露。

两首歌　两段情

从我采访的情况来看，李娜的出走，倒不是她真的在什么险境里，而是这里面有一种内心的黯然：暮色里的街道，灵魂迷路，失忆与陌生人的围聚。这其实是生活的一种面孔，由于时间积压而形成的幽暗的内幕。一则何东的文章《李娜的两首歌、两段情……》我倒是注意并钻研了很久。文章尤以李娜的两段恋情引人注目，而且直接导致李娜选择了出家。何东曾告诉记者：“我写的李娜的两段感情，是听到圈内人说的，我没找她本人确认过。不过她的第一段感情结束后，我是知道的，我见过她本人，当时她整个人的神色都变了。李娜是在用生命去爱，去唱歌啊！她感情的悲绝也正在于此。”

对于提笔写李娜的故事，何东说：“我听过一些佛教居士、僧人的诵经声，那是比较空明的，后来听了李娜唱的诵经音乐，我感觉她依然用情很深，很多人都说听了李娜的诵经声之后感动得流泪。李娜歌中的柔情没有变，这也深深地打动了我，现在她走进了佛门，我希望她能真正得到平静与超脱。”何东还表示，他也听过齐豫唱的佛曲，感觉齐豫的歌声跟李娜相比，就显得要超脱一些。

换种方式 唱 歌

我采访了众多李娜的密友，前同事，音乐制作人，基本能得知她当时在天门山顿悟的过程：1997年5月23日，李娜登上了天门山。在此之前，李娜对张家界天门山一无所知，完全是密友杜禹极力推介。

那时，请她唱歌、录VCD、上台领奖的邀请络绎不绝，可李娜却厌烦了这纷繁世界，一挥手把人间是非丢得干干净净。

李娜的心随着天门洞的变化而激动着。一种肃穆、庄重、敬仰、向往的情绪油然而生。她说，她要朝拜天门。于是亲自在小镇上买了鞭炮、纸钱、香烛，到达山麓水库边，天门倒映水中，构成一幅极美的图画。李娜焚香化纸，将一炷香高举头顶，面朝天门长跪不起。她的脸色是庄重的、虔诚的。此刻，噼噼啪啪的炮竹在山谷鸣响，人们看到了李娜眼角的泪珠。

没有官方的指使，三千多个农民自发赶来看望李娜。在大都市，这种歌迷捧场的情景实在不足挂齿，但在大山沟里能见到这种亘古不遇的事，是足以让李娜荣耀一辈子的纪念。李娜感动了，给农民们回报了一曲《走进西藏》，农民们在下面叫："干脆唱着走进天门山好了！"正当一行人在绝崖奋力攀登，一个个都觉体力不支时，猛抬头，崖壁上忽地抖落下来一条巨型红色条幅："李娜你好！"那是天门山林场工人临时赶制的。这一下，山上山下一片欢呼。

李娜心潮难抑，泪珠如泉。

她第一次认识天门山的博大，更认识天门山人的质朴与善良。

李娜说：我听到天籁之音。

在天门山小住几天后，李娜以理智与勇气作出了两个决定：一是正式提出将户口从郑州迁移到张家界永定区；二是在天门山选址造屋，要在这里住下来。

此消息一传出，全国媒体哗然。她的亲朋好友、上司同事，都睁圆了眼睛：这李娜脑子出毛病啦？倒是当地人都为之高兴，政府相关人员说，李娜可在张家界任何一个地方选址建房，而李娜哪里都不去，单看中天门山，就在山顶有树有水的“宝葫芦”地造了几间木屋。图纸是她亲自设计的。屋后还开了一块菜园地。山下农民把木材一根一根从一千五百多米高的绝崖抬上山。一个月后，小屋建成了。我还专门打电话去问过那栋房子的事情，天门山风景管理委员会的回复是，这栋房子当时确实是李娜设计的，但基本上没怎么住。后来她离开，再无人问津，只是后来为了修建会所，把这里翻修了一次。

经过一段时间的领悟，李娜承认自己对佛音的理解仅存在于表面，十分肤浅，只有对佛经中的词、意、曲、谱、音进行彻悟，才能得到它的真髓。她终于彻悟了曾经让她激动，让她不安，欲为又不敢为的一种决策：出家。李娜密友杜禹告诉我，自己当年带李娜上山的时候也没想到她会作出如此重大的决定。“李娜是一个心境极高的人，在大城市喧嚣的环境中生活时间长了，她感觉到已经无法达到她所追求的艺术境界，她说要找到一个原始的地方去体味一个清洁的境界。”在李娜得知杜禹的公司买下了天门山景区的经营权后，就向他提出想上山去看一看，没想到她去了以后一住就是一个多月，并从此决意落发。

“现在来看，对李娜当时有很多传言，有的说是她逃避生活的困扰，有的说她是因为婚姻的不幸，有的说她在炒作自己……其实这些都不是实际情况。李娜是经过长期的思索作出的理性决定，丝毫没有沽名钓誉之嫌，更没有急流勇退。”同时，杜禹还透露，李娜当时非常严肃地说：我走这一步的根本目的，是站在内心更高处体验歌唱的艺术，我的终极目的还是要唱歌，以另一种方式唱歌，唱另一种形式的歌。”

而有关李娜过去演艺生涯的剧照、纪念物品之类的东西，李娜说：“都扔了。”

1. 李娜，1963年7月25日出生，女歌手，原名牛志红，出家后法名释昌圣。
从《好人一生平安》到《青藏高原》，再到荣获1995年罗马尼亚MTV国际大奖的《嫂子颂》，
李娜凭借其雄厚的实力奠定了其在中国歌坛大姐大的地位。
踏入音乐界十年间，她为160多部影视剧配唱200多首歌。
但是，李娜却在自己最红的时候急流勇退。
1997年5月23日，她游览张家界市天门山，6月6日将户口迁移到张家界永定区，
一月之后在山西五台山普寿寺出家为尼，法名释昌圣。1998年去美国修行。
该文写于2012年5月24日，于2015年5月3日补记。

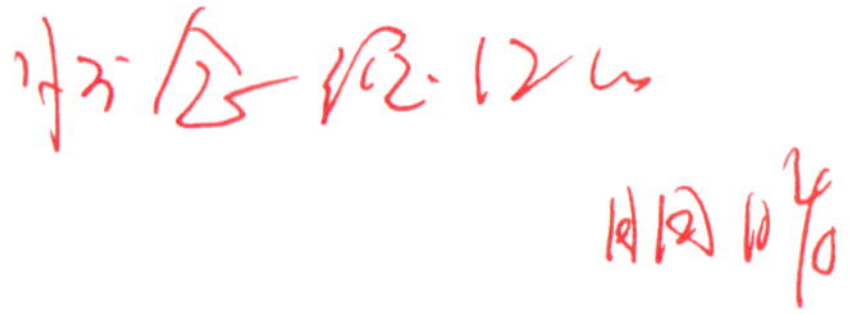

1

汤唯[2]

/ 背面的

处 女/

要戒色，先戒心。

当话剧社的临时演员王佳芝作为处女清醒地躺下时，

女人汤唯却醉沉沉地站立了起来。

很显然，汤唯永远成不了郑苹如。郑苹如是麻将高手，为了引诱易先生故意输钱，而王佳芝是真切的笨拙，于无意间丢掉了青春。

当鸽子蛋大小的钻戒被当成女子的成人礼，王佳芝膜拜的对象就发生了转移。“其实，三年前你可以，为什么不？”邝裕民（王力宏）傻楞的情欲在时光的招摇里陡然飘坠，汤唯渴望的眼神竟成了一次虔诚的告别仪式。当时的阳光很好，王佳芝却一脸苍白。一直认为“汤”和“苏”是最女人的姓氏，可偏偏后面的“唯”令我想到了女人的决绝——爱上易先生，远比爱上那颗要靠名片才能一睹真相的钻石难得多。

要戒色，先戒心。汤唯在《色，戒》中的“敏感”是最漂亮的沉迷。“一个女人闪烁的走过，雪莲一般呈现的堇色让人心疼，提着一双送给情人的黑色皮鞋，宛如偷情时分浑身的颤抖。”张爱玲没有吝惜对王佳芝的描绘，而汤唯戒不掉的敏感成了极致的怜悯：在靠近和挑逗之间寻找平衡，需要“沉醉戏中又脱于戏外”的技巧。陈凯歌14年前用一支烟决定了张国荣的虞姬基调：“他在我眼中是敏感的、颤抖的、让人优雅到痛彻心扉的感受。”而李安却以一个眼神的温度决定了汤唯的命运：“她看着我的眼神比钟丽缇的橄榄色后背更加温暖。”

王佳芝在“暗杀房”门前羞赧而澎湃的回眸，竟光芒万丈地照应了易先生那颗价值六克拉鸽子蛋的痴心。汤唯拿着钥匙的手放在门锁上，都知道门后就是一群菜刀、火枪的等候，她故意的踯躅，若有若无的真恐慌，分不清楚的假镇静，梁朝伟迷离的心虚被完全制服，她用很简单的表情代言了整个刺杀活动的内劲情绪：戒，才是溺爱背面的残酷。

无数人迷恋汤唯在日式厢房里那首泣血带缨的《天涯歌女》，她晃动、晕倒、满含痛苦和心欢的雀跃，目的就是要诱引出自己的名份，“我知道，你要我做你的妓女。”没有回答，梁朝伟已是满脸泪水。

汤唯，掌握了最具杀伤力的力道：若即若离。

死，也要死在自己最美的时刻。在那张噙满霉味的床上，王佳芝一次次忍受着那个冷酷男人的折磨，捆束的爱情和捆束的身体一起逐渐畸形地被风化，汤唯依旧在挑逗对手，恨与爱的包裹感和凌乱美被她处理成放肆的颤抖，很简单，“那不是我最该死的时候”。于是，汤唯最终没有吞下那颗自杀的药丸，与其说是她在等大汉奸的真爱，不如说是还没到她自认为最美丽的时刻。汤唯演出的是一个悲哀而温暖的角色，在一桩冰冷的桎梏的甚至有些变态的情感面前，她钢筋般地去爱、去疼痛、去挽回，她隐约地将初次出演大银幕的羞涩注入到一片无奈而又半推半就的情欲荒凉之中——外滩的霓虹、黄包车和奶油花生都在叫卖着上海老式的昏黄暧昧，除了穿着紫色苏北风情旗袍的汤唯，“‘我去换了’。‘不，穿着。’”她春色无边地爱上自己的敌人，踉踉跄跄地倒在已然风情万种的南郊悬崖。最喜欢王佳芝临死一刻那张精致仓皇的脸庞，那种带有温度的残酷，成了整个甜蜜故事的满幅面背景。

依稀记得那颗硕大钻戒的光芒，像片嫉妒暗花的云彩。一个女人高傲地爱着自己，却在“和着爱人沦陷”的心甘情愿下一败涂地，“汤唯在《色，戒》里总是有一种半荡漾的表情张力，哪怕她就那么抬头一望你，你便早已泪眼朦胧。（李安）”于是，你才恍然大悟，当话剧社的临时演员王佳芝作为处女清醒地躺下时，女人汤唯却醉沉沉地站立了起来。

一团血，一个女人，一夜长大。

汤唯的父亲汤余铭9月1日在微信里给我发了一条客户端的稿子，标题叫《从默默无闻到女神，丑小鸭变天鹅的真人版》。其中收录的一则汤唯自述其实早在2010年就被经纪人否认了，“纯属杜撰”。当我提出想转载这篇文章时，他提到：这篇文章是真实的吗？

汤唯仍旧低调，是少有的不在社交媒体上与外界保持沟通互动的女星。早前她最新主演的《命中注定》，一如既往地喜欢她的勇敢率性与演技，《月满轩尼诗》《晚秋》《北京遇上西雅图》《武侠》《三城记》《捉妖记》……她每部电影我都看，无论外界如何评价，我喜欢她的本色出演，有张力，对每个角色的把握方式，眼神、表情，投射的感情。

汤唯，1979年出生，票房担当，文艺女神，幸福女人，曾经考了3年高考，直至2000年考入中央戏曲学院导演系本科，在出演《色，戒》前的七年时间里，只能演一些不大不小的角色，默默无闻，无人问津，直到2007年出演李安导演的《色，戒》（我直到最近才从官方渠道获悉，《色，戒》这个名称“色”和“戒”之间是不能少那个逗号的）而家喻户晓，达到高峰后再跌入低谷，按照媒体被炒烂的说法，她是“被封杀”，然后在2010年后通过《月满轩尼诗》《晚秋》《北京遇上西雅图》复出，荣获国内外众多奖项。

网上那篇转载率极高的所谓《汤唯自述》，甚至提到了她在被封杀期间去英国读书、兼职羽毛球陪练、街头表演、时尚模特等等实例，还提到她放弃了很多的广告代言等等……前几年，她确实是去了英国读短期课程，英国给她印象最深的并非什么著名景点，而是当地的公园："那里的公园很大很广阔，空气清新，而且从来不挤人，很安静非常舒服。"她说到英国的食物，"我到了那边才第一次动手做饭，以前在家妈妈从来不准我进厨房，也少有在外面吃饭，烧菜、咖喱饭通通都是我的新尝试，从英国回家后连口味也有改变，以前我少吃辣，但大概吃的咖喱饭太多，习惯了较浓的味道，回来之后越吃越辣。"

"当初演戏的目的，主要是想多了解演员的经历与角色，来帮助自己的导演工作，不过毕业后没有经验，立刻入行成为导演自然不容易，碰巧当时有合适的角色，加上有老师推荐，当上演员便有点顺理成章。"她提到的是李安。李安给了她太多。3年后，当李安再度拿到奥斯卡小金人，她说了不打扰李安，结果还是忍不住打过去祝贺。她似乎总是不想麻烦别人。她还说："当导演？我当演员都还没当明白呢……"

对于往事，对于外界对她的一些误解，汤唯的原话是："现在不是没了吗？现在一切都挺好的，没有想着干吗。每一个人就像一个孩子一样，就像你在蜜罐里没有经历过风没有经历过雨，长大了以后就是个小树苗，并不会太茁壮，太结实，所以怎么样的过程都是为了我们更加健康，更加茁壮。”

我在她的微博里（当我采访她时，问及：“为什么你没有微博呢？”她机智的回答：“我有微博啊，我有关注自己喜欢的一些内容，经常去看一些东西，只是从来不发自己的生活而已。”当被问及怕不怕被网友扒出来时？她说：“没什么担心的，反正我的评论全部屏蔽了。”）找到这样几句话，深为感触：我相信，有一种深情，比山川还要绵长，永远无法丈量。我相信，有一种目光，比湖水还要温柔，从未如此荡漾 。

说真的，直到去年与《晚秋》的导演喜结良缘，收获幸福生活。我才突然意识到，汤唯真的嫁了，而且不是中国人。作为海派文化的一个“灰姑娘变天鹅”的励志故事，她完美契合了精英文化标志性的上升渠道和光彩照耀的模板：珍珠是光彩的，但人们不知在光彩夺目的背后，河蚌经过了多大的痛苦才把一颗微不足道的沙砾变为光彩的珍珠。说得再通俗一点：不历经风雨怎能见彩虹。

有意思的是，10月30日，汤唯演唱的《梦中人》MV发布，这首歌也成为她丈夫金泰勇新电影《她的传说》的主题曲。《梦中人》是1942年中国影片《蔷薇处处开》里的插曲，由当时上海滩著名的“歌仙”陈歌辛作曲，同时代著名演员龚秋霞主唱。电影也是由有“银嗓子”之称的龚秋霞主演。汤唯曾告诉我，她喜欢简简单单的东西，“我听得最多的专辑，应该是玉置浩二的《酒红色的心》，从大学时代开始，就喜欢边喝边听。”我也最迷那张专辑——梦中人汤唯，何时再见梦中人？

1. 汤唯《色，戒》剧照。
2. 汤唯，1979年10月7日出生于浙江省杭州市，中国影视女演员。
2000年考入中央戏剧学院导演系本科。
2007年在导演李安执导的电影《色，戒》中饰演女主角，
该片在威尼斯国际电影节荣获最佳影片“金狮奖”。
3. 该小节为2015年11月5日补记。
此文写于2007年11月12日。

海子的诗

爱人的诗

1

上找心爱
已经十年

2

小彩旗×杨丽萍[4]

/ 跟你

所有的时间干杯 /

宛如八音盒上的小天使一般旋转，
从头到尾，一刻不停。

小彩旗 的 双 廊

央视马年春晚，小彩旗被总导演冯小刚安排在那个不到半平方米的地方，宛如八音盒上的小天使一般旋转，从头到尾，一刻不停，惊呆不少观众。有人担心，连续旋转4个小时，她的身体是否能扛住？还有人担心，如果她想上厕所怎么办？很多网友也被小彩旗感动，封她为“新一代女神”。

小彩旗那一年春节是在大理双廊家乡过的，她懒洋洋地吹着洱海的风说：“大年初一我就和姨妈赶回老家双廊了，这几天就是到处吃饭、走亲戚、见朋友，还有祭祖，春晚之后回到双廊的街上，最大的变化就是很多人拉着我要合影，呵呵，其实也没有什么特别的变化。”小彩旗自春晚结束后一个星期都还没来得及跟冯小刚联系，“他特别忙，我演完了就撤了。”

小彩旗似乎从没想过以这种方式火，在这之前，实际上大家还是以杨丽萍小侄女的身份来看她。后来网上甚至有说她与大她十多岁的男子恋爱，她躲起来，不回应。

春晚的事情是这样的。小彩旗在节目开始后到零点钟声敲响的4个小时里，始终保持着匀速转动。一个观众曾说在某次彩排期间看见小彩旗喝过工作人员递来的水，“但也没有离开舞台。”小彩旗对我说，在直播这四个小时里她是不吃不喝的，也不能离开她所处的区域，且仪态需要保持优雅。“我知道很多网友关心我，担心我会不会累啊，其实不会的，第一，我很喜欢这种舞蹈的方式，一直都有训练，不会累，不会晕，就是正常发挥吧；第二，我觉得当一个人很投入、很专注于一件事时，是顾不了喝水不喝水，上厕所不上厕所的。我的春晚体验就是：好玩、不容易。”

我不晓得这算不算一种行为艺术。4个小时的连续旋转并不难，但也不是一开始就能做到的：“其实之前没有，知道要上春晚以后才慢慢练的，如果体力跟得上的话还会再往上加。”至于连续转4个小时的诀窍，小彩旗说：“其实我转得挺开心的，因为这也是使自己平静的方式，像打坐一样。”其实，为了保障小彩旗能够顺利完成任务，其姨妈也是师傅的杨丽萍与一名工作人员每次就坐在距离她不远的椅子上。“姨妈一直在鼓励我，说我做得很好，冯小刚导演在和我沟通的时候也强调就是平常心，正常发挥就好了。”问及她刚停止旋转后第一件事想干什么时，小彩旗脱口而出：“吃饭！因为太饿了，因为之前一直在忙着化妆，没时间吃，不渴，就是饿。”

时间　　轴

既然根据春晚现场主持人的介绍，小彩旗的旋转象征着时间流转，季节更替，有网友就吐槽说，为啥她的旋转方向是逆时针？莫非象征着时光回溯？小彩旗呵呵呵地回应说，“其实这个旋转方向是早就商量好的，就是模拟天体旋转，太阳东升西下，地球从北极上空看自转，也是逆时针方向，象征着律动、时光、永恒的光。”

在春晚现场设立“时钟”这个创意最早是冯小刚导演想到的，他还悄悄到杨丽萍团队的舞剧《孔雀》取经，当时小彩旗都不知道，结束后冯小刚找到杨丽萍，说能不能让小彩旗到春晚现场转，姨妈就说可以试试。小彩旗和杨丽萍1月15日进入春晚剧组，历经七八次彩排，最终成为春晚的“时间轴”，直播进行了两个多小时后，冯小刚曾对杨丽萍说很心疼小彩旗，让她停下来算了，“我自己不想停，我演绎的是时间流逝，肯定是不能停止的。”

“一些网友问我，最后我停下来的时候，导播没有给我镜头，会不会觉得遗憾，其实对我而言，我特别知足了，春晚，重在参与，有没有那么多镜头、特写，我真的没那么在意。但是原本我是要和《野蜂飞舞》的演奏家一起表演的，就是他们弹多快我就转多快，我觉得很有意思，很想演，应该是因为超时，导演组可能想加快进度，所以取消了。”

4岁　登台

舞蹈改变了小彩旗的命运。她本名叫魏彩绮，现在的名字是杨彩旗，虽然是杨丽萍三妹的女儿，但她对于舞蹈的热爱、对于表演的韧劲，倒像是杨丽萍自己的孩子。从4岁开始，小彩旗便在《云南映像》登台演出，“没别的内容，就转圈。”冯小刚的马年春晚之前，小彩旗主要参演《孔雀》，从一开始就转圈，转到两个半小时舞剧结束。“只要不是卧床不起的病，我都坚持演完。”刚过15岁生日的她早已习惯了舞台，“我不会感到紧张，也没什么压力。我没进过学校，也不怎么想未来，只想着把下一场舞跳好。”

2010年5月，小彩旗被北京舞蹈学院破格录取，2014年11月2日，小彩旗担任主演的话剧《山楂树之恋》在广州上演。

“小彩旗不需要接我的班。”这是杨丽萍对我说的。我在2012年与杨丽萍对谈的时候问她，如何看待小彩旗，当时她的回答是：“她是个很好的舞者，我从没有想过要去打造她，没有人能‘打造’她，都是她自己自由发挥。她现在也没有上学，她父母也不管她。一岁多她就跟着我，她从小就跟着我到处跑。我不一定让她来接这个班。接班干吗？你看《云南映象》《孔雀》这班演员，还有其中的那么多小演员，个个都可以接班，为什么一定要让她接呢？她家里条件很好，不需要来接舞蹈这个班，她妈日子好过得很，开个客栈……她喜欢跳舞，愿意留在我身边跳舞，我让她发挥就好。”

小彩旗　　杨丽萍

11月17日，杨丽萍站在我面前，低低地说：“每次上台演《孔雀》，就好似重新活一次。”几个月前，她那组在网上爆红的“玫瑰园照片”引人关注，她活得如同一位快60岁的仙子。“我出生在一个山清水秀的地方，大理双廊，后来到了大城市，喜欢的还是那种有山有水有花有院的生活，风、花、树、鸟是我生命中本就有的风光。”

杨丽萍站起来，主持人正在介绍她的舞剧《孔雀》，她却径直走下来，对着新闻发布会的音控师说，工作时还看手机啊？那小伙子笑笑，说：嗯，主要是刚才拍的你。

杨丽萍带着她的侄女小彩旗，为1个月以后的《孔雀》二度在成都上演做宣传，这个见面会早在一周前就该做了，只是当时临行前被叫住，说是云南省领导有个调研，点名要她介绍情况，于是拖到现在。她说成都是她的福地，这里有很多她的朋友，记者、演出商、观众、艺术家……《孔雀》是她生命、舞台生命的一次浓缩，题材特殊，是演孔雀，也是演自己，是一种精神上的释放，“舞台对我来说太小了，宇宙那么大，生活那么美好，舞蹈和精神的快乐无处不在。”

除了她编导的《十面埋伏》，《孔雀》是她目前最投入的一件事情。当然大家都还知道，她还在做大理的舞剧《五朵金花》等等。杨丽萍忙得吓死人，她的化妆师也忙，当天下午的妆就是她自己化的，“就是最简单的那种”，几个女记者都贴上去问，诶，杨老师你的皮肤怎么那么好啊……她穿的衣服是小彩旗的妈送给她的，是一种老的被面样的单子改的，麻花辫，戴顶有圈帽沿的帽子，依旧瘦得惊人，可她说自己这已经是胖了几斤了，“这几天就可以把这几斤减下来。”她说自己的性格还是不行，不合适一些事情，“我是天蝎座的嘛，遇到无法掌控的事情时就害怕。”

现场依旧被无数次问起她头发为什么那么好或者身材为什么保养得那么好……她似乎都烦了，然后很官方地说，“恩，跳舞嘛，身材肯定要保持好才行啊。”不过说真的，杨丽萍说，“每次上台演《孔雀》，就好似重新活一次。”

有意思的话题当然还有。她谈到了小彩旗，小彩旗在身后聚光灯下接受电视采访的背影令人印象深刻，小彩旗语气豪放，大声笑，接受媒体采访侃侃而谈，杨丽萍轻言细语在前面接受平面媒体记者的专访，像一个“新老孔雀”的交接仪式：“我一直在想，小彩旗独舞的时候该是怎样的一个场景？”杨丽萍说她很有天赋，却不想让她做“接班人”，因为舞蹈这个东西本来就没有什么“接班人”，“她好适合演‘山鬼’那种人物，如风，灵幻，有股子独特的魅力，抓人眼睛。小彩旗是成千上万个美好的精灵之一，因为有着这份血缘，我想让她好好做她自己，这是一个美好的生命过程，用舞蹈的方式呈现，我不是要求她模仿我，我从她一岁多开始启发她，到现在十几岁了，她来得很快，演话剧《山楂树》什么的，我去探班，那么长的台词，她都倍儿溜。我从1970年代开始上银幕，见的演员多了，她是个好演员。”

2012年3月15日晚，云南昆明，对于舞蹈家杨丽萍来说又是一个特别的日子，“传承·绽放——杨丽萍文化艺术传承发布晚会”暨“昆明艺术职业学院-云南映象艺术传承中心”将正式成立，这是杨丽萍从艺以来首次以这样的规模获得支持，并专门成立传统文化的科班培训基地。赶在号称“杨丽萍最后的舞剧《孔雀》”紧张排练的间歇，我在排练现场与今年已54岁的杨丽萍畅谈4个小时，她特意开了一支罗伯特干红葡萄酒，侃侃而谈网络和媒体对她的误读。“媒体说《孔雀》之后再无杨丽萍，你觉得呢？我从舞蹈中来，必定也从舞蹈中去，‘最后’不‘最后’的说法已经没有意义了。”

采访是从云南艺术剧院旁边的餐馆饭桌上开始的，助理提着那个已成新闻焦点的菜篮子走到面前。杨丽萍嫌餐馆的背景音乐太吵，叫人关了，“我现在怕了微博了，一个菜篮子，一上微博就成新闻了。”她自嘲，秒杀大牌就靠这个10元钱的菜篮子。一坐定，才看清她的裤子是梅红色，靓得逼人眼，“这条裤子，是60年前的老被面做成的，我平常的衣服裤子，料子都是我去淘的上了年头的老料，专门找熟悉的师傅给我做，就是这个风格。”她摇了摇手指上老绣片做成的蝴蝶戒指，和着那身靛蓝色的布衣，像是时光穿越。

杨丽萍有一个习惯性动作，是去整理脖子上那条嫩粉红色的Dior丝巾，怎么弄都觉得不够美。“她太爱美了”，助理插了一句话。

《孔雀》还有不到4个月就要公演，每个人都很紧张，除了杨丽萍，“创作急不来的，三宝作为音乐总监，整套音乐还在创作中，到时候组合起来应该是世界级的。”杨丽萍说到兴致处，特意叫人开了瓶罗伯特干红，边喝边聊。和杨丽萍对饮是件有意思的事情，她酒量不差，一到高兴处会有丰富的肢体语言出来，腿也会很自然地抬到椅子上，话题也随性了许多，“我家里酒多得很，喝都喝不完……”这个时候，才是真正的杨丽萍。

网上传杨丽萍身上没有任何的脂肪，她前晚笑着回应，“谁知道呢，没有脂肪还是挺吓人的哦，呵呵。不过人还是瘦一些好，特别对跳舞的人来说。”

杨丽萍每次到艺术剧院来，都要签很多的书和碟，她说这样才能让这些宣传品更好卖，要养活剧院一帮人，杨丽萍要操很多心。她一边在每本大书的扉页上画着复杂的签名，一边回应着关于网上特别吸引眼球的所谓“杨丽萍买洱海别墅送母亲”的传闻，“其实那就是在村里给我妈妈盖了个房子而已，也不是什么别墅，网上都说是我设计的，也不是，赵青设计的。挺别致的，我经常回双廊陪我妈妈。”

媒体说，是杨丽萍养活了云南的魂儿，“从没有什么愿望并活在当下”的杨丽萍昨天不以为然，“我是个传递者，谁养活谁不好说，我还因为在云南跳舞、跳云南的舞挣了不少钱。不是吗？”

谢:你想通过《孔雀》传递怎样的艺术观、价值观和舞蹈想法?

杨:它讲述了一个关于生命、成长、人性和爱的故事。这是部会让人感觉很奇妙的舞剧，音乐是新的，动作编排是新的，演员是新的，甚至感觉都是新的。

谢:很多舞迷关心你的身体与其他的舞蹈家有什么不同?

杨:我的舞蹈不难跳。不需要用到太多体力，不用下大腰。我就是我，没有别的奥秘。

谢:媒体说《孔雀》是你的收官之作?

杨:媒体总喜欢找点来炒，收官之作?谁知道呢?是吧，哈哈。

谢:到目前为止，《孔雀》从你的身体条件、舞蹈技术、舞蹈艺术上来说，是不是你最好的一部作品?

杨:不，谁知道它好不好，我只是有感而发。因为它在我身体内涌动、流淌，我就顺着表现出来了，仅此而已。你问我现在的身体和25年前跳《雀之灵》时有什么区别，我只能告诉你，我的舞蹈不难跳，不需要什么高难度，鬼都能跳!只是在舞台上走来走去，一些媒体说这是“风格化”，其实是高看了，今年春晚的作品《雀之恋》也没有难度，走来走去而已。

谢:你觉得中国舞蹈界这么多年来，为什么出不了第二个杨丽萍?

杨:有啊，很多舞蹈家不错。她们为什么要跳孔雀来成为第二个我呢?很多题材可以去创作表现的。

谢:你的身体为什么能保持那么好的状态?要知道你已经54岁了。

杨_去看李时珍的《本草纲目》吧。吃什么、不吃什么、吃什么养发、吃什么养颜等等，我经常拿它作为我的食谱菜单；另外，多运动、多喝豆浆……

网上不是有一个著名的“杨丽萍减肥食谱”吗？说我早上喝1杯盐水+3杯普洱茶；中午1小盒牛肉+1杯鸡汤+2个小苹果；晚餐2个小苹果+1片牛肉。呵呵。我都不知道他们是怎么总结出来的。我的一日三餐很简单，但从不节食，吃素菜是可以持续的、效果非常好的减肥，真的，我不吃米饭倒是真的。（杨丽萍近乎偏执地爱好素菜，当晚的饭桌上，她点了双份的莲白、苦瓜和清炒板蓝根，唯一“油大”的菜是昆明口味的毛血旺，可她也是只顾夹其中的素菜。）

谢:你对手的保养和呵护看来是很苛刻的。

杨:你是不是要问我的指甲？一般留40多天……40多天的话，我的指甲就长到对面去了，要那么长干嘛，就这么长差不多了。

谢:据说你有一个特别的女性保养秘方？

杨:每天晚上临睡前，拿7个大枣，开7个小孔，把枸杞放进去，在温水里泡上一夜，然后第二天早上煮半个小时后喝那个汁水，对女人的内分泌很好。我现在很少用化妆品，从不进美容院，就是素颜，到哪里去都这样。护肤品用一些最简单的，你看我从不代言化妆品广告，我代言一点床上用品就好了，至少不害人嘛。

谢:你现在多久做一次体检？

杨:每年都做。我的身体很健康，跳舞跳了那么多年，身上没有什么地方有伤，只是小时候摔跤脚骨裂过一次。我还是夜猫子型的，我妈说我吃不好好吃，睡不好好睡，我一般凌晨两三点才睡，要做的事太多了，看资料、聊天、看碟、看书……

谢:你之前多次提到对电影《阿凡达》的喜爱，对人与自然和谐相处这种状态的喜爱，你最近在看什么电影？

杨:你说吧，你最近看了什么电影，我每部都看了。好片子都看，我会间接吸收那些优秀电影的艺术概念、创造性的思维、想象力等。（杨丽萍的助理介绍，杨丽萍是个地道的艺术电影发烧友，每天深夜几乎都会猫在家里看碟，这么多年来，已经成为她的一个习惯。）

谢:问一个必须问的问题，你怕老吗？

杨:人一生下来就面对死亡，这个问题……老谁都怕，怕也没用，只是人和人的感受和怕的程度不同。认清了就没什么了，每个人都会老，我也很无奈。

谢:你如何看中国的民族舞蹈现状？

杨:这个不予评论。我只把自己做好。

谢:春晚你确定以后都不上了吗？

杨:不上了，主要是没有作品，上春晚得要有好作品才行。今年正好是有一个作品，所以就上了。我并不排斥春晚，我觉得能上春晚对搞舞蹈的来说是件很好的事情。春晚是个巨大的舞台，每个人在这个世界上都希望用自己的能力和才华去赢取一种成功，春晚可以让这个人或者这个团队实现这个梦想。

谢:你很热爱你身边这些舞者。

杨:当然，他们都是农民，我也是农民，土生土长的。我说过，我之前要是没有跳舞，也会是我们村种田种得最好的女人，种田有什么难的？！

谢:你的传统文化传承学校是全新意义的少数民族舞蹈科班培训基地吗?

杨:应该是全新的，不是那种学芭蕾之类的学校，给那些上不起学的孩子们一个全新的出路。跳舞可以改变他们的生活。在这个学校授课的老师都是一些老艺人。就像我这样的，身怀绝技的老艺人。

谢:你对商业活动抗拒吗?

杨:不，为什么抗拒呢?人吃饱了才能唱歌跳舞，吃都吃不饱，怎么搞艺术创作?说实话，跳舞挣不了多少钱。我要赚更多的钱养活自己和这个剧团，但不是贪婪。

---

1. 肖全摄影作品《小彩旗会成为小孔雀吗?》
2. 杨丽萍和小彩旗在双廊过年。
3. 小彩旗，现名杨彩旗，1999年1月24日出生于云南。
中国舞蹈演员。舞蹈艺术家杨丽萍的外甥女，画家杨丽梅之女。
2010年5月1日，小彩旗被北京舞蹈学院破格录取。
2013年，小彩旗签约唐人电影制作有限公司成为旗下艺人 。
2014年1月30日马年春晚舞台上，小彩旗化身的“时间使者”在舞台上连续旋转4小时；
4. 杨丽萍，1958年11月10日生于云南，中国舞蹈艺术家
第十届中国舞蹈家协会副主席、国家一级演员、享受国务院“政府特殊津贴”。
1971年进入西双版纳州歌舞团，之后调入中央民族歌舞团，并以“孔雀舞”闻名。
1992年，她成为大陆第一位赴台湾表演的舞蹈家。
2009年，凭借《云南的响声》成为中国第一个举办个人舞蹈晚会的舞蹈家。
该文写于2012年3月15日,于2015年10月30日补记。

1

杨受成[2]

/我争气

决不斗气/

杨受成的故事，也是香港的故事。
细看人海波澜幻化的虹彩，色相万般，
一条大路，700万香港人，其实就是如此走过来的。

由香港新四大才子之一的陶杰执笔、香港英皇集团主席杨受成口述的自传《争气》出炉即成为热销书。这个被称为“现代香港娱乐圈一把手”的商业大亨、娱乐业大亨掌管着香港超过一半的娱乐产业，与李嘉诚、赌王何鸿燊、地王郑裕彤、成龙等属密友，他的长女杨诺思还曾是张国荣的女友。目前杨受成更拥有艺人众多的庞大娱乐王国。我与他面对面，聊到很多难以回避的人生故事。

68岁的杨受成，回顾自己的传奇一生，对我说：“我生平做人哲学的千头万绪，可提炼为两字‘争气’。面对四周的奚落嘲辱，我必固守信仰，面临命运的挫折压力，我必冷静应对。我深信，只要争气，会变成巨人，令看不起你、不信任你的人终将感到歉疚。社会竞争剧烈，纸醉金迷之间，别有刀光剑影，我‘争气’，决不‘斗气’，退一步自然优雅，让三分何等清闲。” 年近七旬，英皇也走过七旬风雨，父亲杨成给他取名杨受成，含义自不待言，杨受成说，这次访问，权当作为自己的七旬总结。

成功之道
人比钱重要得多

守信的朋友，这是杨受成最大的人生收获。杨受成最早与电影结缘，在青年时代，因为买一辆二手捷豹轿车，结识谢霆锋之父谢贤，后来长女杨诺思，一度与张国荣“拍拖”，自己投资的第一部电影，就是青春喜剧《喝彩》，其中张国荣和陈百强一对小生，后来成为香港一代巨星两极。老友成龙，与杨受成更是情同手足，2008年汶川大地震，成龙一个电话，让杨和他一起捐款，杨二话不说，打500万现金到成龙的账上，成龙自己再拿出500万，一并捐给灾区。

1999年，成龙遇到坎坷，吴绮莉准备大爆怀上了成龙的孩子，找杨受成出谋划策，杨受成给成龙告诫：“老友，经一事，长一智，以后小心为上。”不准备让成龙再说任何“反击”，在吴绮莉召开新闻发布会后，成龙太太林凤娇接到成龙电话，还没等成龙开口，林已抢先说："你不要为我和儿子担心，你专心把事情办妥便可。"2001年，杨受成因旗下杂志《东周刊》封面刊出刘嘉玲受虐照引发社会激烈震动，演艺人协会更准备大游行声讨《东周刊》不尊重女性。杨受成自知事态严重，先承诺刊登全版道歉广告，见诸香港各大报纸，但成龙随后也致电杨受成，演艺人协会仍将继续进行游行，作为老友，作为重要演艺明星的他决定立即离开香港，"因为我如果不参加这次游行，人家会数落我的不是，但要是我参加，又似乎对不起你。"杨受成权衡利弊，马上劝阻，"不，Jackie，你要相信我，明天演艺人协会的游行抗议无论如何你必须参加，因为全世界都知道你是我的好朋友，明天你不站台，马上千夫所指，你务必去，而且要第一个上台痛骂我！"成龙与杨受成一来一往，道义相助，成为兄弟。"在香港这个吃喝销金、人心复杂的地方，我的处世之道，是韩愈的古训：须就近有道之士，早谢缺无情之友。"杨受成对我说。

谢:你纵横商界多年，遇到许多贵人相助，李嘉诚、何鸿燊、郑裕彤、成龙……

杨:一个人要成功，必定集合了很多优点和条件，才能成功；至于失败，只要有一个缺点，就足够让你失败，一次跌倒，永不翻身。李嘉诚、何鸿燊、郑裕彤及成龙，他们都有一个共同优点，就是守信。李先生、郑先生做生意会先考虑生意伙伴的利益，只有在双方都可以赚钱的情况下才会合作，不会只考虑自己。一个只顾自己利益的商人是不会成功的。何鸿燊先生是一个娱乐业的大亨，他心胸广阔，十分愿意帮助有需要的生意伙伴。成龙更不在话下，他从事演艺界近五十年，由童星开始做起，多年来提携过很多人。他待人诚恳、有礼、谦卑，有很多新人都是他带出的，例如张学友、张曼玉、钟楚红、梅艳芳等等，我对他非常尊重，不是因为他是一个巨星，而是因为他为人厚道。他们四位的成功，是实至名归的。

谢:纵横商场数十年，你最大的感悟和成功秘诀是什么？

杨:创业守业都并非一帆风顺，英皇七十年以来经历过高潮低潮，也经历过不少风风雨雨，所以一定要有坚毅不屈的精神，不要轻言放弃。
另外，凡事不能事事往钱看，做生意一定要以人才为本，以客为先。如果没有钱做生意，我们可以问银行借贷，但没有人才的话，纵使你有财力，也不会做得好，所以我一直认为人才比钱财重要得多。除了善待上下员工之外，我是采取疑人勿用，用人勿疑的方针，以一个“信”字对待员工，换来他们对公司的忠心和勤奋。在英皇服务超过十年的员工有一千多人，二十年以上的也有百多人，这些长期服务的员工，大部分是高层，在香港甚为少见，而我亦引以为傲。

谢:你一生大起大落，几经沉浮，从未想过要放弃，而是始终恪守“争气”二字，这也冥冥中帮你多次逢凶化吉，作为行业前辈，能不能给后来者一些建议？

杨：简单来说，做事要小心谨慎，做人交朋友要以诚相待，做生意要守信。另外，成功非侥幸，凡事都要争气，人家即使相助一次、两次，到头来还是要靠自己努力才能成功。每一个时代都有不同的逆境，但只有抱着争气、发奋图强、不断努力的信念，才为正确心态。

现金在手 才可 进退 有 据

当电影产业发展到一定规模，以美国为例，必定走向立体的商品化。早在1994年，杨受成看好香港电影的明星效应，选定上海建立“明星城”，内设购物中心、餐饮中心，种种娱乐设施。杨受成投资，老友成龙占有股份，娱乐圈名人如谭咏麟、曾志伟、梅艳芳、梁朝伟、刘嘉玲、吕良伟、周华健、李宗盛等均占有股份，其余资金不足之处，杨受成独自“包底”。

杨受成经常鼓励旗下艺人在赚钱之后要以买楼为目标，为自己合理打算。容祖儿和蔡卓妍已经买了好几处房产，现在俨然成为小富婆，谢霆锋更独具经济头脑，他买的是铺面，在香港一个叫“摆花街”的地方，他已经买了四五个铺位，不但如此，还开设电影特效公司。杨受成始终强调：现金为王，现金在手，投资无忧。

谢:从钟表珠宝到地产、金融，从新媒体到娱乐影视，英皇的扎实进取让人印象深刻，经营之道是什么?

杨:“进取中求稳健”。我曾经试过因为投资过度，又遇上金融风暴，资不抵债，最终被银行清盘，多年来的辛劳，家人朋友对我的信任，毁于一旦，全家老幼突然陷入困境，受尽委屈，让我心如刀割，十分难受，几经艰难才扭转局面，重新取回我的生意。经此教训，我改变了我的营商方式，必定储有足够的现金，以防风云不测。只有现金紧握在手，才可进退有据。当然亦要与时俱进，密切留意瞬息万变的市场，看准时机，打稳基础。除此之外，做生意最重要是守信。我常常教导我的下属和子女，做生意一定要讲信用，没有其他东西比守信更重要。如果你没有信用，客人不会信你，业务伙伴不信你，员工也不会信你。一个言而无信的人，就讲什么都没有用了。

娱乐圈 世界上最无情的是观众

英皇开创娱乐事业后，杨受成扶持歌手艺人，凭的是敏锐的直觉和独特的品味。一旦欣赏一个年轻艺人，他会任由他（她）原有的性格发挥得淋漓尽致。“这样艺人才能表现埋藏深处的真正自我。”杨受成名下的英皇，签每一位男女艺人都态度谨慎，他把流行音乐和电影当作100%的实业，而不是泡沫式的投机。他品评而欣赏的艺人，如果有培养潜质，都会先约见家长，把条件和现实的环境讲好：娱乐圈奋斗，工作繁重，日子也艰苦，因此英皇需要足够的时间犹如栽培一个大学生，务求令子女和父母无可抱怨。至于具体的造星流程，杨受成对我说：有潜质而决定栽培的艺人，英皇签约期一般十年。前两年聘请名师教唱歌、跳舞等专业演艺能力，还有穿衣服的品味和化妆的技巧，如此可说初步毕业，步向市场，但大多数艺人，接下来两年都处于挣扎期，半浮半沉。由第五年开始，肯努力而又天资优厚的，还是星运好转，“许多人经历这个奋进的阶段，尚需三两年，方始大红大紫，对于投资者，真正的收成，只剩下最后一两年了。”

谢:目前英皇娱乐几乎代言了香港娱乐的方方面面，艺人如同你的家人，怎样看待和旗下艺人的关系?

杨:我看待旗下艺人和其他业务的员工都是一样的，我觉得一个打工仔要固定在一家机构工作，首要是看工作是否有前途，其次看老板是否是一个值得欣赏的人，老板对自己是否尊重，以及工作环境好坏及员工之间是否和谐等等因素。一家成功的机构，无论是哪一个行业，必须要有一群忠心而能干的员工。老板就算是有多大的本领和财力，如果不懂用人，也注定失败。公司的管理层有了这个理念，也善待他们的下属，长久以来就建立了一种凝聚力，一种家庭式的温情了。

谢:你认为的香港娱乐界辉煌时期是什么时候?近来，香港流行乐坛和香港电影在媒体看来相较上世纪80年代、90年代退步或者叫疲软了不少，从专业角度来看，是否认可这种说法，退步的原因是什么?

杨:香港娱乐界一直都很光辉灿烂，没有特别辉煌或暗淡的时期，不同年代都有不同巨星，长久以来，香港出了很多很杰出的艺人，有些甚至是经典传奇艺人，由薛觉先、马司曾、任剑辉、白雪仙、李小龙，到成龙、梅艳芳、张国荣、周星驰、四大天王，以至后来的陈奕迅、古天乐、容祖儿、谢霆锋等等，都是非常出色的艺人。其实直到今天，娱乐界依然是辉煌的，不同的是以前信息没有那么发达，明星总是遥不可及，很有神秘感，没有现在的明星那么亲民，感觉自然有点不一样了。

谢:现在很多年轻人，特别是俊男靓女都对当明星日思夜想，如何成为一个明星，能不能成为一个明星，成了明星又有什么样的变化，他们可能都不太清楚，你能给这些年轻后生一些指点吗？

杨:首先我不是娱乐大亨，每一个行业我都全心全力做到最好为止，只是因为旗下艺人的成功，造就了娱乐事业吸引较多注目。
所谓“台上三分钟，台下十年功”，艺人在演出背后的艰辛不足为外人道，从来成名不是易事，除了要有天赋的才华，台型风格，别开生面，还要有钢铁般的奋斗意志，绝不能怕失败，轻言放弃，即使面对传媒、观众，甚至自己给自己的极大压力之下亦能逆流而上，有惊人的坚持，努力进取。即使能够成名，明星的光影寿命也不一定长久。人说“戏子无情”，但其实世界上最无情的是观众，爱你的时候可以捧你为神，不喜欢你的时候即弃之如敝履，头也不回，绝对没有地老天荒的忠诚。所以越红的艺人，心理负担越大，恐惧和焦虑日益沉重，怕的是今天得到的名利和掌声，不知道什么时候全部失去。“花无百日红”是这一行的定律，一定要靠自己争气努力，才能留住观众。

谈艺人
陈奕迅最懂女人心
最想和周星驰合作

杨受成曾说十分欣赏谢霆锋、陈冠希、陈奕迅，相信三人日后必可成为“四大天王”的接班人。英皇有一段时间唯一的台柱就是谢霆锋，和谢贤是老友的杨受成很早就判断谢霆锋并非池中之物。后来，陈冠希的父亲陈泽民1998年带他来公司见杨受成，杨受成说：

你的儿子有做明星的潜质。”于是随后在当天下午就安排陈冠希陪同谢霆锋出席一个电视广告的宣传活动，“今天会有许多记者出席，你不妨把你儿子陈冠希也让我带去，试试水温，看看那帮娱乐女记者有何反应。”没想到当天下午陈冠希果然让娱乐记者震惊。还有陈奕迅，一次，在广州的一个演出活动上，杨受成面告三人：“你们就是四大天王的接班人，请各位自爱自重，珍惜前途。”

谢:你在《争气》一书中提到陈奕迅最懂女人心?

杨:陈奕迅是一个很懂得揣摩他人心理的巨星，加上他口才好，又懂得投其所好，所以不论年龄性别，他都能讨好，人缘甚佳。而女性一般都喜欢被人了解的感觉，自然觉得他结识女性的技巧高超了。

谢:你一家与传奇巨星张国荣曾有一段珍贵的缘分，特别是你的长女杨诺思，她曾是张国荣的女友，能不能给我讲讲你心目中的张国荣？他在文华酒店自陨之前曾与你有所接触，最后那一次会面，你们谈了些什么?

杨:我第一次见到张国荣的时候他只有十八九岁，但我已经觉得他是一个非常俊俏、有气质的巨星，唇红齿白，很有贵气，他对自己的要求很高。他的离去对我来说是一个很大的打击，因为我们之间建立了很深厚的友谊，互相信任。我想他主要是因为压力，也可能是命运的安排吧。我最后一次见他是他离开前两星期，在君悦酒店和他喝茶，当时我还邀请他拍《新警察故事》，他也说他愿意考虑，他在此之前已有年多没有拍电影，休息了很久。他的离去对我本人、对演艺界、对香港、甚至全世界来讲都是十分可惜，也是一个很大的损失，他毕竟是一个百年难得一见的巨星。

谢:在与你合作过的诸多位影视女红星中，给你印象最深，故事颇多的有吗？是哪位？

杨:我觉得梅艳芳是一个非常有才华的女星，唱歌演戏都非常出色。即使高烧到39度，她都可以照样踏上台板唱歌，唱完了，一回后台，走了两步就晕了，马上送往医院。她一上舞台就像着了魔，达到忘我的境界，充满能量，像是变了另一个人一样。她是要做到“我在台上唱歌，全世界都要在听，我表演，全世界都要在看”。她天生就是一个一流的表演者，非常难能可贵的演出家。她走了以后，我就再没有见过一个有她七八成功力的女星了。

谢:你现在最想与之合作、但之前又没有合作过的艺人是谁？

杨:一定是周星驰。周星驰是一个非常有才华的演员，对演戏、对剧本都有非常高的要求，我是真心期待与他合作，可惜至今仍没有这个机会。

谈内地影人 最想和张艺谋合作

杨受成早已欣赏姜文，在中影董事长韩三平的介绍下，两人一见如故。当时姜文正为《鬼子来了》的票房不佳郁闷，韩三平请杨受成拉兄弟一把。随后，《太阳照常升起》原来的老板投资3000万，但戏只拍了一半，尚欠3000万，杨受成出于对姜文的欣赏，半路伸手，答应接盘。电影拍出来，因个人色彩浓烈，票房失利，杨受成亏本1000多万，但痴心不改，叫英皇电影行政总裁利雅博拿着合约飞赴北京，一签就是5部电影，还先付5000万订金。姜文拿着合约，一拍桌子，“你回去跟杨老板说，他不需要跟我签合约，闲话一句，只要我姜文这辈子要拍戏，我答应一定先找杨先生合作，我姜文言必行、行必果。”利雅博回香港告诉杨受成，杨说：“你告诉姜大哥，以后他再开拍戏，题材、演员、收支预算一概由他做主，资金全部由我负责。”杨受成说，与姜文的烈性子比，冯小刚像四海干杯都摆得平的一盏绿茶，保健养生，而姜文则有点像五粮液，酒精芳浓，原则鲜明。

谢:你与内地电影圈接触颇多，深入融合也有多年，《梅兰芳》《让子弹飞》《非诚勿扰2》《一九四二》等等影片不但院线票房飘红，口碑也是如日中天，不但片子红，你看重的导演也是内地最顶尖的，你如何评价陈凯歌、姜文、冯小刚这三大导演？

杨:陈凯歌是一个对中国历史非常熟识的导演，这方面的学问是没有其他导演可以与之相比。姜文才华横溢，艺高人胆大，恃才傲物，我非常欣赏他，但很多人都说他是“疯子”一名，因为他非常有性格，不会接受嗟来之食，没有人可以驾驭他的，对于他不喜欢的人，不要说做朋友了，就连和他同坐都不行，绝不妥协。冯小刚是我认识的人之中最仗义、最懂交朋友的人，他的天才也不用我多说，票房已证明一切了。

他们几个都绝对不是向钱看的导演，而是讲理想，讲要求的。他们三位都是对自己要求极高的导演，还有张艺谋，都是国宝级的大导演。中国十三亿人口，有这几个优秀的导演，是非常值得大家骄傲的。

还有韩三平，他对电影十分熟识，可算是中国的电影教父，他不但将中影管理得极好，也是一个十分有才华的导演，还是一个演戏高手。他是做灯光师傅出身，对采镜有独到的见解。他是一个恃才傲物的人，很乐意帮助别人，在电影圈之中帮过好多人，交了很多朋友。我也十分荣幸能和他们几位交朋友。

谢:还有没有很想合作的内地影视明星或者大腕导演?

杨:在国内我最想合作的就是张艺谋。

1. 杨受成和他的大腕电影圈：冯小刚、何平、韩三平、陈凯歌、张国立……

2. 杨受成，生于1944年3月2日，香港企业家，商人，现为英皇集团主席。
父亲杨成为英皇集团创办人。被称为“现代香港娱乐圈一把手”。
杨受成在1960年代以20万元资本在香港市区心脏地带开设钟表店，不到30岁已成“钟表大王”。
1972年成立好世界集团，经营地产业务。90年代，杨受成的英皇国际集团成功上市，
业务包括酒店、银行、金融、地产等，更建立娱乐王国，亦进军传媒行业。
该文写于2012年11月6日。

讲知我洋〃

思念洋

1

张国荣[2] / 似水 十年

只有你的 情怀

如 昨天 /

Absence is a short kind of sweetness.

意犹未尽，这些年来。

——Leslie

似水十年，似是故人来。

4月1日，哥哥张国荣人走十年。十年顺流而下，张国荣的歌迷影迷各自拥着这个名字睡去醒来，人生一梦，白云苍狗。张国荣以极度精致的香港都市魅影诱引了众多被商业偶像征服力俘获的男女。但在他去世十年之后，他的影响力与号召力仿佛才刚刚被时间印刻。他的友情、爱情、性情、迷情，甚至是殉情，都被精致而小心翼翼地放大、沉淀、堆砌，如一面湖水，清晰地反照我们自己。

汤显祖在《牡丹亭·惊梦》里有这样的句子："则为你如花美眷，似水流年，是答儿闲寻遍，在幽闺自怜。"水，在中国古典文化里是忧伤的喻指，隔着山的遥远是种思念，隔着水的遥远则为忧伤。

淡、纯、流动不断的水有着极为深邃的内涵：它吸纳并反馈浮光，绥靖并钝化锋利，化有形于无声，夺风彩于纯净。而从时间向度上，水，荡涤的是贪嗔痴，是慌乱，是欲念，是走火入魔。

水是有记忆的，于是，水一定知道我们有多想念。
十年倏忽一过，时间是停不住的爱人，却停住了张国荣。

哥哥自己在23年前的情人节一句不经意的感言概括了他的浮梦半生：意犹未尽。而他往生后的十年，他的时代和我们的时代交错恍惚，感受竟也惊人一致：意犹未尽。

张国荣生前最爱的希腊女抒情诗人萨福有这样的诗句："月亮已经下落，星宿暗夜亦走，时光一直过去，一直过去，唯一不变，我的孤独依旧。"这首诗的原文，被精致地放在了《这些年来》专辑（1998年2月14日）的内页。"投入过怀念过忘掉过/这角色要几多有几多/任何样子都可以似雪片掠过星河，陪着我同样也明白我。"抛开那些浮光掠影的美丽词汇，这首歌也成为哥哥最爱的一首最不商业化的中年诉说。

在音乐上，他最值得重视的是这般暗香蚀骨、哀而幽怨、品味年华老去人生寂寞的中音，是为袒露。在影视里，他最让人流连的是深沉绝望、犟而不废、心比天高命比纸薄的伶人光芒，是为堪怜。

似水十年，实为心水。

生前，张国荣以女人的眼睛，以黑夜的方式观看。逝去，我们以诚恳的厚度，以丈量的心态追问。去香港，以体验者的身份参与这份干净的怀念。风继续吹，水也未曾断流，十年之前，如是，十年之后，亦如是，由零开始，共同度过。

金庸之女查传讷在张国荣去世十周年之际感怀地说，张国荣的魅力在哪里？很多人爱模仿他的声线，吃力不讨好，为什么？因为他的嗓音，近似美国猫王的性感，音域磁场广阔。而且他本身具备“娇”“妖”的元素……东施效颦，只会笑死街坊。张国荣的火，仍熊熊在烧，我们的下一代香港人，不会忘记他。

从艺近三十载，一万个春天，开满了有刺的玫瑰。哥哥孤影自盼，且唱且和。专辑出到荼靡，映画播到失真——都说演戏演的是别人，唱歌唱的是自己。这句话放在张国荣的身上，倒是有些错漏：哥哥握住一把寂寞，活生生把自己撒进了光阴的水里。他太真了，所以入水就沉底。

似水十年，谁令你心痴？

自张国荣这个香港的背影转身远走，这个时代并没有失去它的生命力，相反，它的生命力变得活跃、广阔、精粹，因而更加秘密。略去时尚的垃圾和潮流的万千缤纷，张国荣以及这个名字所包含的所有情与义、爱与恨、迷与狂，依然值得我们睁大眼睛，屏住呼吸，像穿过朦胧的大气走向星光，领受一闪一闪的惊奇。

我们深知，即使春天又至，哥哥也不会复活，当越来越多的人为沽名钓誉而唱歌，歌唱还怎能保住它最初的那份真？

似水十年，只有你的情怀如昨天。

1. 张国荣

2. 张国荣（Leslie Cheung，1956年9月12日—2003年4月1日），本名张发宗，大中华地区歌坛和影坛巨星，出身于香港的著名歌手、演员、唱片及电影监制，在大中华地区拥有广泛的影响力，演艺圈多栖发展最成功的代表之一，是1980年代香港乐坛的天皇巨星之一。
该文写于2013年4月1日，是为张国荣逝世十周年而作。

陶西作品輯

「古都寫生」

1

臧 天朔[2]

/ 亮处

说话 /

假释出狱的歌手臧天朔悄然开始了新作品的排练。
时隔多年，他的《朋友》《心的祈祷》等传唱度极高的作品，
依旧是城乡各类KTV里的热播歌曲。

从今年2月被曝出狱、假释、现身北京望京某酒吧，到5月底公开在李琦收徒仪式上亮相，这位有着传奇经历的摇滚老炮由于司法规定不能在假释期间接受任何媒体访问。曾因聚众斗殴被叛有期徒刑6年的老臧，假释出狱后他的生活情况如何？新作品又能否超越《朋友》？作为一个阅历丰富的音乐人，他又如何看待自己的这些经历，我在臧天朔圈内密友王斌的帮助下，来到了老臧位于北京北五环京承高速附近已荒废五年多的臧天朔录音工作室，在“不访问、不拍照、不能显露记者身份”的反复要求下，深度探访臧天朔的假释生活。这注定，是一次奇怪而又秘密的探访。

“前面有条河……我……哦。”臧爷的声音老远就从一座其貌不扬的小院里幽幽地传出来。门口是北京郊区最具标志性的那种骄阳和灰土，实在看不出有什么特别。一排大排量的越野车和小车停在门口，乐声闷闷地加重，大铁门被新涂上了朱红色。“老三”和小张一直在帮臧天朔看着这座小院，老臧2008年“出事”前他们就在这儿，院子正在翻修，据说刚重开没几天，一些安装暖气管道的工人奇怪地看着我。看得出来，这里很久没有出现过生人了。

进门是个巨大的空库房，有人告诉我这是老臧花20多万每年租下来的，当时准备是作为开设音乐培训班的场地，“他当时就一门心思想开个音乐学校，教孩子们流行音乐，弹弹琴什么的，后来他不是出事儿了吗，就停了，5年多时间，就这么一直空着，租金照付。”两幅印有“有戏传媒”的雨棚孤零零地挂在楼上。“40台风机就坏了32台，没人打理，被冷坏的。”老三说中午太阳大，臧天朔要他每天多浇浇这院内的草坪，他喜欢看绿色的植物，觉得心静。

终于见到拿着吉他扫弦的臧天朔。一班乐手正在演奏一曲没名没词的歌，臧天朔指挥着大家变化着和弦走向，“E、Am、G……节奏不对，再快点。”贝斯手刘君利很知名，田震的《野花》就是他写的，鼓手王鹏飞也是熟脸儿，萨克斯手杜银蛟和胡之良，吉他手江震和穆镝。做的音乐风格和他之前的完全不同，更多即兴的随性的东西藏在其中，但曲调分明是国际化的，爵士、放克，歌词也是惊鸿一现，大部分时间还是在旋律上做考究。“8月份可能就演出了，时间很紧，但乐手们都不知道是参加什么演出，老臧很低调，谨慎得很，犹豫到底演不演，毕竟是那么多年后再亮相，作品很重要。推了十几场商演，就为了新作品争取时间。”王斌说网上的那些道听途说都不真实，臧天朔也不可能出来回应，“他不认可什么复出不复出的说法，作为一个音乐人，这么些年了，总还是要有作品出来啊！老臧给我说过，他就是个音乐人，创作和演出就是吃饭的家伙，天经地义，在哪儿也得这么过。现在能够说的，就是他8月份他可能会有公开演出，是一个音乐节。但不会开新闻发布会。”

忘了说，臧天朔排练时开玩笑地对乐手说：“这首歌既然有山有河，干脆就叫《水深吗》！”

朋友你要　好好地　走

“就像有什么抓住你，不再有什么抓住你，我想要抓住你的心……”，也许是臧天朔那个年代的摇滚音乐人的真诚，当天在排练场当这样的歌词从他嘴里即兴蹦出来时，还是让我吃惊。休息时一位乐手说，臧天朔出来后已经写了很多歌，有歌也有纯音乐的东西，时而荒腔走板，时而沉郁低吟，确实和之前相差很多。乐手中的一位吉他手还是臧天朔在“里面”的狱友，这更让人吃惊。

“窗外的雨一直在下，我在梦里，你说吧，梦里有什么……都是妈妈身上的肉，我们还是硬骨头。”听得出来，臧天朔很喜欢这灵光一闪的歌词，反复演练其中的情绪。“我的朋友，你就走，向远方，你有何求，现在就说，别有什么担忧。我是你的朋友，你要记住，你不在的时候，我的朋友，你要好好地走，好好地走，哦，我的朋友。这个时候，容易让我想到很多，很多朋友，不再回首，朋友，你要好好地走，好好地走。”

臧天朔明显被自己的这首歌打动，包括乐手，再唱“朋友”，虽然歌还没有名字，词也是随性而为，但似乎这首歌与“里面”的人和事有关，关于里面的“朋友”，关于和自己有过患难之交的朋友，让人听着，眼泪就往上涌。

臧天朔在等一位萨克斯手，由于排练房在郊外，不好找，那位乐手似乎走错了两次，臧天朔安排助手不断电话遥控指路，他看重团队中每一位乐手。我从录音工作室退出来，转到旁边几间空置的房间，两个房间散放着一些被尘土包裹的录音设备、空唱片盒。有一幅字被精心装框落地摆放：天籁之音。字写得很有想法，看落款，应该是一位有心人送给臧天朔的。

“老臧‘出事’时孩子刚满百天。他出来后很少话，也几乎不说‘里面’的事情。也许确实不知道该说什么。”老三一直闷头浇着草坪，时不时随口搭几句。臧天朔现在每天都来这个小院，他用两个手机，家人有他另外一个号，接电话总是客客气气的。不过他的电话太多了，总是响个不停，他没法一一回，无暇顾及的时候就让它在那儿响。

王斌说了臧天朔现在的一些生活情况，每天八九点起床，没有午休的习惯，“也许是在里面习惯了吧。心态平和，每天练字。之前他在里面也是常练字，加入文艺班，弹琴创作。”之前媒体曾披露臧天朔入狱后开始学习书法，他报名并获准进入了“服刑人员书法兴趣班”。从来没有拿过毛笔，甚至连硬笔都写得一般的臧天朔经过努力练习，最后能独立完成一整幅作品。臧天朔的一幅字曾被展出，他写的是监狱改造的“内容提要”：“齐心协力保安全，维护稳定促和谐。”此外，他还有几件工艺品制作入选参展。一个是他独立制作的工艺品“母子情”，另外一件题为“积极改造，重塑人生”的工艺品。练琴也是，由于有音乐才华，他加入文艺班，在服刑人员的文艺汇演中他还重唱了那首成名作《感恩的心》。那张在狱中演出的照片在网上传播率极高，成为臧天朔狱中生活的写照。

“没练字的人体会不了那种感觉，老臧给我说那会上瘾。哪一天不练就会浑身不自在。就是练颜柳的东西，颜真卿、柳公权，他自在其乐。”老臧最近拜了书法师傅，之前在故宫里工作，臧天朔8岁时就和这位师傅相识，学问很大，后来去了国外，最近回来，臧天朔正好在练字，就正式拜他为师。听王斌说一个段子，臧天朔看到好朋友刀郎的专辑《披着羊皮的狼》封面的字说：“我现在写‘刀郎’两个字肯定比这个好。”家常了的老臧难得有这样的表态。

“其实现在臧天朔过得特别简单，每周二要去司法部门报告自己的情况，照规矩办事，也不能出朝阳区，要聚会什么的得先打招呼，人家对臧天朔也挺客气，能做什么不能做什么很清楚，不能坏了这个规矩。”王斌现在经常过来看臧天朔排练，偶尔带些演出商朋友来听听他的新歌，乐手很尊重臧天朔的音乐取向，几个人一般会在排练房旁边的一个小茶室聊天，陈设很简单，有一套花花绿绿的茶具，茶水随时都是热的。听王斌说晚饭时会有一个老臧的朋友给他送些羊牛肉来，他现在几乎没有时间和朋友聚会，一般情况下也不想出去吃饭，觉得不太方便。当然有圈内朋友不时给他拿些新唱片，或者往他的电子邮箱发些音乐演出的视频，爵士类的比较多。

小院里有一个简易的厨房和饭厅，里面有啤酒，门口还可以烤串，乐队有些时候排练完会在这里吃饭，院子里还养了几条藏獒，偶尔会嚎几嗓子。在北京郊外的小院，这样的生活挺特别，呼啦啦一些人吃了就走，臧天朔收拾完也会赶回市区的家。老臧现在一周排练三四天，一般是下午2点到6点半，强度挺大。他喜欢在亮处说话。

当天臧天朔和他的乐队排了大概10首歌。曲风变化很多，风格和之前差异极大。甚至一些声音里听出了禅的意味。但在我看来，骨子里它们都很臧天朔。从之前圈内朋友口中的“臧爷”到现在的“老臧”，臧天朔和他的作品呈现了时间走过的脉络和线索。他直勾勾的嗓音和演唱方式一点没变，拿起吉他和在电钢上飞舞指尖的范儿也没变，和他在“里面”文艺班的吉他手朋友合奏时我能体会到那种交流超越了很多人。

臧天朔确实变了。少了些当年的匪气，多了家常味儿。

数年前当他以并不光彩的方式入狱时，很多人认为他回不到舞台上。那个嗓音真诚的“朋友”也许一去不复返。时隔多年，他的音乐里充满了山水、花木，泉水与时间，显得和现在这个繁忙的年代多么不合拍，听王斌说他偶尔还会喝点啤酒，烟抽得也不多。由于绝不能接受媒体访问，所以他暂时也没有表达什么的意愿。看得出来，他身边的朋友很照顾他的感受，喜剧大腕梁天等“当哥的”也经常问候他，据说当京城人脉极广的演员李琦收徒时，臧天朔完全没有想到自己会突然出现在那么多媒体的关注下，当他推开门进去时，会场似乎把所有精力都转移到他身上，他很不自在。

唱者无意，听者有心。

曾经有一个很“夯”的歌手，叫臧天朔。他曾经这样自述：我对自己的乐队非常有信心。我从不认为自己是一个摇滚歌手。摇滚的特质是反叛，而我个人推崇的是人情味儿。按照京城媒体的说法，“这个小臧本不是追求外表包装的，盖儿关，肥胖，其貌不扬是他的商标。但小臧侠气、仗义、能喝酒，自称是‘糙老爷们儿’。”如今有一个很“夯”的父亲，叫臧天朔，胸中有血，心头有伤，能写会唱，但话却越来越少，他骨子里还是个朋友。

面向大海[3]

“人就只有一条命。多一个这样的朋友，你的生命就画上了句号。更有潜移默化的方式夺走你生命的朋友，你和这样的朋友交往后，不思进取，终日浑浑噩噩，活着就是死了，成为行尸走肉。”说实话，我在采访臧天朔之前确实没有对他2008年、2009年那两次出事有多细致的了解，探访因着太多的巧合去的，真是听着歌就去了，没有太多考虑。2009年11月27日在自己的博客里写下刚才那句话，说的不是臧天朔，而是说臧天朔遇到了一个那样的朋友，唱着《朋友》出名的臧天朔最后却被朋友送进去了：臧天朔和孙宝和合伙经营迪吧，后来臧天朔发现孙盗用臧天朔的名字拖欠民工工资，臧天朔得知后大怒，拉着孙到派出所“公了”，两人从此交恶，才有了后来的聚众斗殴致人死亡案件。

2013年9月7日，臧天朔“2013面向大海演唱会”在北戴河碧螺塔开唱，事前王斌邀请了我，我当时还在北京再访李天一事件，我想了很久，最终还是没去现场。我看到很多关于这场演唱会的消息，《朋友》《老玉米》《梦蝶》等等老歌，《当铺》《问自己》《辽阔》等新歌也唱了。梁天说：“今天就是朋友们聚在一起，共同见证老臧的复出。伟大领袖毛主席教导我们，犯了错没关系，改正了就是好同志嘛！”

演唱会的名字取得真好：面向大海。

心的 祈祷[4]

——曲/臧天朔 词/黄晓茂

1988年

1. 臧天朔北戴河复出演出会的演出现场。
2. 臧天朔，1964年出生于北京，中国摇滚乐歌手，流行乐坛上实力派的代表人物之一。
   成名作《朋友》。发行专辑《我这十年》、《心还在等候》、《捧出自己》等，人送绰号“臧爷天朔”。
   2008年9月28日因涉黑在北京被捕，2009年11月27日因聚众斗殴被一审判处有期徒刑六年。
3. 该小节为2015年11月2日的补记。
4. 臧天朔代表作《心的祈祷》歌词，木头手书。
   该文写于2013年5月10日。

的、火是火巴

火巴 [illegible]

1

左宏元[2] × 庄奴[3]

/ 大家　收山/

左宏元说，庄奴以脱俗清丽的爱情欢歌，
介入并引领了那个靡靡之音的时代。
听左宏元、庄奴畅谈琼瑶、邓丽君、凤飞飞，
乡愁与音乐传承，如同听两位音乐大家讲了一堂精彩的音乐课。

“再做5年，我就退休了……正在酝酿和打造的这部庄奴作词、我作曲的《踏浪过海峡》新概念歌舞剧就是我的收山之作。我们要在2013年邓丽君诞辰六十周年之际，再造一个邓丽君式的黄金流行音乐时代。”在重庆大坪万友康年酒店咖啡厅，已经82岁的台湾地区流行音乐大家左宏元声如洪钟。他此次低调潜行出现在重庆，让音乐圈震动不已。我从他自台北飞往北京开始，就与他联系，持续数日，终于得以完成这次“史无前例”的长访。说之“史无前例”，一是他首次向内地媒体透露他与台湾言情小说大家琼瑶的20年友情秘闻，琼瑶与丈夫的家庭生活秘闻，个中桥段甚至连琼瑶本人都已

淡忘；二是他此行密会词坛泰斗、人称“华人圈词坛三杰”的庄奴（另两位是乔羽和黄霑），并与91岁的庄老商讨封山之作的制作与推广；三则是他首次联袂庄奴讲述华人天后邓丽君的歌唱秘闻。

收山
“私房歌”变成“大家唱”

左宏元，这位写歌超过50年的流行音乐大师为我们留下的经典歌曲实在太多，91岁的庄奴称他是“台湾现代民歌运动之前最为重要的音乐大师、音乐推手，开启了梦幻的黄金年代”，而“左大师”则笑称此番来渝，是来“投靠庄家的”……8月30日下午，我与左宏元一起前往庄奴在重庆的家，探访两位大师遥远而近切的乡愁，以及那些绝版的音乐秘闻。这也是这么多年来，两位大家首次接受这样形式的座谈访问。

左宏元和庄奴今年6月在重庆秘密会面是24年来首次重逢，只有当时极少的几位媒体人获知情况。当时两人即开始筹划重新合作，打造一部既像歌舞剧，又像作品音乐会一样的新概念秀。庄奴形容两人是“不是冤家不聚头”。左宏元说，作品以两人最新的歌曲《踏浪过海峡》作为主题，延展和扩展这个理念，“踏浪踏浪过海峡，两岸两岸是一家，若问此刻我心境，海天不如我辽阔……”本来是庄奴写给他和左宏元的“私房歌”，最后两句原词是“老友忆旧情，像雾又像花”，但左宏元一看，何不将“私房歌”变成“大家唱”。“这就是我的收山之作了，最后5年的创作期，我都要贡献给两岸的文化交流，尽量多为大家的耳朵服务。”8月31日，两位老人又专程飞往北京，为这部歌舞剧挑选主角，目前有一位22岁的非职业歌手已在考虑之中，“她那个范儿像极了邓丽君！我们很是期待，希望届时能引起轰动！”

琼　瑶

“我在台北 最美的转角遇到　最美 的　女　人”

没想到和音乐家第一个聊起的人竟是琼瑶。左宏元和琼瑶开创了台湾言情剧的黄金时代。和琼瑶联合推出的9部电影全部成为时代经典，邀请林青霞拍摄的数部电影全部获得成功，这幕后老板和策划均是左宏元。“从《彩云飞》开始，一直到《海鸥飞处》《窗外》《婉君表妹》《庭院深深》《烟雨濛濛》《哑女情深》……都是我做的，我当时手把手教琼瑶怎么将自己的小说改成剧本。我说，你是一位奇才，不要让时间辜负了你云彩般的才华。”左宏元曾在与琼瑶认识之前就看过她好几部小说，对这位充满了新思维的女性产生了强烈的好奇。比琼瑶大18岁的左宏元当时执掌着一家名为“万国院线”的电影制作、发行公司，他力排众议，一定要见到琼瑶并将她的小说搬上银幕。“一个文字里这么叛逆的女人该是什么样子？”左宏元在琼瑶33岁那年第一次见到了这位神秘而婉约的女子，“当时我在台湾一个非常著名的文化记者盛竹如的引见下，见到了琼瑶。我记得是在一个9月的下午，地点是台北的仁爱路，在台北最美的地方遇到了台北最美丽的女人。”一次见面，难忘一生。

之前琼瑶并不会编剧，为了让她尽快上手，左宏元不得不请著名编剧张永祥帮忙，所以在刚开始几部琼瑶的电影作品里，我们总是习惯看到这样的署名：琼瑶原著，张永祥改编，左宏元作曲，李行导演。可琼瑶的习惯是不喜欢别人大量删改她的原文和念白，所以每逢遇到编剧删稿，她都窝火，左宏元每次都出面协调，几乎原封不动地保留她的文字。“也许是这个原因，琼瑶很信任我。”

琼瑶的家庭 生活

丈夫 睡地铺 “保卫 琼 瑶”

这样的合作，不知不觉开创了台湾地区华语爱情片的辉煌年代。大家开始疯狂追逐琼瑶和其作品的男女主人公二林二秦等等。随后，琼瑶的生命中出现了一个重要的男人、她后来的丈夫平鑫涛（现琼瑶的经纪人）。平鑫涛会计师出身，精明能干，当时在台湾联合报副刊任编辑，与琼瑶、左宏元一道成为那个年代青春偶像制造流水线的掌控者。左宏元负责找资金拍琼瑶的戏，平鑫涛协助他完成。1979年的一天，左宏元突然接到琼瑶的电话，“死鬼，快把你的私章带过来，我要结婚啦！”琼瑶和平鑫涛要结婚了，想请左宏元当主婚人，需要他的私章。

“平鑫涛简直把琼瑶捧在手心里爱护，吃饭要先帮她试菜，看咸淡、味道、温度是否合适。中午的饭菜无论如何不会留到晚饭吃。平鑫涛还经常问她要不要改换厨师，怕她吃腻了一个厨子的手艺。晚上睡觉就更夸张了，琼瑶晚上睡在客房，平鑫涛就睡在外面打地铺！我问他为什么，他的回答让我大吃一惊，他说万一她半夜要喝水了，我好马上起来给她倒水！另外，他说他还是为了保护她。”左宏元的回忆精细到可以还原平鑫涛当时的表情和语气，平鑫涛曾给左宏元透露，在帮助琼瑶尽快上手编剧工作的日子里，琼瑶每天凌晨4点就被平鑫涛叫醒，大量阅读和观看海内外的影视剧录像带和碟片，早上8点左右再让她睡个“回笼觉”。多年刻苦的训练和几位“高人”的指导，让琼瑶的功力日渐笃厚，左宏元（作曲）、琼瑶（作词）和凤飞飞（演唱）组成的铁三角在上世纪七八十年代久久风靡。随后18岁的邓丽君以一组《彩云飞》《我怎能》《蓝色花》（后被左宏元组编为颇具传奇的三叠曲《彩云飞》，因为实在舍不得琼瑶舍弃任何一首词作）横空出世，在左宏远和庄奴的引领下，终成一代歌后。

左宏元在大学当古典音乐助教时，兼职在“台湾广播电台”弹钢琴，他每周写一首儿歌发表在电台杂志，那首最为经典的“阿门阿前一棵葡萄树，阿嫩阿嫩绿地刚发芽”（《蜗牛和黄鹂鸟》）就出自他之手。最初发表作品都用“古月”为笔名，古月即为“胡”，他说自己写歌就是敢于胡思乱想。后来帮几位大红大紫的歌手写歌兼制作，比如姚苏蓉、邓丽君、甄妮、凤飞飞等，成为他们的第一恩师。歌手唱红了就由经纪人管理，他却没赚到什么钱，和现在一样，左宏元也没什么钱。和琼瑶、平鑫涛一起缔造了传奇偶像剧《还珠格格》第一、二部，在东亚地区形成广泛的商业效益，成为最卖座电视剧，可左宏元说他本人也没挣到什么钱，“我认识了一堆朋友，没钱没权没时间，但有朋友。”后来流行音乐界的顶尖创作大家刘家昌，也由左宏元引入行。

邓丽君

“唯一的遗憾是邓丽君小姐走得太早了”

在庄奴老先生位丁大坪竞地花园的家中，我有缘同时与邓丽君的两位恩师分享邓丽君的歌，分享邓丽君声音背后的感人秘闻。圈内有个说法，“没有庄奴就没有邓丽君”，但凡熟悉邓丽君的歌迷都知道，她的歌十有八九都由庄奴作词，比如《甜蜜蜜》《小城故事》《又见炊烟》等等。而左宏元是第一个把邓丽君带进商业唱片界的音乐家，“我一辈子见了无数的歌星，凤飞飞、邓丽君、蔡幸娟、高胜美，到后来招考的孟庭苇、许茹芸…… 邓丽君是最迷人的一个。那个时候都是用的‘一次录音’技术，歌手和乐队同时录音，所以很多时候，你会在唱片中听到很自然的歌手的换气和呼吸的声音，这是很美妙的。但在现在的录音中，很多制作人刻意把换气声和呼吸声利用数码技术删除了，认为它不好听，影响整体效果。邓丽君的录音版本是最原始的，歌迷却根本在唱片中听不到她换气，她对气息和声音的控制力惊人。不知不觉就把气换了，她的唱法开创了一个新的领域。”

在他们共同创作的邓丽君作品中，他们各自最喜欢哪一首？没想到，左宏元说：从曲调创新这个角度来看，是《海韵》，庄奴说：从歌词抒情方式的角度来看，也是《海韵》！说着，两位加起来年龄超过170岁的老人共同哼唱起了这首1974年的经典作品，“女郎你为什么/独自徘徊在海滩/女郎难道不怕/大海就要起风浪/啊不是海浪/是我美丽衣裳飘荡/纵然天边有黑雾/也要像那海鸥飞翔……”左宏元揭开了背后的创作故事：邓丽君从小乖巧伶俐，喜欢唱歌，他的父亲在她几岁时就培养她去海边练声的习惯，那些纯美的时光，邓爸爸每日唤小女儿起床，“妹妹，起床，穿衣服，去唱歌了……”日复一日的简单美好，让左宏元记住了这个情深款款的场景，他当时正好在读徐志摩的《海韵》，与庄奴一商量，借用其中的意象，就创作了这首歌。从此让一个“乖乖女仔”变成了“励志女郎邓丽君”，“邓丽君总是很快乐，好像从来不哭，你什么时候看到她哭过？只有一次，是在'10亿个掌声演唱会'唱那首《再见我的爱人》，我知道是什么原因，唉……”说着，左宏元有些神伤。庄奴接过话题，“都说我和‘左大师’名气最大的学生就是邓丽君，其实我和她完全没有交情，我只在她17岁参加一次歌唱比赛时当过她的评委！几十年时间，我和她就再没见过面。我现在最大的遗憾，就是邓丽君小姐走得太早了，要是她还在，我会再给她写更多更好的歌！我和她的那么多歌迷一样，很想念她……”

“最后一夜” 邓丽君烧烤摊通宵演唱谢恩师

8月30日下午，越聊越兴奋的左宏元更首次披露了当时已成“华人歌后”的邓丽君在1989年5月移居法国之前的最后一夜，台北敦化南路的“红雅铁板烧”小店，邓丽君为恩师通宵唱歌的传奇秘闻！当时左宏元刚好在一剧场参加完一次演出，一个三人的小乐队跟着左宏元出来宵夜，邓丽君托人带话给他，说要和他们一起宵夜，地点选在“红雅铁板烧”，乐队中的几个人以为左宏元开玩笑，“邓丽君怎么会来烧烤店宵夜？”可没一会儿，邓丽君真就风姿绰约地来了。左宏元对那晚回忆得非常清楚：“都晚上11点多了，邓丽君一首一首地给我们唱歌，大部分都是我给她写的，每唱完一首，她都俯身问我：‘老师，你觉得我唱得好吗？’哎呀，她当时的歌唱技巧已经好得不得了，她当时美极了，成了真正的美人，好迷人的。她当时知道自己马上要离开了，可又不想以告别的方式给我说，就唱歌，真是很让我感动。”一首接着一首，邓丽君喝了一点烧酒，歌声愈发柔情，“老师，我今夜真是欲罢不能啊！”

“邓丽君唱到第二天拂晓才停，我和几位学生送她回的酒店，然后她就去法国了，一别到现在……”左宏元有些伤感，庄奴像个大哥一样，拍拍他的肩头。庄奴回忆：“我要是知道邓丽君后来会成为那么耀眼的一位巨星，我一定会把她给我写的30多封信原封不动地留下来。哈哈。”虽然两人几乎没见过面，但情同父女，“不是我不愿意见她或者其他合作的歌星，而是真没时间。凤飞飞、邓丽君，她们真是平和到极点，那个年代的歌星，真就像天天住你隔壁的邻家朋友。”

令人兴奋的是，这些与邓丽君的传奇秘闻和部分与邓丽君的通信内容，都将在即将推出的庄奴个人传记中首次披露。

为什么现在再也无人能写出《千年等一回》《渡情》《青青河边草》《美酒加咖啡》《走过咖啡屋》《千言万语》等传唱不息的经典名作？左宏元和庄奴，这两位中国台湾地区流行音乐早期资深创作人，如何看待流行音乐的传承与复兴？

庄奴叹息一声："笼统地说，就两个字，遗憾。我们似乎再也回不到那个黄金年代了。那个对音乐、对声音充满真诚与梦想的年代。我们的音乐人一定要有自尊和自信，不要总觉得什么都是西洋的好，我们要从自己的元素里找到时代的温度和新意。"庄奴举例，《小城故事》中的"小城故事多"的"多"，"充满喜和乐"的"乐"，拖长音，一个字绵延了几个音，韵律、节奏、情感拿捏，搭上曲，都是非常协调非常有中国元素的。又比如《甜蜜蜜》，左宏元口中"全球华人都会唱"的歌曲，庄奴只花了5分钟就写好了。《海韵》，左宏元和庄奴配合最意味深长、最富有胆识和创造感的作品，和《踏浪》一起，创造了属于海一般的大情怀之作。

间歇，两位老人还特别合唱了这首律动感的《踏浪》，"小小的一片云呀/慢慢地走过来/请你们歇歇脚呀/暂时停下来/山上的山花儿开呀我才到山上来/原来嘛你也是上山/看那山花开"，一曲终了，风趣的庄老点评四个字："宝刀未老！"

左宏元对音乐传承这一话题自然更有话说。他的女儿左安安也是现在台湾流行乐坛著名的音乐人，给SHE写过《不想长大》《花都开好了》《长相思》《痛快》等好歌。在《中国好声音》上再度爆红的《如果没有你》（莫文蔚）也是左安安的佳作。左宏元在左安安小时候就教她弹钢琴，用一种极夸张的兴趣式教学吸引她投身音乐的怀抱，“一个音乐人，要以音乐的温暖去唤醒孩子心上的那点敏感而多情的因子。不要刻板地将你的想法灌输给下一代，而是要让他们真正爱上音乐。”

如何写出清新脱俗的流行歌曲，不是成天爱来爱去的无病呻吟？如何发掘歌手本身的潜力，找到他的个性，不以浮华的音乐外表遮盖歌手本色？左宏元说，吸收、兼纳、创新自由和沉静是四大要素，作为安徽人的左宏元，写《娜奴娃情歌》就吸收了台湾原住民音乐的特点，写《新白娘子传奇》整部剧的数首电视剧音乐，就兼纳了戏曲、流行音乐以及江南小调的元素，写《海韵》就是创新和自由，写《你那好冷的小手》就是沉静……而庄奴则表示，真正的艺术家要关注社会，他每天都看新闻，花在浏览、阅读和吸收外界信息的时间都在数小时，“我现在真就感觉时间不够用，我给自己定的目标是写到100岁，现在算下来还有接近10年的时间，这是与时间‘抗战’的十年！”

庄奴的泰斗地位来源于他的勤奋，数十年超过4000首经典歌曲的诞生，也创造了一个纪录，他和香港词坛泰斗黄霑一辈子没见过面，但他俩一直惺惺相惜，和大陆词坛大家乔羽如今经常联络，两位老人保持着君子之交的恬淡与清远。

左宏元说，庄奴以脱俗清丽的爱情欢歌，介入并引领了那个靡靡之音的时代。

1. 左宏元和庄奴一起演唱最新合作的歌曲，photo by 钟劼霓。
2. 左宏元，笔名古月。台湾流行音乐早期创作人，华语乐坛顶级音乐制作人。
1930年出生于安徽省芜湖，祖籍湖北大冶。
为邓丽君、姚苏蓉、凤飞飞、高胜美、赵薇等歌手和多部影视作品创作过多首作品。
3. 庄奴，原名王景羲，台湾著名词作家，1921年生于北京。与乔羽、黄霑并称词坛“三杰”。
庄奴写词五十载，作品超过3000首，至今笔耕不辍，被称为“与时间赛跑的老人”。
邓丽君演唱的《小城故事》《垄上行》《甜蜜蜜》《又见炊烟》等，
费翔演唱的《冬天里的一把火》等，歌词都出自庄奴之手。
一生写过3000余首歌曲。被称为“词坛泰斗”。
该文写于2012年9月4日。

学诗早时

少寒意

1

陈翔[2]

/和粉子

有关的日子/

无论是做电子工程的枯燥活儿，还是带领一帮野模特到处走穴，
甚至是在爱慕内衣的T台上大声招呼手下的美女……
这形形色色、林林总总的标签，好像并未改变那个真正的陈翔。
从这个意义上来说，陈翔会被众多时尚杂志追捧是个误会。

40岁时，媒体把他和刘德华、梁朝伟放在一个版面上，专题起名为《男人四十》。如今，人近半百，媒体又说他是“模特教父”“时尚达人”，可事实是，他从不江湖，也从未被江湖左右——在这个行业里，他过了22年和“粉子”有关的日子，他讨厌“教父”这样的称呼，认为没有文化含量——他就像贾府门前的那头石狮子，拥有我们这个时代所罕有的平和、古典和明确的边界，也拥有这个时代特有的敏锐、含蓄及真诚的骚动。边界就是耐着性子的好奇心，骚动则如他跳了10多年的“土芭蕾”，不炫技、不先锋，却永远保持着一份天然的试探本色。

不可否认，他身边的女人总是美丽，他的夫人是比他小11岁的旗下模特。本来，他是不该这么老实的，因为太老实，倒反而像个讽刺了。

蔬菜排骨 和 圣 罗兰

成都罕见这样的好天气，转秋的桐梓林北路上一地碎影。每个人都像是从《小英雄托托》里走出来的角色。陈翔晚了几分钟到咖啡馆，路上发短信说有些堵车，叫稍等。落座后先是找洗手间，然后拿出一包中南海，一根接一根开始抽起来，看起来这是他的固定烟牌。“你一直抽这烟吗？”隐下的台词是：这烟可一点儿不“雅痞”。“不，我没什么偏好，只是觉得这烟顺口。”烟抽得太凶的人，多半是潦倒，要不就是愤世嫉俗，但他是个例外，他和这烟似乎有着天生的默契。——这样好的下午，本是应该用来漫读、晒太阳、打瞌睡的，正儿八经的访谈，真是有点煞风景。幸亏，我们的话题，是关于“粉子”，关于美女，关于20年前的野模特和20年后的时尚圈，幸亏，陈翔，这个48岁的“中年男人”在三角钢琴前摆POSE的时候一点儿也不“搔首弄姿”，反而是有型有款。

这是个很讨女人喜欢的男人，20年前是这样，20年后更是如此。“其实我是个很普通的人，喜欢晴天，热爱日常生活。有人喜欢阅读，有人喜欢好看的衣服，好吃的东西，就像有人喜欢打麻将，没有什么高下之分。日常生活就是好的。”他强调。一直以为，他这样的时尚人士，其日常生活想必和我们大相径庭，怎么说也是“中国模特三剑客”之一，怎能没有些奢侈的点缀？可意外，他穿的蓝白细条纹衬衫是在青岛外贸小店里淘的，不到100块钱，裤子是军绿色的ESPRIT，他相当喜欢这样的搭配并乐此不疲。“我当然会去买一些衣服，有时候是自己用，有时候是送人。路过，有闲，也会去看一看。在自己承受的范围内，买一些我喜欢的牌子货，比如圣罗兰，比如爱马仕，比如万宝龙。上次在美美力诚看上一件PAUL&SHARK的短袖衫，一看标签4000多，太贵了，放下就走人，简直咬人。还是穿低调些，心里觉得没负担。”陈翔坦然回答，既不矫揉造作，也不故作淡然。

一瞬间，有一种看到骑着自行车去买菜的传统上海男人的幻觉，只是自行车的篮子里装的不是菜，而是爱马仕或香奈尔。上海男人？不，陈翔三岁就在成都扎根了，欣赏了40多年成都粉子，对美女的观点一直没怎么变。他是地道的东北男人。可这个“东北版成都男人”上得秀场，下得菜场，对待奢侈品和蔬菜排骨的态度，好像是差不多的。唯一不像的是身材和口音：他瘦高、精神，烟不离手。他的成都话不绵软不骄纵，总透着沙沙的温度，像是需要温水服下的可可粉末。“我这个年龄了，穿衣打扮还是不那么花哨比较好，很多人认为我是做时尚行业的，肯定是浑身名牌，相反，我倒喜欢一些无牌的东西，穿着舒服最重要，穿出自己的风格，就是最好的牌子。”本命年的陈翔笑起来的时候，竟有种意想不到的孩子气，这样的感觉很好，因为他总是很年轻地和你聊他年轻时的爱与愁。

陈翔出生于一个军人家庭。这样的家庭总是习惯有一个关于军旅的梦想，比如在梦里，一家人希望他成为一个飞行员，那和坐飞机完全不同。所有的，他都能掌控，“飞行在祖国的领空，一种自豪感和家族荣耀感油然而生，这似乎让整个家庭都感到温暖而安全。”这应该是那个年代最标准的话语系统，带着巨大的骄傲、自如的优越感和摩登的媒体宣教口吻。“正统、传统而寂寞的成长方式让我反而有去干其他的冲动和原始劲头。”陈翔1978年高中毕业，可第一年考大学因为体检没过被刷下来，病因吓人，“先天性心脏病”，第二年，理由同样，再次与大学校园无缘。去找成都三医院的老专家开证明，后者百无聊赖地说：“没事，我给你一纸证明，保准过关，你那点小病，很多年轻人都有，只不过程度不同而已。”可最后还是以“病人”身份被挡在大学门外。家人说他是被别人顶包了，一顿乱气之后回归现实，因为父亲的关系，转到电子工业部成都电子研究所（电子工业部第十研究所）工作。“我以为这辈子就要跟喇叭半导体晶体管做伴了，没想到直到1982年我还是上了大学。”捧到大学课本的那天，陈翔高兴极了，带薪全脱产，舒舒服服地享受了三年大专生活。没想到1985年毕业后又分回第十研究所，“好日子结束，一切又恢复原样。幸亏我从几岁就开始跟着专业的跳舞老师学舞，以至于我的生活不至于那么寂寥。”那个年代，在偌大的电子研究所里，他用大喇叭放过西洋乐，甚至还有刚刚听到的迪斯科——那是个特别容易抒情的年代。

1986年，成都团市委选拔干部，陈翔想去，可父亲坚决反对，认为“学好数理化，走遍天下都不怕”，可最终他还是在无比纠结的情况下去了。当时团市委要他的理由很简单：团市委每次开会的喇叭都不响，要么哑巴，讲话的人在上面大吼；要么就是一阵恐怖的嚣叫，需要找个专业的人来管喇叭，要是这人还适当地懂那么点文艺，就更靠谱了。陈翔跳了那么多年的“土芭蕾”和国标舞，帮他加分不少。他去报到的那天，觉得整个天空都在跳迪斯科。“那个时候我们跳的都是‘土芭蕾’，《红色娘子军》《白毛女》，跳的时候总是很兴奋。那是很时髦的东西。”陈翔也曾几次考上专业文艺团体，可又是因为父亲的原因，没能去成，“父亲是军人，有些观念我能理解，他认为一个男娃娃一天到晚蹦蹦跳跳的有什么出息，家里也没有一个人从艺，所以就觉得我很叛逆。”

陈翔曾经在成都工人艺术团担任领舞，业余时间钻研的东西在当时都是极潮的。他很早就开始学国标舞，也曾在一次为中医学院的舞蹈比赛担任编导过程中拿到了400块的外快，对于当时月收入才90来块的陈翔来说，是个极大的鼓励。“我当时觉得我好有钱哦，啥子都买得起。”

顺流逆流，那是时代单向的评判标准。陈翔现在回过头去看自己的那段时光，觉得出奇的美好。他又续上一根烟，这次没笑，他的青春让人心疼。

曾想一辈子不结婚去跳舞

1987年注定成为改变陈翔的年份。像瓶红酒的酿造期，他的单宁味指向“时装”这个当时听起来十足新鲜的名词。那年，成都市服装总公司成立业余性质的时装表演队，着急找不到合适的领队和老师。对服装表演很陌生的陈翔阴差阳错成为候选人，他去队伍考察，看着一群业余模特在台上走来走去，“这是啥子东西哦，一群女的走来走去的，毫无艺术可言，这根本就不是一个正当职业嘛，我当时就拒绝了。”陈翔当时只对舞蹈痴迷，对服装表演则完全排斥。当时他看一部叫《红舞鞋》的电影，女主角曾经想过把自己的一生交给舞蹈，一辈子也不结婚，可一个女人哪能抵过爱情的诱惑，她最终还是选择了爱情，结局当然不完满，她纵身一跃，死在了追寻爱情的路上。“哎呀，我当时就在想，要是我，就能做到一辈子不结婚去跳舞。”

这似乎是一段没有走上专业舞蹈道路的舞蹈情结。“我曾经多么热切地想把自己的梦想和青春交给我所从事的行业，但后来发现这和我的想法全然不同，有落差，就有了变化的可能。于是，什么都会发生。也许是这种体面的所谓‘虚荣心’让当时的我感觉特别快乐，回到机关反而会郁闷……”1988年，挣扎了再挣扎，陈翔当上了时装表演队的领队，于是，八十年代就开始做模特行业的朋友到现在都叫他“队长”，现在看来，这是一个老字号的“荣誉称号”。

要知道中间他还曾以“编外男模”的姿态拍了很多广告，“在那个年代，只有电影里的那些倩影是我的精神模特。”

一个坎，是1989年，时装表演队要转成专业团体。陈翔又开始纠结到底接不接招。陈翔的父亲终于忍无可忍，挣扎的那几天，他甚至连续几天都不和陈翔说话。陈翔的母亲甚至对他爸说：“你的儿子越来越不务正业，一天到晚和那些女娃儿在一起，能干出啥子好事？！”

陈翔永远记得那个夜晚，一个朋友和他坐在锦城艺术宫门外，“翔哥，这个事，你要做，就一定能做好。”陈翔听到这样一句话，感动涕零。后来，他又听到父亲的无奈：“你要做就去做吧，正经地做，别当儿戏。”陈翔的开始来得太不容易，那是一个没有参照物的行业，时代变革，内心骚动，同样在那一年，陈翔在《四川广播电视报》刊载出第一则招聘模特的广告，他跟服装公司签了一纸复杂的承包合同，自负盈亏，“看不懂合同，也看不懂时尚圈，因为当时根本就没有时尚概念可言。我是稀里糊涂就上了‘贼船’，上船容易下船难。说实话，要是今天让我重新再选择一次职业，我肯定不会选择这个吃力不讨好的行业，看着美得不行，实际上则是劳力劳心。”

没人能想象当时的模特是怎样的生活状态。在时装队守大门的大爷心目中，“那些‘野模特’经常半夜翻墙出去耍，管都管不到，她们身材本身就高挑，半夜那个动静把我还吓一跳。”陈翔这个队长当得颇为吃力，那是个内心骚动的年代，刚明白诱惑是怎么回事，管一帮漂亮的女娃娃，对于年轻气盛的陈翔来说，就像一个新司机开一部双离合的大卡车。可油门一脚踩下去，哪有回头的道理？

双鱼座、B型血的陈翔坚持称自己理性大于感性，可说这个话的时候，他感性得可怕。没人能想到随后的10年他究竟带着多少模特穿梭于各种T台。那个时候，一米七零的女孩子就算在模特圈及格，到了1990年代初标准提高到了一米七二，到了1992年、1993年，1米74以上的身高成了主流，一米七四几乎也是现在的国际模特标准，“我当时招聘的那些模特，由于年龄普遍比现在的模特大，都在18岁以上，大的甚至还有二十五六岁的，所以在气质上可能还比现在的一些模特更好。因为她们在进入这个行业前就有了一些社会阅历，有了对世界的看法和个性。”

唯有为美而生的人，能以美而壮。一个“美人”的开始，如同她们此生其他的时刻，尽是高雅动人。日本作家冈仓天心的《茶之书》有这样的描述。1993年，一个天津女孩在父亲的带领下来到陈翔的公司应聘模特，在这之前，她的父亲已两次和陈翔聊过关于女儿入行的问题。这个在父亲心目中“不算漂亮，身材将就”的女孩后来成了陈翔的夫人。一切都是注定，陈翔当年31岁，这个女孩刚满20岁，“她是个优雅的女人，从看到她第一眼开始，我就想，这个女孩子可以做老婆。”老实的陈翔有了“不老实”的想法。——一米七六的身高，“漂亮、顺眼”的样子让当时公司的人都接连称赞：“天啊，这样还叫‘不算漂亮’？！”

两人1995年公开恋情，1997年结婚。顺理成章。期间在1996年陈翔携未婚妻去马来西亚吉隆坡演出，中途得知老父亲病逝。两人匆匆飞回国内。陈翔诚恳地在婚礼上提念了父亲，一时间气氛煽情之极。随后台下有美女起哄：“陈翔，你不是说不娶模特当老婆的嘛，怎么食言了？太要不得了哈。”陈翔当时为了尽量避开所谓的“绯闻”，给自己定下的这条规矩终究还是被打破。“婚礼上的那个尴尬哦，没办法，这个优雅的女人让我不得不出尔反尔，不过，一切都很值得。”

成都话“粉子”就是美女的意思。和“粉子”有关的日子在陈翔看来是个被动选择的开始，主动享受的过程，意犹未尽的结果——很多人问陈翔，看了那么多年“粉子”，对美女是不是审美疲劳了。陈翔大笑：“当然审美疲劳。现在好多大家所谓的美女真还打动不了我，我欣赏的女性，一定是优雅温柔的，内外兼修，这优雅里面最好还要有点知性的味道。”成都媒体对这个问题有一个经典的评价：陈翔对美女已成“半绝缘体”，他自己的说法则是“半导体”，要电量很足才能“勉强通电”。至少，一个显而易见的秘密是，陈翔也有自己的红粉知己，“但关系纯洁得一尘不染”。这是门科学，更是门哲学。

两个恩重如山的女人

陈翔一家是满族。陈翔的11岁漂亮女儿随了陈翔，户口本上填的也是满族。漂亮得很。一次陈翔带女儿去故宫，当时《还珠格格》风靡国内，陈翔对女儿打趣说：“乖女儿，在那个时候，你就是格格。”满以为女儿会引以为豪，没成想女儿标标致致回赠一句：“哼，你才是格格呢。”陈翔瞬间被击倒，随即感叹：做个普通人，真好。

我希望女儿以后也是一个优雅的女性：善良、温柔、知性，当然必须得有文化。一家人把女儿捧为明珠，刚刚考过钢琴十级，又开始画画学舞。“她的母亲希望她能出众，而我则只想她能健康、平淡、平安。”夫妇两人坚决反对女儿以后从事模特行业，也许是“近乡情怯”，又也许是深知其中苦累，“我还是希望她能保有一份有分量的朴实和真诚。她能被普通人的情感所打动，就证明她没有辜负我们。”陈翔说到女儿，满是责任。“夫人和女儿是彻底改变我的两个女人。套用一句肉麻的话，这是两个对我恩重如山的女人。”陈翔的夫妻生活很好，结婚13年，幸福指数、收入程度、行业成绩，他们都做到了一个稳定的位置。他从不说“我爱你”，但“如果有来世，我的那个女人一定还是我的夫人。”两人的蜜月是在大理度过的，风花雪月，浪漫之极，“别人都以为我很浪漫，其实不然，我只是被夫人浪漫了。”

永远 的 邓 丽君

陈翔夫妇有个约定，每年要出去旅游一次，不带女儿，纯粹享受二人世界。今年破了例，一家三口去了台湾，为一个名字：邓丽君。“邓丽君是我们永远的偶像。”那个卡带录音机对录的时代，陈翔疯狂迷恋这种几乎已经是传说的声音，在青岛，他为了买到一盘号称“引进版”的邓丽君盒带，和贩子打了一架，头上到现在还有缝针的疤痕。“他当时骗我，说就是邓丽君的原版，我拿回去就听，不是，绝对不是，她的声音我太熟悉了，我就找他退钱。”当时在一个昏暗的巷子里，海浪声声，两人打得昏天黑地，像部电影的桥段——1987年的那个夏天，邓丽君一定想不到，在遥远的青岛，两个男人会为了一个疑似邓丽君的声音而大打出手。派出所闻讯赶来，因了陈翔当时的“机关干部身份”而犯了难，“你怎么会买这种黄色音像制品？”陈翔无语，头上的伤还在渗血。23年后的夏天，一家人在台北买了一张思念已久的邓丽君老唱片《谢谢你常记得我》。“我很明白，在我跳舞的那个时候，邓丽君成为几乎所有男人的梦中情人，也影响了我对美女的判断和审美，等到风景都看透，还是觉得她漂亮。她其实一直时尚着，不是吗？”陈翔说自己骨子里还是个时尚的人。他现在也疯狂迷恋尚雯婕的声音，他那台大红色的车上，永远都放着一张尚雯婕的CD，“她唱的《女人花》毫不逊色于梅艳芳，我很喜欢。”意外的是，陈翔还喜欢周杰伦，看过他QQ空间的人都纳闷，他怎么会对周杰伦感兴趣，殊不知，陈翔几乎对周董的每首歌都如数家珍，专辑都是等着买，“有才华的歌手我都欣赏，他的歌声里有文化的东西在里面，也有个性，这是这个时代的需要。我不是追星族，只是觉得顺耳。”

一个有名的段子：陈翔喜欢小说《简爱》，痴迷其中的文字，当时先是从峨眉电影制片厂的内部观摩片开始喜欢上了电影版《简爱》，而后到处托人买原版小说来看，让姑娘简爱寻梦的执着在他的寝室到处横飞，通宵达旦。“也许是我骨子里的自卑，让我觉得我自己需要个体尊重。我现在做一个老师，一年的课时费还不如我踏踏实实在公司做一个月，但我依然享受做老师的过程，因为我渴望被尊重。”在这个被人认为是虚荣并时尚的行业里，陈翔低调延展着自己的温度。号称“永远做不来生意”的陈翔曾经把自己承包出去了整整10年，他掌控着成都本土最大的模特经纪公司，见证了中国内地时尚行业的催生和发展。和着新丝路模特机构副总裁汪桂花、北京概念98时尚推广机构艺术总监张舰一起并称为“中国模特行业三剑客”。不可否认，他们都是一群“美女贩子”。张舰曾说：“卖模特就像卖手机”。陈翔则笑称：“这是一条不归路。”

1. 2006年，陈翔和他公司的模特。

2. 其中的两人还继续在做模特，一人转行做模特管理，其他人都已转行。photo by 冯小平。

陈翔，吉林人。1962年出生。阴差阳错在成都走入模特经纪行业。1990年代创立自己的模特公司，捧出刘莉、李燕、川男、徐冲、王志刚、郑晓燕、倪明曦、张思思等国内顶尖名模。

亚洲时尚联合会中国理事，中国职业模特委员会主任委员。

在四川多所高校担任服装表演专业的客座教授。“中国模特行业三剑客”之一。

何时再见
梦中人

山

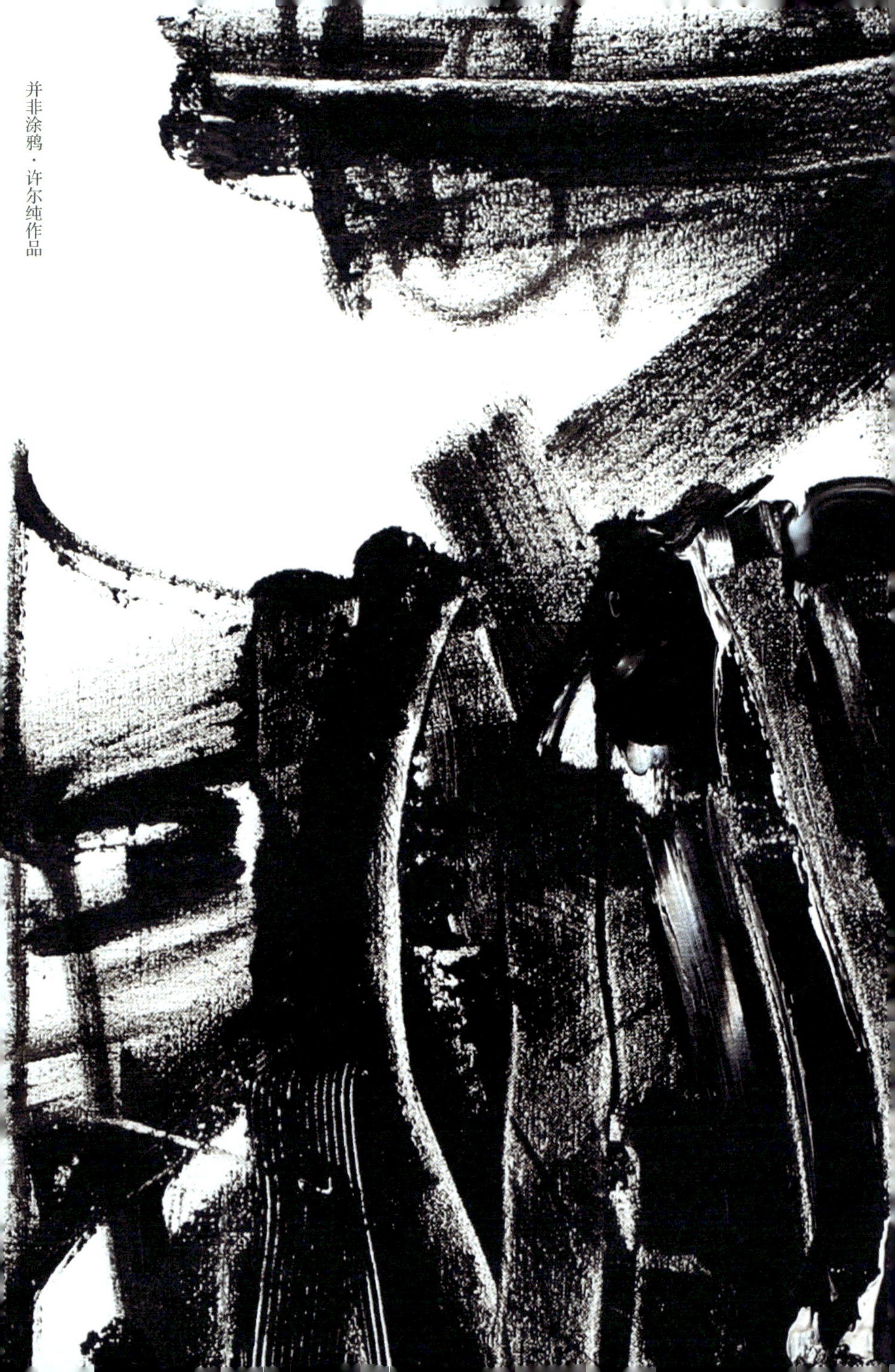

并非涂鸦·许尔纯作品

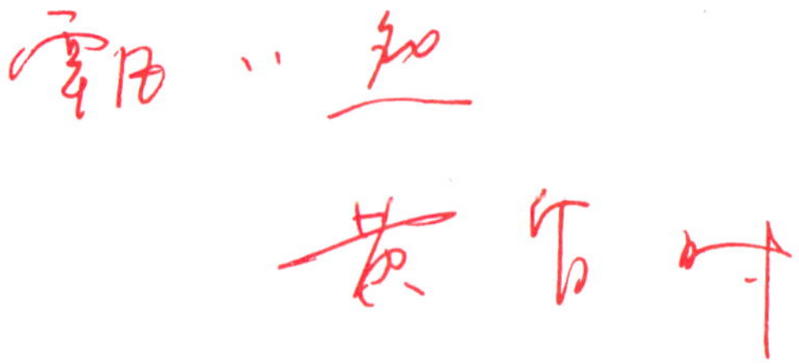

1

霍晓[2]

/ 似花 非花

造园人 /

一个从体制内挣脱出来的成都男人，
在享尽财富轮转带来的宿命与满溢成功感后，
放下生意与人情，突然钻进林间水畔，
花10年为自己造了一座园子，又花10年要建一座纸上园林。

写小楷，赏古事，玩石弄水捡枯木。似花非花，造园人，他说了狠话：只要流着中国人的血，你肯定想建一个园林，至少你心中有一个私密的“桃花园”，这是文化的血脉传承。

小楷写满纸扇，觉得不过瘾，霍晓如今又将园子里本来将烧的枯枝萎竹变废为宝，随处捡起一枝就开始写。无论是园子里的景物风情，还是买来的烟斗、盆盘碗盏、海边拾来的贝壳、家具商不要的废木烂柴……都成为他落笔有“物”的清雅乐事。

他叫霍晓，用2~5毫米的毛笔小楷，把古意写满一座园。他说：“我的小楷就是从园林里长出来的苔藓……”

从一个造园人，说园人，写园人，变成了一个玩园人。他将自己的50亩园子命名为“御翠草堂”，身处永康森林公园，半开放状态，静悄悄地在都市中生长。霍晓的作品几乎不卖，三年前在岁月艺术馆尝试着办过一次展览，没想到回响热烈，作品几乎销售一空。

他迷恋小楷，“小有大美”，人们习惯性地认为“小楷没有展示功能”，他倒是发现了书画之间的更新关系：国画上从来都是字为画辅，他反其道而行之，拿画衬托书法。他的小楷让视觉打动人，从背景的亦山亦水开始，而背景，是放弃笔墨“巧于因借”而来。他说：“我的书法和书，不能按传统模式推荐和宣传，这样是会被传统和规矩淹死的。它，只能另辟蹊径，或剑走偏锋。因为书法这门艺术，是最传统和最保守的，前人早已把好字好形式写完用尽。书法艺术史是发展史，重复，不是发展，是离古人愈来愈远；创新，才是发展，才是离古人愈近，离当代愈近。因此，别嫌我的书法追求微小追求片面和追求极端，唯有这样，才适合我这个当代园林主人对文化的追求，对闲适飘逸生活的向往。对艺术之美的欣赏不应有性别差异，故男女都可以喜欢小楷。写小楷之人，绝对是控制能力自制能力极强之人。”

他写的内容也是五花八门，有唐诗宋词，也有歌词，有一次他竟然把歌手范晓萱的《雪人》写在了扇面上！

在纸上写了三年，他把小楷的小与空间布局发挥到了极致，“一饼一饼”地写小楷，像极了青苔，用画画垫纸的废纸来创作，墨迹渗透的样子天生就是一幅作品，顺着这个墨迹，边边角角地写，密密麻麻……

他说：中国汉字是由象形指示会意形声等六法造出，每一个字就像是用笔在纸上建造出来的一间房子或一座园林，这在汉字所强调的间架结构中得以充分体现。特别是在篆字里，中宫不紧，左右失衡等都会使字难看。而字之大小纵横疏密浓淡的组合变化，通过书写，其形其意皆如诗如画。

“汉字书写中的黑与白和点与线，构成了变化无穷的世界。中国书画讲究墨，墨分五色，墨之黑与纸之白，幻化出无比的韵味。在当下，白，不仅被认为是一种颜色。白也被称为一种设计理念。感觉到白，才能理解隐含其中的‘无’‘洁’‘静’‘空’的意义。白是所有颜色的合成，同时又是所有颜色的缺失——无色。白起于混沌，是生命与信息的原始形式。白是某种无法在一个真实世界实现的东西。我们可能觉得见过或是摸到过白，但这只是一种幻觉。白在真实世界中被绝对地污染，而仅存对白的渴望的痕迹。白是精致的，易损的。善于用白，就是将白也视为颜色来用，古人如八大之画就有大量留白。留白用得好，自然奇妙精巧。在园林中，如果将土地视为白，那园林之茂密树丛楼台亭阁就是黑。留出空白，将风驻云停，更加彰显楼台亭阁的存在。”

木作与“玩物主义”

最近，他又迷上了木作，即将在自己的工作室旁边辟出一间茶室，还有一个木工车间，专门改车他园子里的枯木断桠，然后再在上面书写。由于不规整，难度极大，也正因为不规整，写起来才过瘾、够味道。憋自己的时候，也是一种“玩”，这是一种“玩物主义”。

造园10年，他写成一部感人之作《园林清供》，一个人写作、设计，出版、印刷，可印出来又改了主意，不销售，“书是艺术品、奢侈品，不想打折卖”。书的护封上，清清丽丽写着：一本成都园林的造园散记；一座充满赏心乐事的园子；一个当代园林主人的真实生活。

他在书写时，感觉既是在书写，又是在绘画。“我讲究构成，讲究虚实，讲究意境，更讲究纸张的新旧宽窄和色彩。我对情景小楷的探索就是力争在每一张纸上，让每一个字，都变成墨点，一丛丛一簇簇跃然纸上，让园林美文和承载美文的纸和字互相灵动起来，达到‘吹皱一池春水’的效果！”

作为一名和纸相恋、交流的玩家，他经常被一些有意思的纸吸引，而在这些纸上书写，是轻松而自然的，“因此，写字不是目的，目的在于享受水墨的逸趣和园林美文的况味。在书写中，字的美丑大小已变得不那么重要了，我是不是书法家也就更不重要了。在乎山水之间，意与古会，便成了我这个当代园林主人的终极目标。于是，似字还是非字，‘似花还是非花’，也就欲辨已忘言了！”

借助宣纸水墨，晕染舒展之间，仿佛梦入江南，在古代私家名园中清清漫游。我倒是觉得，《园林清供》显示出了他造园之文心画意，享园之闲情逸趣。他甚至自己造纸，记录下吉光片羽，一座斯文园林，倒是符合一个新文人“流水账”的情怀。

他玩的“物”：捡来的贝壳上写宋词，像团情意的密码；买来的无印良品木盘上，也写字，印章，盘子瞬间就变成了艺术品；一根枯枝，不丢，刨光皮，开始分段写，挂个羊皮纸罩子，牵条电线，就成了灯；大块枯木，以前请人丢出去还要给钱，如今存下来，稍加木作，上面写满一座园林的沧桑……就连小石子上也写，小簸箕边缘也写，枯枝改的南箫上也写……一切生活用具都有书法的可能。

在今天，不是每一个人都需要园林，正如不是每一个人都需要书法需要小楷。但这群喜爱园林喜爱小楷的少数人，一定是追求品质和酷爱艺术者。霍晓说：“园林与书法、绘画都是空间艺术。小园几许，收尽春光。中国艺术重视小，小就是大，就是多。小未必就是微不足道，小能够达到大，关键在于艺术的处理。巧妙处理，就能达到‘扫千里于咫尺，写万趣於指下（刘道醇《宋朝名画评》卷一评李成）’的效果。”园林是中国文人隐逸的载体。园林与书法，虽然形式不同，但追求意境、追求精致、追求空灵的精神是相通的。“我在治园和书法这两种艺术形式中，都能找到自己的情感归宿。中国文人园林，具有深厚的艺术积淀。它们因地理位置、个人修养和财力、历史的差异，其所造之园千姿百态异彩纷呈，这对形成我书法的个性很有指导意义。”他是个匠人，更是个艺人，别人说他是书法家，他说不准确，“我玩的是‘空间美学’”。一个男人，花20年时间，发现了生活原创的情趣美。玩，是“玩美主义”，水，是“一汪情深”。他说中国士者层面所说的“园林”，应该分为有主之园和无主之园，园又有硬件软件之分，硬件就是亭台楼阁，有围墙，无水不活，不石不古，而软件就是地域的晴雨、文化的操守、文人的私享和人文的精神。于是，有主之园比空有其园高级很多，有主，就是要会造园、会说园、会写园、会玩园。

玩是一种能力，更是一种智慧。

/ 园林 清供[3]

文/霍晓

广义上园林和建筑都是在建景造物，但园林中的景物更多指向精神层面。它将中国文化集大成融合，即使相对和异样的园林都会将其包容。当今，在传统意识逐渐丧失的情况下，很多做建筑的人把园林的元素拿进去，它又成了追捧对象，但实际上这种只是在形式上的模仿。

我有一个标准，叫“有主之园”：园林中大到亭台楼阁、小到一草一木都是根据园林主人的意愿而建；而园子内部活动实际上是围绕着园林主人所展开的精神探讨和生活共享，游园、玩园实际对应的是园林主人的个人状态，园林只是提供了一个场所，它更多指的是主人与宾客间的交流和互动所擦出的火光，每个园林必须有自己独有的主人。如果拿这个标准来看成都的园林，你会觉得很多园林就没有生气了：武侯祠诸葛亮已不再、杜甫草堂已无杜甫踪影；它们更多地成为一种遗址、一种旅游观光场所，已经失去了以前原有的园林属性。而我现在以一种“清供”的形式供养着自己的园林；所谓清供是指清雅的供品或古器物，中国的清供一般指的是文房墨宝、梅兰竹菊；而我将园林作为“清供”对象，除了供养这里的一草一木，也在供养自己在园中与客人间的往来与互动。

其实建园林除了对园林主人有所要求，其他因素也是必不可少，因为投资和回报是完全不可能对等。我常和人聊，如果这片土地的使用权利更长的话，那园子的做法就会更加精细。我会考虑十年、二十年，甚至更长时间中它怎样才能长久有效地发展下去。而现在我只能按照自己的想法建30年的园子；也只能考虑当下，独自游玩、独自嬉戏，以一种“独钓”的方式与园子互动。中国所有的东西都受儒家思想影响，现在我们周边的环境惨不忍睹，我没办法改变，只有独善其身，只有在这50亩土地里面按自己的想法造自己的园，说不定这个园子在我手上建起，也会在我手中拆掉。

中国园林精神也需要几个园林硬件去支持：楼台、亭阁、围墙等。古代园林的“園”字，上面是官帽式房子，中间的口字代表无水不成景，也就是园林中池，下面是树木，外面是围墙，园林必须要有这些东西才能叫中国园林。我这个园子当时在建造完工后，由于政策的原因让我把围墙拆掉，但我坚持中国的园林必须要有围墙，如果没有围墙，园林就不存在，后来在我据理力争之下才得以保住。因为中国园林是一种私密的空间，是园林主人自己生活起居之所，没了围墙整个中国园林该有的气场就会随之消失。即使将围墙做成镂空、西式或者放雕塑在旁边，也是不对的。有时，我觉得我园中的楼台、亭角，它是建筑，又不是建筑；当我每天看见它的时候，都有不同的感受，已经成为一种写意的状态，如同天上的云，你要去抓，是抓不住它的，但是它就是客观存在，这应该就是一种园林给我特有的情怀吧！是的，只要在国内我就老想往园子里跑，不仅仅是我的园子。当我走进任何一个园子以后，心马上就会逐渐地往下，底盘也越来越重，接地气的感觉就出现了，也渐渐生养出我对书法小楷的感知。传统小楷是对经书、传纪等的抄写，既没有书写情绪更没有展示功能，但园林的滋养让我体会到可以将小楷的单个字体作为画笔的笔触去组合，拼接抒发情绪，形成造型让其获得展示功能和情绪。我也尽量把字写小（2~5毫米）让纸上的画面更有空间感，当我把造园的经验融入到小楷中，发现空间被扩展得非常大，再小的东西我都能写。实际上它寄托了我对园林碎片式的记忆，由于这些小楷产生在园林里，而在园林里面是回避不了苔癣的，当我把这种小楷变成只属于自己的体系后，它就如同园子里的苔癣在我的书法中不断生长变化，我称之为“苔癣体”，我的小楷就是院子里长出来的苔藓。苔藓没有进化史，它存在于自然界缤纷多彩的花花草草之前，它永远只是默默地陪衬，但是在古代文人骚客的眼里，苔藓却是一种重要的文学意向。所以，从我切身的感受来讲，不仅我在养园子，园子也在养育我。

当我进行创作时就有这种情怀。一方面，我看重汉字本身的形式美和创造过程的生命体验；另一方面，又被汉字所表达的内容和意义所吸引。于是，每一次的书写都是不同的，我仿佛在听凭造化和揭示造化，既在“造字”，也在“造园”，这是书法创作最动人心魄的价值所在。实际上，建筑和造园一样，也需在时间中渐渐生长。建筑师所设计的东西一定要经得起时间的检验。这次我到希腊去看，两三千年的神像建筑还存在原地。回想国内，不仅古建筑现存很少，而当代建筑师的设计都照西方建筑的形式抄搬，忘记了越是民族的东西才越是国际的；这种建筑是会被时间绞死的，因为他们修的不是中国的房子却在中国。王澍的根还是在中国，他的设计都能找到中国影子或文化密码，他的作品完全是受了中国文化底蕴的影响，耳濡目染以后长出来的。对于怎样来理解传统跟当代、传统跟西方，我常跟人说：“不管你在法国还是意大利，当你画画时，你的思维是用母语在思维，还是法文、意大利语？只要还是用汉语，那你在西方人的眼里仍然是中国画家。因此，既然你的思维方式还是中国的，那你对中国的艺术知道多少？”对于我自己而言，在欧洲或是这次去希腊，自己的创作状态始终提不起神，因为它们整个的文化底蕴都是和我不同，给不了我内心的深层次的触动。

园林是中国文人隐逸的载体。园林与书法，虽然形式不同，但追求意境，追求精致，追求空灵的精神是相通的。我在治园和书法这两种艺术形式中，都能找到自己的情感归宿。园林和书法，在我的生活空间中形成了高度的和谐，勾画出我惬意飞动的文思。而情境小楷，在纸张的使用上往往是偶然得之，其纸形纸色都是自然形成，就算借助绘画，增加书法的表现技巧，也需宛若天成，这就将造园中“巧于因借”的精髓用上了。而中国文人园林，具有深厚的艺术积淀。她们因地理位置、个人修养和财力、历史的差异，所造之园千姿百态异彩纷呈，这对形成我书法的个性很有指导意义。

1. 霍晓的院子和他的书法，photo by 马也。
2. 霍晓，成都人，中国私家园林——成都御翠草堂堂主，四川大学艺术学院客座教授。
3. 《园林清供》一文经霍晓独家授权刊载。
该文写于2015年7月13日，于2015年11月5日补记。

敬礼

此致

廖如枝

李永革 photo by 张雷

李 永革[2]

/ 故宫

要是 没人修了 怎么办/

故宫古建修复的立命之本、最神秘的“官式古建筑营造技艺”
面临失传危险，传承人呈青黄不接的状态，
故宫博物院修缮技艺部主任李永革，了解古建修复的七经八脉。
故宫里的人鬼情仇、天地玄黄、江山美人……
说一千道一万，从某种程度上来说，他知道得最多，
他才是故宫的浪漫梦中人。

故宫，历来有一个神秘的部门，专事“修旧”，名字叫“修缮技艺部”。“修旧”，行话叫“修旧如旧”，按照最传统的技术，对故宫的古建筑进行修复。这是个极复杂，极需耐心的活儿。这个“修”，看似手艺，实则技艺，在几百年的传承时光里，甚至有了一些精神艺术的味道。这门“技艺”，如今已命名为“官式古建筑营造技艺”，是国家级非物质文化遗产里重要的一项。故宫的宫宇、殿阁、堂房、角楼、亭台等等，正因为有了这门技艺，才得以在光阴的摧磨下，延续了600年的光芒与沧桑。

而如今，故宫的这门技艺，却面临一些尴尬的难题：修缮技艺部里从事这门技艺的传承人，出现青黄不接的局面，老人一个个退休，新人还未完全上手，手艺虽不至于完全失传，但由于户籍制度的限制，一些颇有天赋与才气的年轻人拿不到北京户口，留在故宫快二十年的“老师傅”只拿着每个月3000多块的工资，面临被迫离开的可能……

“官式古建筑营造技艺”的秘密在哪儿？修缮技艺部每天都在“营造”怎样的精巧技艺？这些才华横溢的神秘传承人的生活现状如何？这个民间传说中的“鲁班师团”有着怎样的神秘与梦幻？

难 / 鲁班下凡？ 经验所至！

李永革所在的修缮技艺部位于故宫的外西路，这里原来是内务府造办处，为宫廷制造生活器具。清代鼎盛时期，造办处下设24个工坊，荟萃了全国的能工巧匠。现在的修缮技艺部保持了它在功能上的延续。李永革算是新中国故宫修缮的第三代工匠。新中国成立之后故宫的三次大修分别成就了三代工匠，也培养了下一代学徒。第一次大修是在1949年新中国成立之后，故宫提出了一个5年治理与抢险的计划。针对大量古建筑年久失修的现象，故宫请了在古建八大作“瓦木土石扎、油漆彩画糊”中分别身怀绝技、各占一个山头的10位大师级工匠进入故宫，他们就是第一代工匠，后来被称作“故宫十老”。

李永革1975年从部队复员来到故宫，当时第一代大师级工匠好多都去世了，他们的徒弟，即第二代工匠在带他们。跟着师傅学艺，苦点累点都没什么，李永革感到充实、快乐。他刚好迎上了故宫的第二次大修。从1973年开始，故宫制定了第一个五年修缮保护规划。为了完成这次大修，故宫工程队（修缮技艺部的前身）对外招聘了300名青年，李永革就是其中之一。他跟着赵崇茂、戴季秋师傅，相继参加了午门正楼、崇楼、东西燕翅楼，太和门东西朝房，钟粹宫、景仁宫、斋宫、奉先殿、皇极殿、畅音阁、阅是楼、遂初堂、庆寿堂、养心殿、慈宁花园、东南角楼等施工工程。他记忆犹新的就是1981年故宫维修东南角楼，李永革知道，东南角楼几乎是故宫古建修复里最难的一个课题。

“角楼被称为‘杂式建筑’，要运用多种技术手段，但由于技术难度很大，一直困扰修缮技艺部。我是主动请缨，一年多的时间，得到了很大锻炼。每一块部件，拆下，都要确定位置、编号、分类码放，修复完成以后还要进行加固，拼补、添配，按照原来的位置丝毫不差地安放回去，这是一个特别复杂的工程。”李永革在采访中的轻描淡写实际上是40年技艺的经验式表达，不难想象，当时在故宫干活时的热火朝天：故宫的角楼按照顺时针的顺序相继修复，1951年西北角楼、1959年东北角楼、1981年东南角楼、1984年西南角楼。“木工都以参加过几个角楼修缮为傲。因为角楼不仅结构复杂，而且缺乏规律性。《清式营造则例》中将大木建筑分成庑殿、硬山、悬山和歇山四种样式，角楼是不同于任何一个门类的杂式。”

一个有意思的传说，李永革几乎是每受访一次就要提及一次：传说当年营建角楼时，由于设计难度大，工匠们都伤透了脑筋。后来是木工的祖师爷鲁班下凡，手里提着一个蝈蝈笼子，这个笼子不一般，正是设计者所盼望的那种设计精巧的角楼模型。这是一个梦境，美妙而恰到好处，现在看来，这是这帮工匠集体经验和刻苦钻研后的自然流露。一帮人，长年累月钻一个事儿，时间久了，再精巧复杂的东西都自然被降服。

官式 技艺集合 地方做法 之 精 华

到底什么是“官式古建筑营造技艺”？它的精妙之处在哪儿？李永革在故宫干了40年，他这样解释：“所谓官式营造，就是集合了地方做法的精华部分，方法来自民间，不单来自北方技艺，有人说应该加一个‘北方’，变成‘北方官式营造技艺’，这个说法不准确。我们在营建明代皇宫时，包括元、宋的宫殿，都是集中了人们所能认知到的地方优秀建筑工艺技术。做得更精，用料更讲究，这样就形成了官式营造技艺。瓦作、木作、油饰、彩画、裱糊、石作、铁作、铜作，这些方面都是集中了各地域最优秀的做法。官式技艺离不开地方做法，实际上是地方做法的升级，然后用在皇家建筑上。当时皇帝敕建的项目，比如寺庙等，皇宫还要派太监督办，督造。管理得比较规范，讲究真工实料。”

而如今，南方的一些古建修复不能全用“官式古建筑营造技艺”。“中国地大物博，南方也有使用的，比如四川广元的报恩寺，皇家敕建的寺庙，部分体现了‘官式营造技艺’。还都是融入了地方手法，有些建筑受当地环境、气候影响，受材料的影响，修复办法就要具体情况具体分析。最大的难度和妙处也在这里，文物建筑基本上都是就地取材，受运输等客观条件的限制。材料和工艺又有着直接的关系，修文物建筑，要根据它原来的做法来修复，采用当地的传统工艺和材料，不能完全套用官式做法。那如何在官式和地方做法之间取舍和营造，这就是妙处。”李永革说。

古建“八大作”里，最核心的是“铁三角”的技艺：木作、瓦作、油漆彩画作。“其他技艺，比如架木搭设的搭彩作，因为过去的杉槁、竹槁、连绳、标棍都换成了铁杆和铁构件，已经日益萎缩了；夯砸地基的土作已经被机械化代替。”故宫是明清两代建筑的活教科书。“比如一个大殿里，一个木构件朽了，人们都想要换掉它。可是它有可能偏偏就不能换，因为只有这个东西才能说明它的建筑年代，换掉后就历史信息不明了。”目睹过外来施工队伍里一些“昨天还在地里刨白薯种白菜，今天就来修文物”的工人极不专业的操作，李永革最担心的是他们会把故宫的特征修没有了。“到时故宫就不是故宫了，就成现代宫殿了。”

道 / 跟着材料的“性子” 传统工艺结合新科技

外界所见到的故宫，更多被故宫宫殿庙堂的气势所震慑，大部分的建筑部件都是木作。“搞古建外行看着难，不过经过几年、十来年的培养和实践，一旦掌握这本技艺，应该还是不难的，规矩多，做法多，触类旁通，深入进来后还是好学的。我干了40年了，我倒觉得不难，可能是因为这么多年的经验了。要对过去一些老的做法，研究它为什么要这么做，要搞清楚，要去实践和探索。现在的问题是，过去一些老的材料，现在不好找，受限制。目前故宫在古建修复上最紧缺的还是木料，我们国家维修的大型木料，基本上都从国外进口。”李永革在采访中多次提到了材料的紧缺。很显然，对于故宫这么庞大体量的古建修复来说，木料得有一定的储备。以前故宫每年都要备几百方木料，倒替着使用。原木不放上四五年是不行的，“中国人盖房子还是要用老料，老料的‘性子’已经通过合理的码放、纹理比较直顺，含水率也恰到好处，用在建筑上不容易糟、腐。”

令人惊叹的是，明代刚修故宫时非常奢侈，民间传说用的是“金丝楠木”，木料中暗藏“金丝”，我们周边很多地方的金丝楠近年来也是随行就市，价格飞升。李永革之前在接受采访时透露“其实宫廷记载里就是‘楠木’，没有‘金丝’二字。楠木生长在200年以上，里面会出现一种树脂的结晶，那是所谓的‘金丝’。到了清朝，开始使用红松。后来国力下降，再加上足够大的红松也难以寻觅，故宫里便使用了木料包镶拼接的工艺。”进入故宫后，李永革定期会和同事们在东北寻找修补时所需要的合适木材。有一次，一位满族的老先生，竟然自愿把准备给自己造棺材的红松木卖给他们。国内全面禁止采伐天然红松后，故宫近些年开始从东南亚国家进口大口径木材了。

李永革提到，虽说“修旧如旧”，但故宫的古建修复也大量使用了新的科技。“我们做很多实验、检测，就是要把过去的材料、比例、成分，搞得更明白，才能使这些材料的配方更稳定，灰的比例，油饰的、打夯土的比例等等，为了保护老的灰背，我们在上边再覆着一层灰背，这个比例要准确。一些金、铜的饰件、琉璃瓦件、石材污垢的清洗，我们都在确定成分、比例后合理地使用清洗剂的材料。粘接也是，一些雕刻的艺术构件的粘结也需要”。

一个特别的门道是：传统工艺一定要用传统工具。很多工艺是机械工具不能完成的，最后一道工具一定还是人工的。“新的技术手段不断出现，是可以提高生产率的，老的工艺做法不能丢。互相借鉴，不排斥新的工艺。一些灰背的浇筑很多就要使用到医学上的针头、气泵等。”李永革曾提到，故宫修缮，尊重着“四原”原则，即原材料、原工艺、原结构、原型制。在不影响体现传统工艺技术手法特点的地方工匠可以用电动工具，比如开荒料、截头。大多数时候工匠都用传统工具：木匠画线用的是墨斗、画签、毛笔、方尺、杖竿、五尺；加工制作木构件使用的工具有锛、凿、斧、锯、刨等等。“老祖宗聪明得很。”李永革说，“比如‘排杖竿’，就是拿着一种四方截面的木杆去量柱子、梁架、进深等尺寸，然后在竿子上来做标记。”为什么要这样？李永革拿出两盒外面买的卷尺，然后在纸上量着画出10厘米的线段，两条线居然并不完全一样长。“10厘米误差就这样，要是去量20多米高的柱子呢？差一点，榫卯就合不上。老祖宗的方法看来笨拙，但更实用。”

官式技艺 传承人 青 黄 不 接

故宫修缮技艺部有正式木工100人左右，施工队还有两三百人。但100人里真正具有传承手艺的不到20人。这些人是北京认可的古建技师，瓦作、木作、油饰……都是过去从学徒出来的。“下一步要做的任务迫在眉睫：技艺传承。招传承人。这是长期的事。一下子招多了，对他们的学习未必有好处。循序渐进，三四年，招那么十来个，每次招人，能学出来一半，就不错了。继续再培养。做上10年20年，今后对故宫的传承会有利。我们这拨人大多都是1974年、1975年到故宫的，现在面临的问题就是退休，翻了年，一下子全退……要做好传承，一拨一拨地续上，虽然后面也会存在退休的问题，但至少不会一下子全退了。会有梯次的准备。”李永革的话题最终落到他焦心的事情上，一说就不歇气。

李永革坦承，目前的传承情况就是青黄不接。户籍制度也对传承工作有限制。进故宫，必须得有北京户口，“目前有一些传承人的苗子是北京周边的。比如一个河北的小伙子，不错，30来岁，干了七八年了，技术不错，可造之才，但问题就是没有北京户口，还跟故宫签不了合同，存在很大的不稳定因素。这些人很愿意留下来。干上这个以后对这一行有感情，不舍弃这项技术。现在城里的孩子喜欢动手的太少了，不干这个，是个实际问题。我觉得我们有相关的政策跟上，我们的技艺不会失传。”

最辉煌的时候，故宫的工作人员有800多人，古建工程队就有400多人，是故宫人数最多的部门。可这支古建队伍虽然有国家文物局颁发的“文物修缮工程资质证书”，但因为不是企业性质，没有营业执照，无法参与投标，在市场化的过程中逐渐被排斥在大型维修工程之外。“我们有资质，但不是企业，招投标里面有些条件满足不了，比如我们就没法办理安全施工许可证，没有这个证，工程就不能开工。”

提到收入情况，李永革介绍，故宫的修缮技艺部属于事业单位编制，正常开工资。年轻的一个月能拿到手3000多块钱，保险、公积金等都有。要是能跟故宫签正式合同，工资会涨到四五千。“但也满足不了他们的要求。人才的流失与收入低有很大关系，甚至是主要关系。”李永革今年11月退休，但按照现在的情况，他根本退不了，肯定返聘，主抓技艺传承工作。李永革寄予厚望的是2013年修缮技艺部面向社会招到的15名学员，他们被分成瓦木和油石两个组。到现在，15名学员还剩下9个。

一个老师傅的故宫　　围城

老家河北保定清西陵的师傅张奉兵，在故宫15年。没有北京户口，累了15年，也爱了15年。感兴趣、坚持、气氛好，这是他目前还在故宫的三个原因。“故宫，在古建筑这方面很专业，老辈子一代一代传下来的技艺带着一些艺术性。我很自豪自己的工作，保护古老建筑不受损坏。”

张奉兵从小在这种古建氛围里长大，以前是民工，学的油工，1996年高中毕业后来到故宫，拜师傅，学油作，裱糊，画画，都学会了。受到户籍政策的影响，张奉兵工资比较低，一个月扣下来3000元左右，“生活还是存在问题，农村户口，又要养孩子，要在北京租房，经济比较紧张，我是因为爱这一行，没有选择离开，一直在等户籍政策的调整，签正式合同。”张奉兵租房在北京二环边上，七八平米，1000元一个月。对于在河北老家的孩子，他有时一个月回去看一次，有时候两个月回去一次。“孩子12岁，上初中，在县城读书，成绩还可以。光我们部门就有10来个没有签正式合同，其他的还没有我工资高。”

这些人没有其他收入。以张奉兵目前的情况，同样水准的技术工出去做技术顾问，最少也是8000元的月收入。他自己对户籍政策的调整还是存在期望，虽然之前这种“奇迹”从没出现过。当时老家一起来故宫的人当中，现在就剩他还在继续坚持。“其他人都去做工去了，啥子活路都做。我对自己的状况还是有自己的想法。但困难目前还解决不了，生活当然有压力，时间长了也只有放弃。走一步看一步吧。”

1. 李永革在修缮现场。

2. 李永革，北京故宫博物院古建修缮中心主任，古建专家，
国家级非物质文化遗产项目“官式古建筑营造技艺(北京故宫)”代表性传承人。
该文写于2015年7月10日。

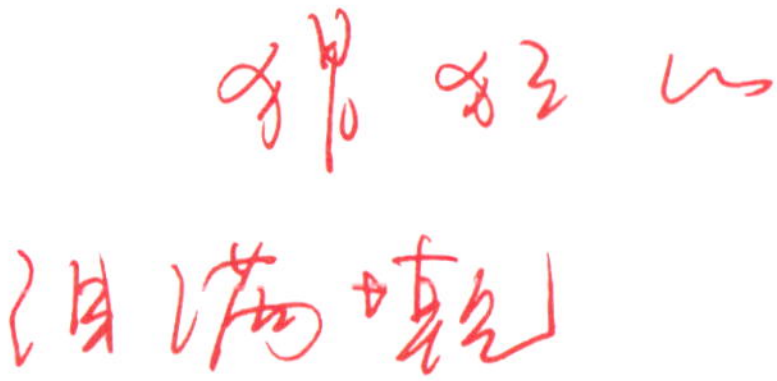

1

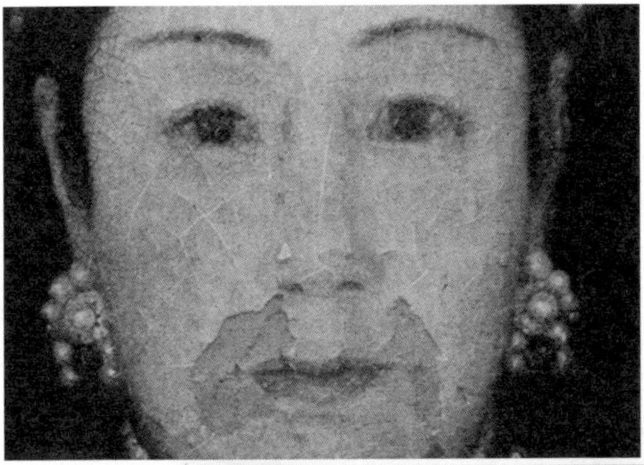

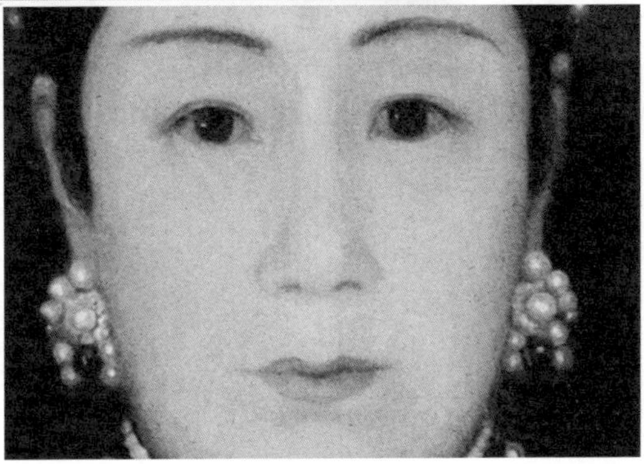

谭家珊[2]

/ 慈禧肖像画的后半生 /

“这幅巨型油画装裱于雕工精美、高5米的站立式画框内，由慈禧本人设计，于1904年举办的圣路易斯世界博览会中成为艺术宫中的迷人画作。”

110年前美国女画家凯瑟琳·卡尔远赴中国为当时的慈禧太后画下了一幅肖像画。一个多世纪以来，这幅画像密藏深闺重闱，鲜与公众见面。位于华盛顿的史密森尼博物馆（史密森尼学会[3]）2013年秋天宣布已成功修复此画作，并有望日后对公众展出。

这幅传奇画作的修复工作，是由一位华裔女性谭家珊完成的。作为一个主攻具有丙烯酸特性的作品和其他20世纪的油画材料的化学博士，她带领一个56人的“多兵种部队”耗费近三年时间，完成了这一看似不可能完成的任务。团队以可逆性的一种神秘颜料，让这幅慈禧油画肖像在颜料色泽、画布质地、画框塑性复色等多个方面焕然回春。光是清除其画布的表面污垢，就用了4个月。更重要的是，这幅作品创作的背后，隐藏着一个时代的大国外交深意：这件作品是美国和当时的清政府一次罕见的调和。由于其画框更是由慈禧亲自设计，从这一角度来看，这件作品，也可视为“两位女性艺术家的跨国合作”。

我通过邮件，花了一个多月的时间，与谭家珊取得联系。来自中国台湾的她，为我讲述了这件作品以及修复背后惊心动魄的时代传奇和浪漫传闻。

迷人的画作

根据谭家珊的介绍和多条线索的历史文献显示，这幅4米高、2米宽的画像由凯瑟琳·卡尔在1904年、慈禧69岁时绘制，是世界上仅存的四幅慈禧肖像油画作品中最大的一幅。正如现在看到的，这幅作品上，慈禧皮肤白皙，眉清目秀，青春靓丽，容光焕发，一点也不像69岁，倒像是29岁的美貌女子。

慈禧身穿华丽的黄色绣花长袍，上面绣满长寿的字句纹样，并以水仙花图案点缀，披戴珍珠戏装披肩，胸挂祥云珊瑚配饰，手戴珍珠手链与翡翠戒指，端坐于雕刻精致的椅子上。她身后放置一副屏风，以她的御玺和喙中含着八个佛教吉祥符号、色彩鲜艳的凤凰作装饰。整个人看起来十分平易亲和。据卡尔的回忆录记载，慈禧对这幅青春无限夸张的画作津津乐道，非常满意。当年，清廷对慈禧的形象严格保密，外界都不知道她的真实长相。外国媒体更将慈禧形象妖魔化。“这幅巨型油画装裱于雕工精美、高5米的站立式画框内，由慈禧本人设计，于1904年举办的圣路易斯世界博览会中成为艺术宫中的迷人画作。”谭家珊这样讲述画作的迷人面貌，这也是慈禧画像中唯一由外国女性画家绘制的画作。

必须提到的画作创作者凯瑟琳·卡尔，1903年来华，是当时中国海关税务司官员柯尔乐的姐姐。经美国公使夫人的推荐到颐和园为慈禧画像。虽然慈禧一开始非常排斥画像这件事，但最终她还是被说服了。原定只画两次，没想到，这位被慈禧称为“柯姑娘”的美国画家在宫中一住就是9个月，成为唯一得以近距离观察慈禧和中国古代宫廷生活的西方人士。对于这最初带着强烈政治目的、而后被慈禧深爱的个人第一幅油画像，慈禧特别重视地择定黄道吉日开笔和完成，清廷特派皇族代表溥伦专程护送到美国圣路易斯博览会陈列，“借以显赫于天下。这也是中国政府第一次参加世界博览会的展品。一千多万西方人首次见到了中国皇室首脑的形象，在当时引起了轰动。”当时不少参观者对慈禧的美貌无比赞赏，但又有不少人对这位“69岁的东方美貌女子”产生疑惑：她是吃什么回春药将自己变得如此年轻的？

凯瑟琳·卡尔幸运地得到慈禧的协作，总共绘制了4幅慈禧的油画像，并近距离切入到当朝奢华的宫廷生活。随着画像工作的进展，西方造型方式与中国传统绘画习惯不期然地形成了观念冲突。卡尔想要用非常传统的西方画法来呈现这幅作品，使用阴影，强调立体感和现实主义。但清政府想要看到的是一幅非常完美的人像，就像那些传统的清朝帝王肖像一样，看起来非常扁平，突出线性和理想主义。所以从某种角度上来说这幅作品体现了东西方两种传统肖像画法的结合。

凯瑟琳·卡尔的这幅作品于1904年被当时的清政府送往美国圣路易斯世博会参展，随后被出借给中国台湾的（台北）历史博物馆。但40年后被归还时，框架及画面损坏极为严重。史密森尼博物馆的资深画像修复师谭家珊带领团队肩负起了修复画像的任务。由于作品年代久远，他们使用了多种方式和化学办法来进行修复工作。用水一点点清洁粘附在表面的污垢，光是这个步骤就花费了4个月。随后修复工作持续近三年，更是倾注了团队的全部心血。她对我说，画像刚被归还时整幅画看上去非常暗淡，也看不清画作的细节。画布出现龟裂和脱色的现象。因为这幅画的尺寸和重量都非常大，所以他们做的每个步骤都是挑战。这幅画现在还没有公开展示，被存放在史密森尼博物馆文保中心里。不过，我已提前拿到了修复后的肖像画作照片。

颐和园所藏 慈禧画像 修复也 颇显 曲 折

值得一提的是，慈禧（1835—1908年）自1860年代开始直至她离世，是清朝的重要政治人物。1900年义和团事件后，她在国际上声誉下滑，清廷于是展开了提升慈禧太后国际形像的措施。这些措施中，以一系列由西方画家绘画的巨型肖像油画最为瞩目。卡尔为慈禧绘画的四幅肖像画现只尚存两幅。一幅绘于1904年，就是目前史密森尼学会收藏的这幅，另一幅则在北京颐和园。虽然两幅画作在规模、人物姿势和风格上均十分相似，但现存于颐和园的肖像画画风较为亲切和随意。谭家珊指出，“经过一个世纪暴露于各种不理想的环境下，北京所藏的肖像画已出现严重损毁和经过多次补色，其状况难以与史密森尼学会的藏品作比较。”

颐和园所藏慈禧油画肖像是由荷兰画家华士·胡博于1905年入宫为慈禧画的。自上世纪50年代开始，这幅作品残损愈发严重，由于国内缺少油画修复专家，一直以来都只能采取谨慎的保护措施。后来经过中国、荷兰两国专家近30天的修复，由荷兰林堡省文物修复研究所提供全资协助修复，弥补了画布的蛀洞，并重新上色，于2011年修复成功，在颐和园的德和园展出。我通过颐和园方面和之前的公开报道了解到，这幅画也是受慈禧要求，风格并不写实，而是做了多处修改，将70岁的慈禧刻画得十分年轻貌美。当时的修复过程也是颇显曲折，由于其画像修复过程要求全程可逆，所有修复工作可逐步还原，所以难度很大。加上在最大残损位置又必须按照

“原貌”恢复，颐和园文物部主任秦雷对我说，“对最为敏感的颜料缺失部分的美学修复，我们以为应该在具有充分的历史客观依据的条件下方可进行，避免修复的主观性。”最终，荷兰专家组提出三个方案，一种是不做任何修复，这是最守旧同时也是最保险的办法；另一种是加以过渡处理，用和四周相似协调的颜料给它补上，做一些明暗的处理，但不做画面的绘画修复。最理想的就是把它恢复，但这种恢复必须具有充分的依据，知道残损前的原貌，难度最大。“刚开始，由于找不到原貌，我们一直不同意采取最后一种方法，但在修复过程中，发现了一个有趣的题目，专家发现，画像两边是对称的，可以从一侧作为另一侧的参照依据，于是，这个难题迎刃而解。”

玫瑰的 攻 势

谢:能否介绍这幅作品入藏史密森尼美国艺术博物馆的经过？为何在借展40年后才返回美国？

谭:凯瑟琳·卡尔的这幅作品于1904年被清廷政府送往美国路易斯世博会参展，展览后由时任中国驻美国大使送给美国总统西奥多·罗斯福，随后被转送至美国华盛顿史密森尼学会展览多年。1965年，这幅画作被送到新成立发展的史密森尼美国艺术博物馆。由于它不属于当时的展览重点，就被长期出借给中国台湾的历史博物馆（即（台北）历史博物馆）。在那里，该作被展出多年，直至恶化到不再适宜展出的地步。2011年在为慈禧照片展做准备时，美国弗利尔与赛克勒艺术博物馆档案部主任霍大为阅读资料时突然发现，该画作一直滞留台湾，博物馆员工才意识到该作品的历史重要性，开始呼吁将其索回。那时，该作品的所有权将在2011年11月从史密森尼美国艺术博物馆（SAAM）转至美国国立亚洲艺术博物馆（FSG）名下。因此，FSG的一名保管员被送往中国台北，与历史博物馆员工一起工作，拆下并归还了该画作。

谢:你第一次见到该作品是什么时候？当时受损情况如何？修复的最大难度是什么？基于什么版本或模板进行修复？

谭:我是2011年9月第一次见到这幅作品。我的经验和技术指导着整个修复项目。毫无疑问，我相信这幅画可以修复好。

当油画送抵史密森尼学会时，表面布满大量干裂纹，有些只有发丝般幼细，而有些则较阔而且有突边。最严重的干裂纹出现在慈禧的脸部、长袍和她右上臂的衣服上。这些裂纹可以反映出画家当时被迫在故宫短暂逗留期间面对的压力。卡尔在她撰写的《与慈禧太后》一书中描写了她在宫中创作时遇到的众多规范：“我被迫在所有细节上遵从数百年来承袭的传统方法，不可以运用阴影，只能使用轻度透视法，而且整幅画都必须以全亮方式绘画，以致失去所有立体感和画意。”

之所以要修复，可简单概括为：画布本身已出现劣化，不能再正常地支撑油画。早前的修补和补丁布料令部分地方严重变形。

谢:这幅作品是所有4幅慈禧肖像油画中尺幅最大的，在博物馆看来，它的历史价值、艺术价值是什么？

谭:美国艺术家凯瑟琳·卡尔（1865—1938年）为慈禧绘画的4幅肖像画尚存2幅。卡尔生于美国新奥尔良的富裕家庭，在巴黎跟随画家威廉姆·阿道尔夫·布格霍学画。

史密森尼学会馆藏的慈禧肖像，大小与真人相似，是4幅由卡尔创作的慈禧肖像画中最著名的一幅，当时大受公众欢迎，也引起外交关注。画框重约半吨，是现存该类型中最大的一幅，据称是由慈禧本人设计。

从历史意义上讲，这幅画作是中国政府首次直接参加世界博览会的展品。作为“魅力攻势”的一部分，该画作和慈禧的其他画像一起被陈列于外国首脑和贵族的面前，试图以此恢复慈禧在国际上的名誉和形象。1900年义和团事件后，她的国际声誉有所下滑。

从艺术角度讲，这幅画作是美国和清政府的一次罕见调和，卡尔奉行的是19世纪西方标准的写实主义，追求具备阴影和立体感的自然画法，而清政府想要看到的是一幅非常完美的正式肖像绘画，就像传统清朝帝王肖像一样，看起来扁平。卡尔在她的书中对此有大量描述。如果我们假设画框是由慈禧设计，那么这一画作就可被视为是两位国际女艺术家的合作作品。事实上，为慈禧画像的这一构想最初是由美国公使夫人莎拉·康格提出，这就代表着这次重大的外交活动主要是由女性完成——这在处于世纪之交的中国和美国之间是一次超乎寻常的事件。毫无疑问，该画作的文化和历史价值都非常重要。

谢:修复过程是否顺利，用的什么技术和材料，由于年代久远，我们如何让其色泽、油画肌理看起来和以前的一样？修复要求和宗旨是什么？

谭:正如计划中一样，修复工作进行得非常顺利。便携式X射线荧光分析显示，卡尔使用的颜料为典型的19世纪末至20世纪初的西方油彩。在慈禧的肖像画中，卡尔最初仿照了保守学院派人像画家布格霍的风格。然而，在慈禧和她的朝臣监视下，卡尔明显地重新绘画了肖像的不同部分，并在底层油彩未完全干凝前就已涂上新的油彩。表面的顶层油彩在干凝期间收缩，裂开形成“小岛”状。这些外加的“物料”可从一幅摄于油画完成前的照片得以证实，从照片看，当时慈禧的特征只作粗略绘画。在未完成的画作中，可以看到卡尔极力尝试在慈禧的面部创作不同的造型和阴影效果，以图捕捉慈禧的微妙表情。

我们通过红外线反射影像显示，卡尔也在慈禧的眼睛、眉毛和发线，以及她左手和衣袖的摆放上作出修改。不出所料，这些修改范围也出现了干裂纹，有些裂纹在天然光下可以察见。在分析古油画时，很多时候都发现了初稿，或画家在绘画过程中所作的修改，这些修改都隐藏在后补的油彩层下。初稿有机会在经历一段时间后因顶层油彩变得透明而显现出来。在卡尔的油画中，干裂纹和红外线反射影像都确认了她对主题曾作多次修改。

修复处理无法消除干裂纹，但填上颜料可减少其对观赏画作的影响。我们史密森尼学会的修复人员使用可逆性颜料，包括色粉与用聚醋酸乙烯酯（黏合剂名为AYAC）一起研磨制成的颜料和水彩，并采用描点法（肉眼几乎看不到的小点）修饰裂纹。经过数月的描色，重现卡尔喜欢的鲜艳色彩，改善了油画的美感，构图更为细致。

谢:这幅作品的画框非常精美，而且据说是慈禧亲自设计。

谭:原有画框由中国当地的工匠以精巧的技术雕刻和制造，是油画在正式展示时不可或缺的部分。卡尔在她的著作中提及画框是以樟木制作，但史密森尼学会的分析却显示木材最可能是毛泡桐树材，一种原产于中国多个地区的观赏树木，木身柔软，容易雕琢。深入的观察显示工艺高超的技师在画框正面施工，使用常用技巧来雕出中式图案，而工艺水平较低的工匠则负责画框背面。画框的结构修复包括以木材重塑缺失部份、更换破烂榫舌，以及在顶部框角加上设有鸠尾榫接的加固角以稳定画框上半部。为保持原有画框的完整性，修复人员以棉白杨和郁金香白杨树的木材修复画框，因为这些西方木材的特质跟毛泡桐相似。整个画框经彻底清洁后，再涂上新的清漆使木材柔和的光泽得以回复。为减低地震对画件的损害，画框稍后会加装一个装置，把其稳固地挂在墙上。

至于画布，修复人员先除去旧有修补，再把画布加湿，然后以重力在真空下压平。接着，油画以丙烯酸帆布配合黏贴薄膜托底。由中国技师以当地物料制作的伸展式内框、其八件木楔，各两条垂直与横亘支撑的木条，状况良好，只需轻微调整，便可把修复后的油画装回原有内框上。

谢:用三年的时间进行修复，这个时间是否在预期之内？修复方案是什么？能否介绍下修复团队？

谭:这次修复的结果超过了我们的预期，效果非常好！此大规模的修复项目动员了一个由56人组成的合作团队，当中包括专业工艺师和技术人员，油画及家具修复人员、科学家、艺术品搬运员、一位馆长和藏品管理员、摄影师、研究生和实习生。修复工作于2011年9月展开，并于2013年11月完成。

谢:油画修复的最大挑战是什么？目前主流的修复方式是什么？

谭:要做一名修复师非常不易，他们需要为长期保管艺术和文化作品而负责。其主要工作包括分析和评估文化财产的现状、理解其创作和恶化过程，对收藏护理进行规划或对存放地点进行管理，避免出现损坏。还要进行修复处理，并对此前指出的所有地点进行研究。修复工作可谓是一项交叉学科，涵盖了工作室实践、科学和人文学科等领域。

除了长期的教育和培训之外，由于每个特殊修复领域的快速发展和变化，修复师们必须跟上科技和方法学的步伐。平日还应通过阅读刊物、参加专业会议、进行短期课程培训等提高自己的技能和知识。

谢:关于这幅作品的传说很多，你知晓其作品的创作经过吗？参考了哪些历史文献？

谭:关于这幅画作有许多优秀的文章。卡尔在其撰写的《与慈禧太后》一书中讲述了她在颐和园的那段时日；“德龄公主”也在其《紫禁城两年》书中提及大量和这幅画作有关的故事。莎拉夫人在其《中国来信》中也提到此事。北京故宫博物院也有大量内部文件，可供学者研究。

谢:据说你曾是一名化学家，在我看来，画像修复师就像医生一样，有着化腐朽为神奇的力量，你是如何从化学家走上油画修复的艺术之路的？

谭:我走上修复师之路可以简单归纳为——研究生时学化学，在医院当临床化学家，本科学美术艺术史和制作史，预科修复实习生，画像修复实习生、进入美国国家艺术馆，最终于1988年进入史密森尼学会工作。我主攻研究具有丙烯酸特性的作品和其他20世纪的油画材料。

1. 慈禧画像脸部修复前后对比，图片提供：美国史密森尼学会、谭家珊。

2. 谭家珊，史密森尼博物馆文物修复中心——高级油画修复师。

此文得到了王雅林女士的大力帮助，她参与了与谭家珊女士的沟通过程，十分感谢。

3. 史密森尼学会是唯一由美国政府资助、半官方性质的第三部门博物馆机构。
由英国科学家詹姆斯·史密森遗赠捐款，根据美国国会法令于1846年创建于美国首都华盛顿。

茫茫前路

任你走

1

朱铭[2]

/ 人间 落

刻 /

“听说朱铭手里的刻刀特别锋利，下刀极快，不假思索。
小时候学雕塑最崇拜的就是他的快刀，因为我总是在下刀前……想太多。
可是这次我没有犹豫，想都没想就把自己刻得七零八落，
自己都快认不出来了，可是我不是石头啊，我会疼，难道他不知道吗？

西势 湖　　2号

朱铭美术馆，我在2014年的圣诞节，去到那里。新北市金山区西势湖2号。真是欢喜，它的位置牌上清楚标明：与必游景点的距离——九份：约28公里；野柳地质公园：约9.1公里；猴硐猫村：约28公里；与周边景点的距离——邓丽君筠园：约1公里；慈护宫：约4.1公里。

我从猴硐这条线一路往上，野柳、九份、朱铭美术馆……
刻刀真是个奇怪的物件，它把感情和艺术一刀相切，又千丝万缕。美

术馆的户外展区以大型雕塑为主，使用了石头、青铜、不锈钢、海绵等不同的因素。“行军者”是其中一个系列，这样纵列着摆在步行道上，给人亲切的感觉。还有著名的太极系列，用简单的几个切面传递出太极的一招一式。一些雕塑建在山上，令人震动。

而访谈则是在成都进行，2015年“雕刻人间·朱铭艺术展中国巡展”来到成都，我与朱铭大师对坐，准确地说他坐在沙发上，我席地而坐，有一种仰视感，他不苟言笑，夫人在旁边像个娱乐节目的主持人。

人间　四月 天

作为雕塑家，朱铭在世界艺术界占有一席之地，他的创作简练明快，善于发挥各种材质的特性，不仅具有很强的现代感，而且继承了中国传统雕刻的精髓，创造出一种与自然浑然一体的状态。

今年四月，成都，不知是不是故意或是巧合，朱铭的“人间”与“四月天”凑在了一起，让坚毅的雕塑艺术，有了一些柔情。朱铭童话笑意下有一些果敢的刀迹，这让人感到吃惊。朱铭在成都的巡展呈现了自己体味人生百态的作品“人间系列”。“购物”情景也首次与商业结合，进入商场。“人间系列”是朱铭最重要也是最满意的作品系列之一。他认为，自己的创作主题一直以来都是以人为本的，“人间”这个主题可以让他自由发挥，从而实现自由创新。

与朱铭的见面，是刻意的，也是随性的，随性得像是茶话迎请。77岁的朱铭一头银丝，他会站在门口与每一位走近他的人笑意盈盈打招呼。这是礼貌，也是一种风度。我倒是第一次看到被接受采访者作为一个艺术大家，一一在门口迎候记者。朱铭说：“我知道这里是三国时期蜀国的都城。”这次参展的数量还不到他作品总数的十分之一。他戏称自己的作品为“三军”，“我的一个部队都有300多个，陆海空都有。我不是为了刻三军陆海空，如果是这样，那么刻3个就好了。我是要刻部队，这是不一样的，比如布置一个连，100多个，气势就不同了，我是很贪心的。”朱铭希望他的作品充满了“精神”，即雕刻精神、装置艺术精神、行为艺术精神。他为了每一份刻意雕琢又不暇造作的作品保有这三个精神，300多尊雕塑作品都是其亲力亲为，一个个刻出来的。“刻好后，就是需要布置。就像需要布置海军去配合军舰一样。完全布置好后，就需要阅兵。阅兵不是我说了算数的，而是我把马英九都请来了。我对他说：‘今天你是来扮演行为艺术家。’他说：‘好好好，太好了。’”朱铭从头到尾都把这个过程全部记录了下来，在他看来，这就把以上的三个精神都达到了。

做展览，美术馆是有补贴的。但这对于他的朱铭美术馆来说还是远远不够。朱铭首次在大陆办展是2006年在北京的中国美术馆展“太极”。第二次是2010年在中国美术馆展“人间”。这次到成都办展，是朱铭在大陆首次商业展览。

这次选择“人间系列”在成都展览，是因为考虑到此次参展地环境的原因。“在商场展出‘人间’，我想这是合适的。这次展出的作品数量是我“人间系列”的百分之一。当时构思创作这一主题的初衷在于，希望通过这样一组雕塑表现人们生活中的点点滴滴。电视一打开，每天都是不一样的，你记录十年，没有一张是一样的。每天都有新的事物在发生。“人间系列”就是在描述这一问题。这次展出的是‘裙的故事’主题的作品。这是我“人间系列”里小小的一部分而已。目前，我还会继续做《“人间系列”》。”

从过往的艺术风格看，朱铭把较为传统的艺术逐步做了转化。比如，现在的“球系列”和“人间系列”。“球系列”是跟人大小相当的笼子，人一旦被关进去，就出不来了。“我把它们一边漆成白色的，一边漆成黑色的。黑色这边是代表囚犯。一步跨出去，犯人这边手里有钥匙，打开就可以出去了。黑色这边是被关的。里面还有墙壁把他隔开。坏人比我们还要聪明，我就是不愿意放下屠刀，不愿意跨出这一步。所以，这个牢笼就是在阐释‘选择’的问题。

我们每个人心中都是有牢笼的。”朱铭说，在家里，有家里的牢笼，在公司，单位也是牢笼。社会，也是一个大的牢笼。每个牢笼都是我们无法逃避的，这也是他想表现的问题。

在谈到具体创作时，朱铭说，自己会用到多种材料去表现作品。对于“人间系列”，可能是他一直刻不完的一个主题。他自己基本是除了创作就是创作。“我不可能退休。现在，我是人在江湖身不由己，既要数量又要创新，所以我是不能休息的。既然选择了这样的道路，注定就是忙碌。”朱铭戏言，还有些人没有良心地说：“你现在不能闲下来，人越老价钱越贵，越要多做。”

马路边的雕塑

朱铭美术馆前前后后盖了12年。朱铭说他并不是为了盖美术馆而盖美术馆。“主要是经常到国外展览就要搭货柜。我就要做很长时间的准备，而且会堆放许多东西，最后堆到没有地方可以堆。”此时的朱铭，一脸无奈，花白银丝的分头下，是慈爱的满面笑容。

他住在台北时，经常会把雕塑放到马路旁边。“整条街都放满了我的雕塑。后来我想，这样偶尔还可以，久而久之是不太好的。”由此衍生出“找地”的想法。随之而来的就是“买地”，一步一步地，最后买到了总面积达到11公顷的土地。这让朱铭自己都感到不可思议。由此，朱铭收到了许多朋友的建议，觉得把作品存放起来太可惜了，还是要拿来给大家看。“那么问题来了，要不要马路，要不要厕所，要不要人来日常管理？”朱铭索性一气呵成，把空地变成了美术馆。

朱铭说，美术馆经营到现在都还在不断亏损。“我们时常在想，我们做得很努力，游客也很多，为什么还是在亏钱？后来，我们就去国外考察，才恍然大悟，美术馆本来就是要花钱的机构。需要有其他支撑养着，自己是活不了的。”在朱铭的美术馆里，设有15个部门，而仅有两个部门是有收入的，“一是卖门票，二是卖纪念品。很多朋友对我说，你就什么东西都卖，那样就一定会赚钱了。”我说，如果那样的话就不叫美术馆了。问题就很尴尬，很麻烦。要做好的美术馆就要设立许多花钱的机构，如果你想打平，那就会搞得乱七八糟，就会成为不入流的美术馆。所以，到目前为止每年都会亏损近3000万。

朱铭了解到，日本的“雕刻之声”美术馆已有50多年历史。现在它也是靠两家公司养活的。“我们美术馆一开始就属于基金会，一开始就不属于我了。如果可以赚钱的话，也不会给我。但它会生存下来，基金会会永远保存下去。"朱铭在作品里始终是希望呈现欢乐的。“我的‘人间系列’里各种情绪都有，要看观众希望看到哪一面。”艺术家们在创作时总爱提“灵感”。朱铭则认为，灵感是对初学的人占的比重较大的，“而对于我们这么大年纪的人来说，应该叫已经上了轨道。上了轨道后就不用靠灵感了，它会很正常地运行下去。”用“轨道”形容，朱铭怕我们听不懂，还加上了进一步解释，“它就像一颗种子，只要你悉心照料，泥土、阳光、洒水，自然就会慢慢地长大，像艺术一样。长大到一定程度的时候，它就会开花、结果。到了那个时候，你想让它不开花都不行。如果还没到时间，你叫它开也开不了。这是需要时间的，我已经创作超过了一个甲子。”朱铭语气中肯地说，努力到了自然就会上轨道。

---

1. 朱铭美术馆一角，台湾新北市。
2. 朱铭，台湾著名雕塑家。本名为朱川泰，1938年生于台湾省苗栗县。
朱铭融合传统木雕与现代雕塑的精神，早期以乡土主题，如“牛”“牧童”等雕刻出名，
近期则以融合了中国哲学如“太极”等的现代雕刻闻名。
该文写于2015年4月11日。

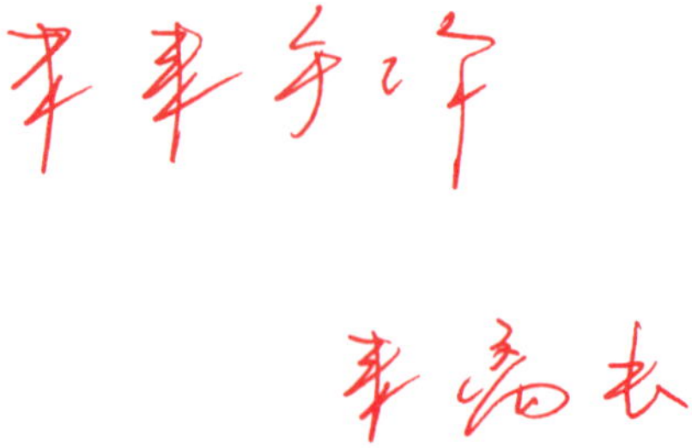

1

朱成[2]

/ 与 石刻

相遇 /

我现在要创作的部分，

就是利用我和身边几位文化学者的研究成果，

以一个全新的概念来梳理我们过去、现在和未来的

建筑型构、史料图像、建筑实物等等。

其实跟成名很早的雕塑家朱成第一次深聊是在2012年春天。他向我透露自己的最后一件公共艺术作品是已进入实际操作阶段的“成都·四川·中国图像建筑博物馆”。这个全新概念的公共艺术作品将填补中国建筑领域多项空白。博物馆将以目前的“朱成石刻艺术（私立）博物馆”为基础，以“命”“运”“脉”三条主线串联，综合影像、史料、石刻、写生和“建筑天书”打造图像建筑史前古代馆、现代馆和未来馆。无论从概念打造、体量规模、参观感受上都将是成都，乃至全国博物馆领域的崭新突破。

著名的建筑学家和建筑教育家梁思成一直“遍访各地以搜集古建筑遗构，其最终目标，是为了编写一部中国图像建筑史。这一课题，可利用的文献甚少，只能求诸实例。”数十年来，中国建筑学家和文化学者都在追随梁思成这一心愿。朱成也在做这样的“功课”。朱成石刻艺术（私立）博物馆从筹备到建馆再到成立，整个过程历时20年之久，完全由朱成个人财力作为支撑，约5000平方米的仓储式陈列空间，收藏了自两汉、唐、宋、明、清的画像石刻及木雕、木刻、瓷器和陶器等。在地域上以四川藏品为主，藏品数量达到1万余件，按照目前的规模和陈列方式，可简单分为古代图腾建筑馆、现代图景建筑馆和未来图像建筑馆，基本覆盖了四川地域在所有时期的石刻艺术风貌。

“我现在要创作的部分，就是利用我和身边几位文化学者的研究成果，以一个全新的概念来梳理我们过去、现在和未来的建筑型构、史料图像、建筑实物等等。”

素　材　来自五位“成都人”

朱成的构想宏伟，具体操作起来细致入微，他联系到成都学者、雕塑家吴天，吴天以数十年的研究，从认字、写字、读字中，发现了文字与建筑的关系，一部80万字的《中国史前建筑构件原本考——

来自甲骨文的佐证》构建了甲骨文字建筑图像。朱成找到了成都人鲁杰，鲁杰是在上世纪60年代始在老师傅的指点下编了一次“天书”，并带领上百位工匠成功完成数百间民房的迁建工作，作为四川古建筑科研所的所长、古典建筑高级工程师，他发明的“天书”，就是传统建筑的平、立、剖施工图识和构件节点详图，因其编写的符号并非传统的书写文字，只有编写者认识，故前辈工匠称之为“天书”。

朱成想到了成都人季富政，作为全国民族建筑研究会常务理事的季富政，在60年时间里，用脚步丈量了数万里，涵盖1000余民居，以千幅绘画和众多珍贵手稿记录了西南地区甚至全国的乡土“地书”。还有于1913年在成都去世的美国人路得·那爱德，他以数千张老照片记录了成都这块灵性土地的建筑传奇……

朱成的中国图像建筑博物馆，就是结合吴天和他的甲骨文字建筑图像（史料）、自己的四川石刻建筑图像（石刻）、鲁杰和他的“天书”建筑图像（符号）、季富政和他的乡土“地书”建筑图像（写生）、路得·那爱德的摄影建筑图像（影像），共同还原中国图像建筑史。

朱成说，由于精力有限，自己的石刻博物馆在融入新的图像博物馆后，它自然就成为了自己最后的公共艺术作品，“数十年的艺术创作心血和收藏功力，也将有一个交待。”据悉，中国图像建筑博物馆的建设周期为2年，拟落户东村，“一定会对公众开放”。“成都·四川·中国图像建筑博物馆”的建馆原理是以各种目前能搜集到的一切史料、文字、石刻实物、建筑符号、影像资料等等为基础，以一种严谨、艺术的思维方式还原并串联一部梁思成心中的“中国图像建筑史”。而即将问世的，是朱成牵头编写的一部《文本版中国图像建筑博物馆》，“先将我们的博物馆建在书本上，然后再根据这个建造实体，顺理成章，循序渐进。”“我们真正该面对的是未来，我做的图像建筑博物馆就是为面对未来而作的收藏。拯救传统精神和古典精神是我们这代艺术家当仁不让的职责所在，也是我做这个博物馆的文化意义所在，通过图像文献让我们后人能够真实地了解这一变化过程，不再重蹈覆辙，能够创造出古典精神意味的现代建筑。”朱成说。

20年前，朱成就看过朱铭的“太极系列”作品，当时对停留在中国写实主义创作理念的人来说，作品给了朱成一帮人极大的震撼，改变了他们对传统雕塑的观念、看法和表现法，朱成也称朱铭为“大师”，“大师作品中刀劈式的力道与格调让人印象深刻”。两人十几年前见过面，“一席话颠覆了我们对雕塑艺术的看法，特别是颠覆了学院派的写实主义风格，”朱成觉得雕塑没给朱铭艺术思维上的束缚，“所以他很自由地在雕塑世界驰骋，他是亚洲级甚至是超亚洲级水准的雕塑家。我们见面时我对他表示了极大的敬意。”

朱成也谈到了自己1985年的成名作《千钧一箭》，这件改变中国雕塑纪念碑风格的里程碑式作品给了他极大的荣誉，它把众人从迷恋大体量、大体积的纪念碑雕塑之梦中拖离，发现了新的梦中人。

与石刻相遇

青苔铺地的院落里，到处散放着古代的石碑、瓦当、汉砖、木雕等民俗文物。它们是主人随意安置在庭院里的点缀之物，却仿佛天生就在那里。任谁也无法清楚地估量出这座博物馆的价值。数千块碎石残瓦、石碑，雕刻着古代房子的艺术品到底值多少钱？“有历史印痕的作品，是无法估算的。”朱成自己也如是说。

我从2012年至今已去过数次他的石刻博物馆。这里除了一栋作为办公用房的小楼之外，真正陈列藏品的有3间简陋的大馆库和一些棚屋似的小仓库。打开其中的一间，里面用钢管搭成两层，上面层层叠叠堆放着明清以来的川西木制家具、整体门窗、古建筑斗拱等；下层则是部分墓葬石刻、古碑、神像等。躺椅独特结实，只是功能令人感到怪异——它的两个扶手有平常椅子扶手的两三倍长，粗壮而弯曲，有点像轿子的单边把手；除了有一个固定的靠背外，还有一块用软竹编成的、可以调整各种角度的活动靠背。朱成说："这是清代的春椅。是我见到的唯一的一把。"他很苦恼风化的问题，没办法，我曾带过一些专业人士去过他那里，其中一个甚至之前就在化工厂工作，他正式地提出一个解决风化的办法，朱成小心翼翼地记下。这些是他最珍视的宝贝。

他给我打开另一间陈列文物的库房，比刚才看见的那间库房要严整，且更加气派。里面仿佛迷宫一样陈列着的，是各种图案精美、工艺精湛的古代石刻碑林，其数量之惊人，从汉唐到明清，年代之久远，令人眼花缭乱。在陈列库的里间，是一个近百平方米的狭长空间，在中间的四层钢架上，整整齐齐地陈列着数百件民间石刻神像、佛像、戏剧人像等，神态或庄或谐，造型奇趣生动；四面从墙脚到梁下，全是一系列民俗石刻浮雕挂件。置身其中，仿佛置身于一个石刻的民俗艺术大观园。而在这间狭长展厅两头的密室里，陈列着极为珍贵的汉代石刻"孔子老子问礼图"和"青龙白虎组图"。这两组石刻皆属一级文物，堪称朱成的镇馆之宝。

朱成说自己初具收藏意识，是始于上世纪80年代初。他说当时只是朦朦胧胧感觉到旧东西里面，尤其是民俗艺术品中，有一种很古老很朴素的时空感，那是一切技巧手段都无法达到的感觉。因为时间参与了那些民间无名匠人的工作，使这些艺术品变得深沉、灿烂，充满被时光打磨后的圆润和光辉，这些也对他自己的视觉艺术和雕塑艺术很有启发。“我是做雕塑设计的，雕塑就是时间和空间相融合的一种艺术，没有独特敏锐的时间感和空间感不行。”

同时，朱成也是中国上世纪80年代开始的城市化建设的目击者，目击了大片的房子被拆的过程，眼看着这许多优秀作品慢慢消失，后来因一个朋友是搞古建筑的关系，朱成就帮他收集古建筑上面的图像、构件、建筑装饰品及木雕等。当老房子越拆越少时，从城市上空俯瞰下去，城市的灰色瓦顶，就像城市的皮肤，越来越少，直至逐渐消失殆尽。

“其实，一个公共雕塑家的本意不在收藏，我从图景建筑、图像建筑、雕塑、公共雕塑，牵涉到有关房子和房子结构的学问，并从中国传统建筑的收藏中得到一些结构艺术品，它们启迪和引发了我的作品的观念转换，影响着我的艺术心理走向。我很关注中国古典建筑如何走向现代建筑这一过程，也很关注中国古典建筑的趋势。未来是否仅仅能做仿古建筑？还有没有新的创意的可能？在这种追问的基础上，把过去、现在、未来结合在一起，合成一个主题——中国图像建筑。其中又包括3个主题：图腾建筑、图景建筑和图像建筑。现在，文物石刻的雏形基本完成，图景建筑也做了五六年的准备。我收集各个城市古典建筑的演变过程，以及中国古典建筑符号，同时也在做未来建筑和架上建筑的主题。” 于是朱成就开始大量收集民间民俗艺术品。当时这些东西很便宜，像现在，随随便便一块木雕窗，动辄要卖成百上千元。那时就产生了要建立一座大型四川民俗博物馆群的愿望。“我的想法都是很宏大的，个人的力量肯定不行，我要倡导大家一起做民俗博物馆。这个博物馆群要有木刻馆、石刻馆、瓷器馆、服饰馆，把巴蜀民间艺术品，一个系列一个系列分门别类地集中起来，想想看，千针万线、千门万户、千杯万盏、千奇百怪那是什么概念！”

朱成坦言，现在做收藏和建立私人博物馆的人，大多以“雅玩”为主，真正有历史承担的人居少数。“我不是搞古玩的，不是古董商，我是把民族的历史遗存保留下来，收藏文物与玩古董不是一个概念。”他认为，真正富有生命力的艺术品，更可能出现在民间艺术里。它往往比那些用来把玩的精致古董更具有丰富的形式和内容。因为这些东西不是用来把玩欣赏的，它们有着普通人日常生活所必须的实实在在的用途。这些文物上面的图像故事，也都与民族和时代的文化特征相关，内容包括传统文化的方方面面，诸如信仰、音乐、艺术、生活等等。美与生活在这些藏品里变得不可分离。“我们关于历史的知识大多数都是从书本上学来的，实物见得很少。我认为更重要的是通过实物的例证，直观地呈现出历史的本来面目。”

1 方力均在朱成石刻艺术博物馆，photo by 张骏。

2 朱成，男，1946年出生于四川成都。1979年四川美术学院雕塑系专修班结业。
中国雕塑学会理事，国家一级美术师，全国城市雕塑建设指导委员会委员，成都市文联副主席，
朱成石刻艺术博物馆馆长。
该文写于2012年3月22日，补记于2015年10月27日。

恨自己

失意去

1

朱哲琴[2] ╳ 谭盾[3]

/ 十二只鸟的

即兴 /

乱中有序，序中有变，

变中有谱，谱中无边……

舞台上12个鸟笼里雀跃着12只彩色的鸟儿，130位民族乐手，谭盾以独特的哑语手势指挥，朱哲琴身着Antwerp Six（安特卫普六君子）成员之一、著名独立时装设计师安·迪穆拉米斯特（Ann Demeulemeester）的水墨蝉衣，长衫箭发，整体造型如临风而舞的竹叶，与人声、乐韵、鸟语融为一体。

2012年6月8日，国家大剧院音乐厅，我在多年后见到已完全脱胎换骨的朱哲琴。2011年，我正好在上海与音乐家何训田深聊了一个下午，真是难忘，中间当然谈到了朱哲琴。朱哲琴，阿姐鼓，就像一个寓言，一个梦。

我有些恍惚，在这场“天籁之音”和百人乐团即兴与12只鸟对话的《声乐协奏曲》中，朱哲琴唱出的鸟语歌声全部出自这位歌坛灵修者的即兴创作，空灵宽阔雀跃和纯净的乐音时而如空山鸟语，时而如泼墨挥洒，和之前《阿姐鼓》给我的震撼一样，一种看得见、听得着、感受得到的当代体验。

一周前，谭盾已经携手朱哲琴与上海民族乐团共同合作，在上海大剧院与12只鸟同台即兴而歌。我看到谭盾使用哑语手势进行指挥，让整个乐团根据12只鸟（寓意12种节气与生肖）的歌唱与朱哲琴碰撞出环保意韵的对话。

谭盾盛赞朱哲琴在鸟乐中的独特演绎和自由的艺术想象力，“朱哲琴的声音是独一无二的，极具东方韵味，很有水墨感。我被朱哲琴的歌声感动了20载，而朱哲琴近年来致力于民族音乐的推动和努力，以及对人文环境领域的关注和保护所作出的贡献，都令我非常欣赏。”

朱哲琴是此次谭盾“鸟乐人声协奏曲”的唯一人选。

朱哲琴与谭盾是多年的朋友，她说：“谭老师在当代音乐领域一直不懈地探索和创新，他很擅长用观念和新的媒介手段来创作，是中国乐界这个领域的第一人。人本来就是自然的一部分，人声与大自然的虫鸣、鸟鸣、流水、天籁、地籁一样，都是美妙的乐音。这种创作哲学非常东方，也使这次的合作非常地具有挑战并有趣。而今天的世界正需要东方哲学的正面影响。”朱哲琴与12只鸟及百人民乐团的即兴演出长达40分钟，一气呵成。

朱哲琴对即兴艺术情有独钟，认为即兴是音乐演出的最高形式。她说：“我觉得即兴是民族音乐的基本形式之一，我们会对结构有个大致的框架，然后根据音乐的环境即兴演唱。我想，这是一种最为质朴的表达人与自然的沟通。”

谭盾 的 话

乱中有序，序中有变，变中有谱，谱中无边……和一百多人及12只鸟一起即兴，最难的是让12只鸟该唱就唱，该停就停，猜猜我是如何指挥鸟的？

第一次排练，看你和鸟即兴时，你流下眼泪，它是喜？还是悲？
一百多人鸟奏即兴《声乐协奏曲》：朱哲琴破译鸟语……今天和民族乐团的排练很好，每一个团员和每一只鸟都在用自己的乐语倾述内心，声乐协奏曲也是心乐协奏曲。感谢今天的每一个人，感谢朱哲琴，能让我们相互听到自己的心音秘语……

和　　朱哲琴 的对话

谢:为何会想到用“鸟鸣”？

朱:谭盾很擅长用有机元素，比如水、纸等等创作音乐。人本来就是自然的一部分，人声与大自然的虫鸣、鸟鸣、流水、天籁、地籁一样，都是美妙的乐音。这种创作哲学非常东方，而今天的世界正需要东方哲学的正面影响。所以我非常期待这次合作，期待人声与自然的互动。

谢:你的观点是?

朱:谭盾的创作动机非常观念艺术。这次的观念传达的是人和周围环境的关系，是用听觉制造一个穿越时空的空间来谈环保。无论观众走进剧场前期待的是什么，这次的表演至少会引起观众的思考，影响我们对自己生活、周边环境的思考，这是非常有期待值的。

谢:音乐会中最不容易的事还有印象吗?

朱:谭盾是我的好朋友，是当代音乐的大师，他在音乐领域一直保持不懈的探索和创新。我们俩讨论、合作由来已久，一直在等待一个比较好的时机。几个月前谭盾跟我说，他要在国家大剧院和上海大剧院举办音乐会，让我跟12只鸟在舞台上进行即兴演唱。我一听就觉得很兴奋。但当我接到谭盾先生的谱子就觉得很意外，他整个给我的谱子不是一个通常的五线谱，他在谱子上有图形结构、有文字段落的描述，当然也有五线谱的标注。实际上，谭盾、民乐团和我都不知道最后出来的音乐是什么，观众会听到什么。在乐谱上就没有标注我会出现在哪里。

谢:你对这次音乐会的期望是?

朱:我在演绎的过程中，心里感受到什么。我把我的感受传递出来后，听者感受到什么。如果表演可以让我和观众都有不同寻常的感受，这种尝试就是值得的。我这辈子都是在为那些奇妙的时刻在准备的。每天都有日复一日、按部就班的事情，这是人生的一种修炼和学习，必须要走过那些过程。但是我的人生不是为这个过程准备着。我相信那些奇迹。但你必须准备着，不然它来了你也认不出来。

东方是空灵、婉约的。这些年，我越来越感觉到东方价值观和对世界的认识，在我身上起了很深的影响。我和谭盾这代人，在青年时代都追逐过西方理论和西方先进的东西。但是经过10年，在我们身上慢慢沉淀下来的却是对东方价值观的回归。从这场演出中，包括我一直以来在中国民族音乐领域的探索，我看到了一个非常广阔的世界。我会根植于中国民族的东西，在音乐领域不断去探索。

我坚信中国音乐在世界舞台上有重要位置。这个结果期待我们这一代和下一代去身体力行。要多一份对音乐的热爱和沉迷。当你在生活、人生和梦想中都与音乐密不可分时，音乐会引领你的人生时，这样的基础才会造就一个人和他的音乐。

看见　　朱 哲琴

很多人听说朱哲琴是从她的音乐开始的，《黄孩子》《阿姐鼓》等歌曲让她蜚声国内外。朱哲琴应该算是中国乐坛的一个另类，除了她那些带有神秘空灵风格的歌曲之外，她的特立独行还在于从不愿自我重复。从曾经在世界范围内行走，到率领她的“世界看见”亲善行动小组跑遍中国大江南北，致力于推进民间音乐保护，再到2010年带着多位著名设计师探访云南扎染、尼西黑陶、昌都藏纸等

15种手工艺，完成了“世界看见民族手工艺寻访之旅”。2014年她有两件事让我印象深刻，一是她策划了一场声音艺术展；二是她的“看见·造物”品牌中的6件大师设计作品亮相2014北京保利春拍：拍品包括《看见·戏石屏风》《看见·听园提盒》《看见·提方茶器》《看见·木玉首饰》《看见·不倒翁杯》及《看见·太空茶杯》。其中，最有名的《看见·戏石屏风》以80万元成交。她解释，自己从2009年开始就只专注做两件事，“一个是音乐，我前不久刚推出《月出》专辑；另一个就是手工艺，就是这个‘看见·造物’”。“音乐和手工艺对我自己来说，一个是物质一个是非物质，两者并不冲突，我把他们都当成我对民间的学习，所以我从来没有离开过音乐和工艺。因为‘世界·看见’前几年在各地寻访，这过程中我们结识了很多作坊的老艺人和设计师，他们都希望能有一个合作的平台，把这些好的作品做个集纳。所以2012年，在得到多方面支持后，才有了现在的‘看见·造物’。”

为什么叫“看见·造物”？朱哲琴说，这其实跟“世界·看见”有很深的渊源，“做‘世界’和‘造物’都是想把中国的民间工艺发展推动起来，这跟‘看见’有关；那‘造物’其实在春秋战国时期就有这个概念，当时百姓是从自然中取材，再去从生活方面去考量的”。正因为有对这样的考虑，“看见·造物”团队才想把中国的传统智慧和造物精神重新带回到现代。“通过这些年的学习，包括在国内(工艺设计)‘抄袭’这样的一个的环境下，能找到中国内在的造物精神，走出一条新的原创的路，我们觉得非常有必要。”

媒体对朱哲琴有一个经典的叙述："她不再在乎别人以什么身份界定她，用何种称呼问候她，其实在《阿姐鼓》《央金玛》《黄孩子》专辑红遍全球之后，朱哲琴把自己甩了出去，放逐在大洲大洋，放纵在非洲的大草原，再回来的时候，她已不再把自己当歌手，而是一个看了世界的美好，回来寻根的孩子。"

上世纪90年代，由何训田打造的《阿姐鼓》在56个国家和地区同步发行，成为国际唱片史上第一张全球发行的中文唱片，朱哲琴的天籁之音忽然成为中国在全世界的回响。很多人一直到现在都以为她是来自西藏，或者云贵川的少数民族，其实她是地地道道的广州妹子。2009年，联合国开发计划署（UNDP）特别授予朱哲琴"亲善大使"称号，同年共同发起"世界看见——中国民族文化保护与发展亲善行动"，致力于推动中国多元民族文化走向世界。

习惯用歌唱表达的朱哲琴从没想到自己因此会转变为一个文化传承工作者。"世界·看见"亲善行动组织成立以后，朱哲琴就自己组建了团队，带上专业设备，奔赴中国西部六大省区，开展"世界听见·民族音乐寻访之旅"，整个过程历时四个多月，寻访和记录了上千小时从未被人所知又濒临消亡的少数民族音乐素材。这之后，2010年她再次带领媒体和设计师开展了"世界看见·民族手工艺寻访之旅"。

早期的朱哲琴离开广州去成都，又从成都到西藏，是一种渴望的逃离，而后面一个人的世界之旅算是一种成功之后有意识的自我放逐。她写的琴语：沦落与天涯，不染于尘世。她的新歌《如来如去》的歌词：郁郁黄花，青青翠竹，若得清净如明月，长空万里了无尘。“家是每个游魂的归宿。它首先是一个灵魂的故土，也是现实的寄居地，而家，也不是一个僵固的终点，它随着时间和际遇而迁徙，是一个私密深刻而流动又宽阔的长河。它埋葬过去，又赋予你新的希望。”

摄影师肖全2014年12月27日在成都当代美术馆举办个展《我们这一代：历史的语境与肖像——肖全摄影作品展》，朱哲琴去到现场，看到一张老照片的时候，哭了，“那算我与逝去的时光相遇了吧，我仿佛在那里，又不在了……那是我和何训田在曾经住过的屋子前的老照片，如果不是肖全的照片，我不太会想起那个地方，那个场景，那不是感动或者伤心的眼泪，那是久别重逢的幸福。”我在11月1日的一则采访《朱哲琴：保利拍出80万的屏风是怎么造出来的？》里看到这样一段对话：“看见”这个项目，是让谁看见，看见什么，怎么看见？

朱哲琴说：先让我自己看见吧，当初离开广州，参加比赛，就是为了看外面的世界，后来去成都、西藏，去全世界周游，也是想尽可能看大的、广的东西。看完了回来，都觉得是别人的东西，而我们自己的东西，可能都不是最了解。所以这一次，潜下心，看自己，看自己的文化的脉络混乱与流失，看自己的美好和希望。怎么看见这个问题其实就是一个发心的问题，要有发心的人一起努力，不为名利，安心做事，这很重要，当然，要有专业的人指导，要有市场的接受和认可，不能盲目地自我陶醉。

你信佛？看你无数次地去西藏和尼泊尔，你的音乐也总让人跟宗教产生联想。她说：我不觉得自己是个形式上的信徒，形式对我不重要，我也不戴佛珠，不按时诵经，虽然我懂一些经文，还给藏人唱过经文。我觉得每个宗教和信义都会给不同的人带来平静和启示，我在西藏总能获得一些启示，所以就常去，这次西藏，我去了山南地区，在那里的一个寺庙，我碰到一个喇嘛，闲聊的时候我问他佛究竟是什么，他想了想说，佛不是圆满，而是沿着梯子不断地向上爬，不断地爬……我觉得他特别的智慧。

---

1. 朱哲琴的专辑《月出》封面，2013年11月。
2. 朱哲琴，音乐人，跨界艺术家。
3. 谭盾，作曲家、指挥家、声音艺术家。在国际上享有盛誉。

该文写于2012年6月9日，补记于2015年11月3日。

夢
何時再見
夢中人

并非涂鸦 · 许尔纯作品

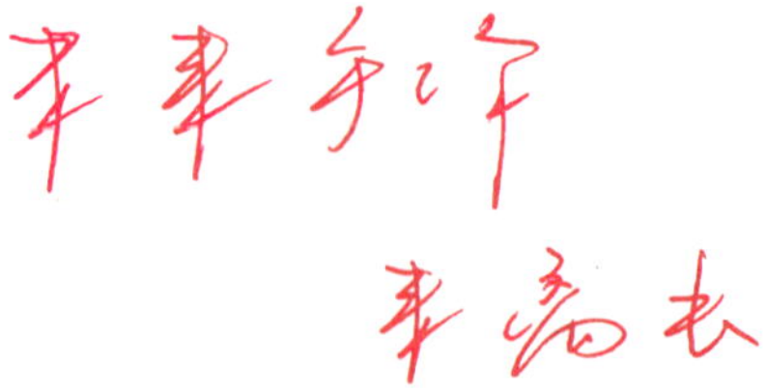

白岩松[1]

/远方也是故乡/[2]

我以前讲过一句话，缺陷是完美的重要组成部分。

我是从人文这个角度去谈的。

《道德经》里提到：大成若缺。就是这个道理。

我有个比喻：恋爱，一定是你喜欢上了对方的优点。

而婚姻一起白头到老，一定是你们接受了彼此的缺点。

而当你真正白头到老以后，这就是完美的一个过程。

第一次走进男女比例4:1的学校，听说经过学校多年努力，比例已经由7:1变成4:1，但是你们自己感受不到。其实我觉得在这样一个下午，平静，屋里能够感觉到很温暖，大家面对面地来进行一次交流，我竟感觉如此奢侈。因为作为一个新闻人，此前的几个小时，一直在为巴黎所发生的恐怖袭击感到深深不安、担心和忧虑。

其实人类的世界，和平永远是一个追求的目标，但几乎从来没有真正的1分1秒的和平过。所以在座的各位，所要承担的使命，其实终极的目标也是为了和平。不管你作出怎样的一种科研，使我们的肌肉、能力变得如何强壮，我们的目的不是去打别人，而是为了拥有和平。当你没有能力的时候，和平几乎不可能的。往往发生了这样事情的时候，你就会格外地感觉：原来我们司空见惯的平静生活却如此珍贵？我相信今天也会有相当多的人会觉得，中国有这样、那样的问题与毛病，但从安全角度来说，在这个世界上，我们还是难得的。虽然也会此起彼伏发生这样那样的事情，但总体上来说还是安全的，安静的，安宁的。所以，永远在期待，像我们这一辈人，和在座的这一辈人——先不说别的，永远不摊上战争，恐怕就是一个非常非常好的期待了。所以为什么要有这样一个开场，我觉得不管是哪一个学校，还是我们每一个个人，应该慢慢地适应远方也是故乡，不相识的人也是我们该关注的人。所以我觉得今天，不管是我还是我们成电所有的老师和同学们，也应该为巴黎遇难的人表示追悼与哀思。我觉得他们也是人类在追求和平进展中所付出的代价。

要对别扭的事情感到好奇

接下来咱们就切到正题上。“打造一个更好的自己”，其实我没有资格去谈这么大的话题，好在前面有两个字：白说。我觉得想要打造一个更好的自己，最关键就是大学的时候我们要做什么？坦白地说，各位同学走进大学校园的时候，跟你所有中学的同学都是一样的。但是，走出大学校园却各自不同了。像我走出大学校园的时候，我学会了用新闻人的眼光去看待这个世界，学法律的人可能学会了用法律的眼光看待这个世界。各位可能会更多地继承这种成电优秀传统，严谨的理工科的这样一种学风，然后去看待这个世界。但是大学在人生中的确是太过重要的阶段，为什么？因为它不仅要建立未来你在这个社会上用什么方式去立足，去如何观察这个世界，更重要的是，应该形成一种独特的思维方式。

在大学，如果不能学到思维方式，而仅仅是学到教科书上的内容，说明大学还不够大。其实如果从我们老祖宗所说的话来说，我们大学毕业也不过是小学毕业而已。老祖宗说过，大学止于至善，真正的大学的概念，应该是止于至善，而小学才是学各种能力和技能。所以由此看来，大学是一个永不会毕业的阶段。“止于至善”谈何容易？但是，两者之间有一个过高的目标，止于至善有一个相对合理的目标，大家学会用各自专业的眼光拥有这方面的技能去看待这个世界。但是，在两者中间我觉得应该有一个更高的要求。那就是大学要给每一个离开学校的学子培养一个终生学习的能力。更重要的是在终生学习能力的背后，需要有一个优秀的思维方式，和看待世界的角度。

我觉得以下这几点我们可以做一个简单的交流。结合我自身的感受来说。第一个，我觉得大家是不是上学时经常做自己喜欢做的事，看自己喜欢看的书？我最近这半年，一直在面对我的很多学生的时候，我越来越想改变他们这样的一种习惯。就是说，这本书我不太喜欢，这个东西我看着别扭，看不进去。当我陆续听到这样很多的言语的时候，我突然意识到一个问题：在我们求学和成长阶段，一定要学会你不喜欢的东西，要对别扭的事情感到好奇。因为不喜欢的事情，意味着另一个空间。别扭的地方，意味着你有可能从此开始成长。而熟悉的和喜欢的，其实是你已经拥有的。我们经常就会下意识地觉得，这本书不好看。当你意识到不好看，的确可能是一本书不好看。但是相当大比例的时候，是它不在传统的能够掌控的知识体系之中。所以你会觉得有点进不去，但如果你经过了最初的磨合，你会对陌生的事情，对不喜欢的事情，对别扭的事情有所好奇。这样，你走进去就意味着你在做加法。我们现在经常提倡所谓互联网+思维，我们套用这个概念。人生的成长就是在不断地做加法，当然我不觉得人生的成长是一个永无止境的加法：我主张30岁之前要不停地做加法，不断地尝试。但是从30岁后，要与自己对话，我到底要什么？我到底要在哪条路上走得更远？我到底要做多少减法？最后在某一两个领域当中，去打一个“深井”。我觉得人生这样的进程比较合理，我们不能够满足于在自己熟悉的领域。所以在座各位自己问自己，是否习惯去看不懂甚至不喜欢的东西？

可能在座各位学习新闻的会比较少。比如说，上一周我看到一个消息，美国的聚合类的新闻网站纷纷倒闭。一是因为美国在相关的知识产权保护方面做得很好很完善，可聚合的内容很少，而不像咱们国内传统媒体费了半天劲、花了很多人力物力财力做的扎实的内容转眼人家网站都转载了，人家在不断成长，你却不断萎缩。第二个非常重要，那些网站投其所好，不断加大你喜欢的内容的推送，但却让他们的眼界越来越窄，没有宽泛的东西来做加法，我突然意识到，成长原来是和陌生的、别扭的事情息息相关。所以我觉得要在大学喜欢你不喜欢的东西。

“意义”没有意义

第二点，我觉得在大学一定要告别一个答案的模式。我个人认为在我们的传统教育当中，让我们的孩子失去创造力的两个重要因素，还不仅仅是应试教育，而是应试教育背后的这两点：第一个就是标准答案，标准答案害死人。但是在应试教育当中一定是标准答案得分，尤其在人文社科领域。第二个就是太过于强调“意义”，在我们的生活中习惯了强调意义。其实在任何的文学创作、文艺创作中，“意义”都没有意义。只有尝到细节当中的意义才能够真正被人感受到。有很多人说《简·爱》这本书是名著，几乎可以成为女性的“第二圣经”。那我们就会发问，为什么是《简·爱》这本书成为世界上如此著名的名著？好，我来回答：标准答案说因为它很好地描写了男女平等这样一个主题。好，请坐，加十分。这是一个正确的回答吗？表面上像是，但是你要学会问第二个问题：人类历史上有无数描写男女平等的作品，为什么是《简·爱》拥有这样的地位？当你问完这个问题的时候就知道，第一个问题的答案是没有意义的。真正的答案是：不管是怎样的名著，首先它是一个作品。文学作品，它会描述意义。但是它的意义都发生在伟大的丰富的细节当中。

古典音乐，主题并没有很多。爱，恨，离别，忧虑，思乡。如果大家强调意义的话，我们有几部作品就可以了。为什么需要那么多浩如烟海的作曲家？因为每一个作曲家针对这些相同的主题创造不同的细节，不同的旋律，不同的作品。比如说你在马思聪的作品当中，可以感受到一种思乡。你在《第九交响曲》当中的第二乐章，也能感受到思乡。意义是一样的，但是到达意义的表达方式和途径是不一样。所以谁说只有一个标准答案呢？

在我上初中的时候，我舅舅是一个很棒的数学老师，他跟我玩一个游戏。每次做平面几何的时候，他总是给我画出一条辅助线，然后让我画出第二条辅助线。这个游戏整整玩了一个学期，但是很多年之后，当我的老师在教室说：你看白岩松的思维方式总是和他们不一样。我突然意识到那个游戏深深地改变了我和帮助了我。我从那个时候开始明白，任何一个问题不只有一个答案！而且我学会了在知道第一个答案的情况下去寻找第二个第三个。现在做新闻，横看成岭侧成峰，一个新闻出现有不同角度的解读。一个好的新闻人能拿出一个两个三个，甚至更多的答案，这样才会立于不败之地——因为新闻拼快，只要你找到一个角度，别人就只有花时间去找另一个角度。你是否会拥有这样一个意识？当这个问题获取了答案的时候，你是否会走另外一条路，也会有新的答案。将来的大师必定诞生于对第二个第三个答案的探索者之中，而不会诞生在每道题只有一个答案就结束的人当中。所以在大学就要去适应如何去找人生的第二条辅助线。

岁月 混搭　大成　若　缺

第三点，所有的优秀人才应该是混搭的，混合的。要有很大的时间比例去“不务正业”。什么意思？先从一个对话开始。上世纪90年代，有一次我跟杨振宁教授谈话。杨教授是金庸的爱好者。金庸武侠小说他全看过。聊着聊着他就有一句名言。他跟我说：“物理研究的尽头是哲学，哲学研究的尽头是宗教。”这句话当时深深地触动了我，后来当我用这样的一种眼光去研究每一个学科时，越来越觉得它是一个真理。现代社会最重要的一个标志就是“混搭”。你能告诉我哪一个学科是能够独立的，没有转基因的，完全是单纯的不跟其他种类复合的？你说你从事一个高端的科研，如果没有一个大局观，没有一种人文的素养是不行的。我以前讲过一句话：缺陷是完美的重要组成部分。我是从人文这个角度去谈的。《道德经》里提到：大成若缺。就是这个道理。我有个比喻：恋爱，一定是你喜欢上了对方的优点，而婚姻一起白头到老一定是你们接受了彼此的缺点，而当你真正白头到老以后，这就是完美的一个过程。

好了，话回过来。有一次，我在北大做研究员的时候，当时北大的校长，周其凤，他是一位化学家，他听到我这句话的时候，对这句话非常感兴趣。他说以我研究化学这么多年的角度，你这句话是对。他说在显微镜下那些出现了缺陷的分子结构经常呈现出一种异常的美。他说正是因为那些分子变异，才在显微镜下看到了一种特别的美。他说起码在我们化学领域，能够感受到缺陷是完美的重要组成。换过来说，为什么爱因斯坦会特别喜欢小提琴？会喜欢音乐？我们应该要去思考艺术对他成为科学巨匠究竟有一个怎样的作用？当他年老的时候，有人问他死亡意味着什么。他说死亡意味着不能拉小提琴了。为什么这样一个科学巨匠和艺术有如此紧密的关系？更重要的是我们是否应该去思考，艺术对它成为科学巨匠究竟有一个怎样的推动作用？如果你要是古典音乐的爱好者，可能你会对其中的一个小命题感兴趣。巴赫和莫扎特，是绝对的数学大家，表面上看完全是两回事。但是，如果你要去研究巴赫的作品的话。你会发现，他的这种节奏简直是完美的。莫扎特和巴赫的这种音乐几乎有着完美的数学模式，很奇妙。

80年代末90年代初。当时上海有位哲学家叫赵星山。他把科学、艺术、哲学3门混搭在一起。写出了好几本有名的书，这对我的影响非常大。其实坦白地告诉各位，今天我来成都电子科技大学前几个小时我去了城隍庙的电子市场，完全是一种怀旧，因为20多年前我来成都的时候，城隍庙电子市场简直是火得一塌糊涂。我是一个音乐发烧友，没有科学技术的进步和你对音响技术进步的了解，音乐很难达到一个更高的境界。这句话是什么意思？我曾经跟著名音乐评论家刘雪枫聊天。我问他为什么上个世纪初是贝多芬、莫扎特的时代？我说我认为，这和音响技术的发展、立体声的呈现有关。音响技术的发展，使你能够更多地听出音乐的层次。所以我真的不希望成都电子科技大学的学子们，满足于一个mp3就可以了。你要知道好的音响听音乐是不一样的。谁说技术和艺术之间没有关系？

现在回到我们人才与培养的方面。“专”究竟是我们的优点还是我们的弊端？我们该怎么理解这个“专”？我们现在的分科越来越细，但是挑战反而呈现出来。比如说，在四川我们谈到紧急救援，现在医生在反思。由于我们现在的医学已经分得越来越细，导致在紧急救援的时候经常手足无措。因为紧急救援的伤者的病是不按照专科来出现的，他面对的创伤可能有骨折、脑科方面的脑神经损伤，还有可能内脏出现问题，需要内科。请问，哪个专科医生可以全方位地解决这些病情？这几年很多医院被迫要开设普通内科，一个大内科，就是把过专的东西重新集合起来。打破过去这种“专”的界限。因为他们无法面对这种复合型病状的病人。而我们现在理工科已经细化到越来越精细的地步。这合不合适？

我在做电视的时候就是一个理工科的思维。我第一次做《东方时空》节目的时候就和制片人干了起来，因为它是一种典型的艺术家的特质，一片混乱，杂乱无章。之后，帮助他表格式管理，用黑板写好正在拍摄的事情，预计播出的时间等。很快我们节目组的运行就变得很有效率。而这背后，我就觉得是我身上这种偏理工科的思维起了作用。钱学森，发出了著名的一问：为什么培养不出一流的人才？问得总理也无法回答。其实除了应试教育之外，还有这种“过专”，“过专”是一种专注于眼前的东西。大家知道钱学森的夫人是干什么的吗？她是一位女高音歌唱家。钱学森说了这样一句话：我深深地在她身上受益。我想这个艺术上的受益不仅仅是使他放松一下神经。我们研究很多领域的大家，背后都有他对哲学对艺术对美的追求，反过来促进他成为该领域的大家。

我教学生的时候，经常对学生说你们要对文字有一种敬畏。每天写东西的时候应该有一种我要重新发明汉字的好奇。我们熟悉的这几千个汉字并不是每天都有人发明。“白日依山尽，黄河入海流，欲穷千里目，更上一层楼。”这20个字能告诉我哪一个是生僻汉字吗？一个没有！但是把这20个字组合在一起，就成了千古名篇。谁说这不是一种发明呢？所以我从来不认为发明是科学家的事。人文创造也是一种发明。我一直不知道莫扎特这些旋律是怎么来的？举一个例子，大家可能就知道了。你找一个兢兢业业的人去抄他的乐谱，到他的这个岁数就能把他的乐谱抄完，而莫扎特却是创造了乐谱。在今年佛教论坛上，让两位诺贝尔奖获得者去谈佛教。我要对话这两位诺贝尔奖获得者，一位是莫言，另一位是来自英国研究生物方面的教授。这两人在不同的领域谈佛学，我觉得很好玩。所以我们要让自己成为一种混搭混合型的人才。

最后一个，从个人的角度来说，我们在大学的时候应该改变一种非黑即白，非对即错，非好即坏的不正确的判断逻辑。我认为在我们中国有很多思维方式是优秀的，但有些也是需要改变的。特别需要改变的就是，我们如此简单的二元对立的人群中的模式。比如说人群中的站队，只要你不是我的朋友就是我的敌人。谁说的？我们经常下意识地说这个人是好人，这个人是坏人，这件事是正确的。是吗？在这个背后都是某种简单的标准答案的模式，轻易地下结论，这不是科学。我们稍微要有一点科学的头脑的话，我们要去了解人性的话，真实的世界哪能分对与错、黑与白呢？不管是人文学科的还是理工学科的，都要去靠近了解人性的复杂。有一天，当中国能够对人性有更高了解的时候，中国会变成一个更现代化的国家。

人性非常复杂。现在经常有人说老爷子跌倒了我不敢去扶。千百年来人性的变化是很慢很慢的，人性当中有好的东西也有不好的东西。让人性有好的东西呈现出来，有不好的东西呈现出来，是由环境决定的，而不是由人性堕落或升华决定的。我们为什么要把教育看得很重？因为我们要通过教育去约束人性当中的不好，让他愿意释放人性当中的好。我们为什么要依法治国，用法律来约束呢？因为法律是社会道德的最低底线。人性当中都有善与恶，能告诉我你心中就没有恶念吗？你能告诉我哪一个令你讨厌的恶人就没有善举吗？人性非常复杂。如果简单地说，是由于坏人多，那我们就要惩这样就会走向对立。我们要明白不是坏人多，而是坏人当中的人性呈现了出来。什么原因呢？我们的法律不够健全。我们的社会环境对做好事的人不利，做好事的人就会吃亏。做好事的人就少了。

我们的教育只打造考高分的人，而不打造更高的人。那我们要去改变的就是教育、法律和社会环境。人性千百年来变化很少很少。当你了解了这一点，你就会了解我前面所说的东西，别轻易说你是好人，他是坏人，你是对的，他是错的，这是黑的，这是白的。于是中国最可怕的就是经常会出现站队，只要他得罪了我他就是敌人。是吗？我一直喜欢一句话。当你把对方当成朋友的时候，最后他就真成了你的朋友。当你把对方当成敌人的时候，最终他真的就是你的敌人。当你讨厌某一个学科和某一个领域的时候，你就会慢慢越来越讨厌它。当你对同样一个学科是好奇，慢慢慢慢你会喜欢上它。很多事情都是如此，这样的话，我们人生的境界就会打得更开。而且我们会更靠近生活现实和人性的现实。因此，在我们现实生活中，很多长期以来遵循的某种规律其实是虚假的，不会让你产生更大的创造力和更了解这个社会。我为什么会一直主张，社会的进步一定是建立在对人性的更高了解，然后约束他恶、激活他善的过程中，大家想一想。

伟大的四川人中，我最敬佩的是政治家邓小平。改革是什么？大家有没有想过这个问题？邓小平的改革究竟改革了什么？你们这个年龄没有这个感触。我们这个年龄或者比我更大年龄就会有这种感触。改革开放之前，大公无私，任何人都必须没有私，全得是公。结果发现大家都不干了，国家走向濒临崩盘的边缘。哦，原来才发现人性当中是有自私的这一面。

邓小平的改革就是适应人性的举动，他的改革最重要的除了实践是检验真理的唯一标准之外，另外一个是什么呢？是安徽凤阳小岗村的土地承包。为什么改革要从土地承包这一步开始呢？因为过去经常说都给公家干，全是大公无私。最后谁都不干了。承包开始后，种地一半归国家一半归自己。5年时间，中国的农业就从年年歉收变成了丰收，又没过几年时间粮票都取消了。1990年代中期，总理曾说过一句著名的话：千百年来中国的统治者都是在忧虑粮食不够吃的问题，而我们这一代是在思考粮食丰收了该怎么办的问题。因为当时有很多粮仓存粮爆仓了。好了，我们回到邓小平的改革。他的改革不正是了解了人性，然后顺应人性，结果激活了所有人的创造力吗？土地承包了，农民的积极性提高了，如果农民不为自己干，他有多大的贡献力量呢？股份制意味着什么？股份制改造就是意味着你或多或少就拥有这个企业的股份，你为企业干就是为自己干。

北京有一个著名的餐厅，这家店的味道为什么这么好，因为每个人都非常负责。经济学家告诉我，这是北京首次尝试全员经营的饭店，连打扫卫生的都有这家店的股份。改革30年来，就是由过去对人性的扭曲到顺应人性。但是顺应人性，大家都会说，是不是都去满足人自私的东西？中国的老祖宗说过，无私为大私。接下来还要通过教育，并且相信人性，当一个人吃饱了之后，他就会去减肥。当一个人拥有了很多财富之后，他就会去升华，不会满足于自己的财富，这就是所谓的无私为大私。当你越无私的时候，你自己得到的就越多，这是一个过程。所以人性中有好也有不好的东西。你看你们应该怎样去更好地调试它，激活它。所以别再简单地说对与错，好人与坏人，黑与白。其实说小了，当你以后永远不再以好人坏人去看待社会，看待你身边人的时候，你们宿舍的关系都能处得更好了。告诉我，谁没有缺点呢？谁都有，你学会包容，能包容对方的缺点，你的朋友也就会越多。想想看是不是这样一个道理？

1 白岩松，央视主持人，主持《新闻周刊》《感动中国》《新闻1+1》等节目，以其“轻松、快乐、富有趣味”的主持风格，深受观众喜欢。

2 在2014年和2015年分别采访了两次白岩松，但似乎他的自述形式更适合阅读，本文来自于白岩松2015年11月14日在成都电子科技大学的一次校内演讲和两次采访白岩松的内容的综合，其中演讲部分原为“打造一个更好的自己”。录音整理：蒋洪春。特此致谢。2015年11月23日文字校对修正。

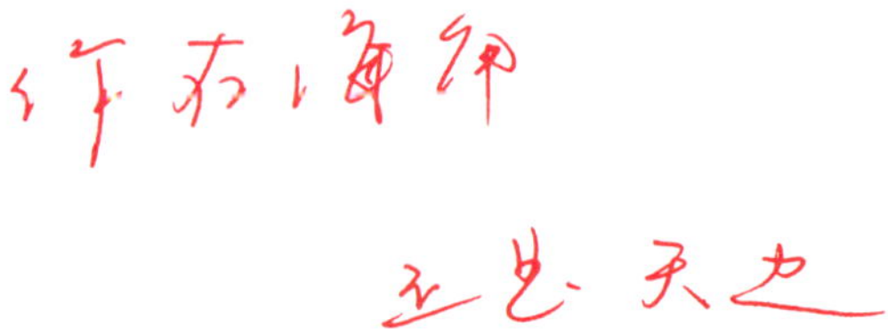

1

谁知我

谁〃思之作

2

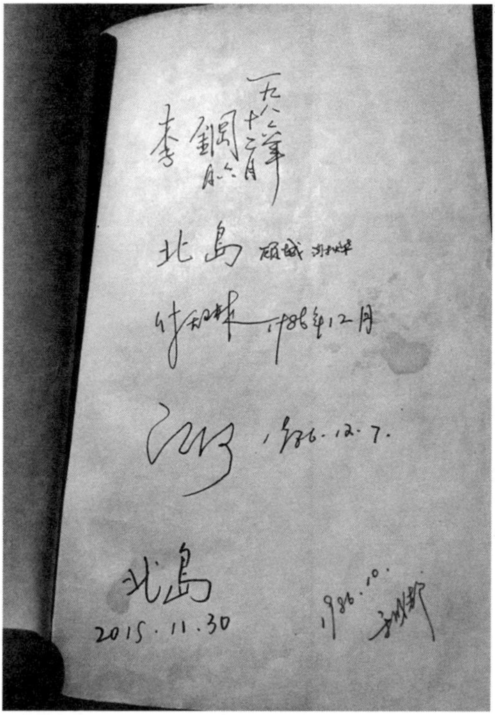

北岛

/ 时间

的玫瑰 /

我大声朗读我大学时写给他的诗，
像朵时间的玫瑰。

违背约定，实在忍不住发这本北岛9月7日当晚签给我的《青灯》。还有一本签名版《城门开》早早被友人瓜分。北岛来成都，如同一次隐秘的欢愉派对，这是梦回80唯美年代的一次机会。

当天下午，北岛出席当代美术馆王子璇的个展开幕式。他仍旧没有发言，只是默默在画布上签名，沉默有时候真是件艺术品，北岛尤其是。北岛1986年到成都以后，再未踏上成都的土地。“他说他想再来成都看看。”翟永明说。

对于北岛来说，近28年再次走上四川这块骨子里又生活又文艺的精神飞地，实在是种难得的休养，他来成都，对外的口径是“治病”。看得出来，他的确身体状况不是很好。苍白是贵族的象征，在诗里，北岛尤其是。

在白夜搞朗诵会是翟永明的主意。一个小时的朗诵会取名为“守夜”，本来是一个成都诗歌界的内部交流，后来改为半公开的聚会。那一晚，成都几乎所有的文化因子都聚集起来，李亚伟、翟永明、何多苓、朱成、何工……然后飞迸出一种奇妙的情感，有外地诗迷在微博上高声呐喊：成都太幸福了。而当晚，想必更多的年轻诗迷也在幸福之中。我身边沉默者众多，可默默含泪听完朗诵会的更加众多。于是，我有些恍惚，现场有美女粉丝高喊：“好像80年代！”这一句我听得真切，无比。倒是反而有很多人没有看到北岛沉默落座的表情，因为围观的一层一层，如同城墙，大部分人只能看到北岛的后脑勺，他听台上成都话、西昌话、椒盐普通话朗读他的作品，无数人向他致敬，说他是偶像云云，他始终无言，默默，微笑，但大部分是颔首沉吟。他没有发言，更没有朗诵，签的名也不超过10个。他是那么克制，如同他的身体和某些难言的诗。

晚上的诵读会中，仍旧被多次提到的《“无题（心是仇敌）”》感动：对于世界 我永远是个陌生人／我不懂它的言语 他不懂我的沉默 我们交换的 只是一点轻蔑／如同相逢在镜子里 对于自己／我永远是个陌生人 我畏惧黑暗／却用身体挡住了 我唯一的灯 我的影子是我的情人／心是仇敌。 这首诗有无比北岛的节奏和无比北岛化的语言，定格了那个年代的云烟和风味。现场至少有两位成都本土诗人作为朗诵者选择了诵读北岛的这首经典作品，另外一首多次提及的是《时间的玫瑰》：当守门人沉睡/你和风暴一起转身 拥抱中老去的是/时间的玫瑰 当鸟路界定天空/你回望那落日 消失中呈现的是/时间的玫瑰 当刀在水中折弯/你踏笛声过桥 密谋中哭喊的是/时间的玫瑰 当笔画出地平线/你被东方之锣惊醒 回声中开放的是/时间的玫瑰 镜中永远是此刻/此刻通向重生之门 那门开向大海/时间的玫瑰。《时间的玫瑰》中有一句我特别喜欢：诗歌是不可能造就的可能，和音乐一样，它是看不见欲望的可见的记录，是灵魂的神秘造就的肉体，是一个艺术家所爱过的一切的悲哀遗物。当然翟永明送给我的由北岛主编的诗集《今天》，好得令人心悸。

朗诵会之前，做记者10年，第一次捧着书，找北岛签名，像个揣摩寂寞的粉丝，忘情于拥挤的1980年代。翟永明引荐我走向北岛，近在咫尺，我说，北岛，叫老师可以吗？北岛说：你也是诗人吗？我说，“我不是诗人，但总是会看你的诗，我去过香港中文大学找您，那天没有您的课，我于是在您最喜欢去的那家茶餐厅找您，您没在，幸好没在。”北岛说为什么？我说，“今天，您28年没回过成都，今天与您聊天，算是注定的荣幸。”北岛笑，很难得。

我大声朗读我大学时写给他的诗，像朵时间的玫瑰。

11月的最后一个良夜，我和北岛同座吃饭。他拿着一本香港牛津出版社的诗集《守夜》，要在当晚的白夜压轴朗诵《时间的玫瑰》，自1986年12月7日他和顾城、舒婷联袂朗诵后，成都再也没有听到过北岛的嗓音。

我问北岛，什么是时间。
他回：玫瑰里有你要的答案。

从白夜旁边的上席走到白夜，北岛惊异地见识了年轻人对诗歌对自己的热烈，说实话，28年后的这个夜晚，人们越过人山人海的潮涌时光，再次听到了北岛：28年前，我到成都读诗，成都的听众最热情，任何一个国家任何一个城市都没见过这种场景。多少年过去，我们的生活发生很大变化，诗歌仍然存在，这里的年轻人依然热爱诗歌，这是最重要的。

白夜的女主人翟永明照样用她温和的嗓音说：看到这人山人海的场面非常感慨，我突然像穿越回到了上个世纪80年代。

艺术家何多苓说：今晚是诗的人山人海。

唱　片[4]

文/北岛

60年代初，父亲花了四百多元人民币，买来牡丹牌收音机和电唱机。尤其那台电唱机，无疑集当时高科技之大成：四种速度选择、自动停放及速度检测调节系统。在我的想象中，音乐是从红红绿绿的指示灯中流出来的，淹没了我们，生活变得透明，好像住在玻璃房子中。

要说父亲并不怎么懂音乐，这件事多少反映了他性格中的浪漫成分和对现代技术的迷恋，与一个阴郁的时代形成强烈反差——那时候人正挨饿，忙着糊口，闲着的耳朵显得多余。父亲还买来几张唱片，其中有施特劳斯的《蓝色多瑙河》。记得刚刚安装好收音机和电唱机，父母在《蓝色多瑙河》的伴奏下跳起舞来，让我着实吃了一惊。

《蓝色多瑙河》是一张33转小唱片，在以多瑙河畔为背景的蓝色封套上印着俄文，估计是苏联某交响乐队演奏的。这就是我西方古典音乐的启蒙教育，像孩子尝到的头一块糖。直到多年后我去了维也纳，被施特劳斯圆舞曲以及奥地利甜食倒了胃。

“文化大革命”来了。不知怎么回事，那场风暴总让我想到黑色唱片。时代不同了，这回轮到嘴巴闲着，耳朵竖了起来。我把刺耳的高音喇叭关在窗外，调低音量，放上我喜欢的唱片。

1969年年初，比我高一级的中学同学大理，把《蓝色多瑙河》借走，带到他落户的内蒙古大青山脚下的河套地区。同年秋天，我去中蒙边界的建设兵团看我弟弟，回京途中在土左旗下火车，拜访大理及其他同学，在村里住了两天。他们与夕阳同归，肩扛锄头，腰扎草绳，一片欢声笑语。回到知青点，大理先放上《蓝色多瑙河》。这奥匈帝国王公贵族社交的优雅旋律，与呛人的炊烟一起在中国北方农舍的房梁上缠绕。多年后，大理迁回北京，那张唱片不知去向。

记忆中的第二张是柴可夫斯基的《意大利随想曲》，哥伦比亚公司78转黑色胶木唱片。70年代初，我和曹一凡、康成等人常在我家聚会，如同围着火堆用背部抗拒寒风。在这书籍与音乐构筑的沙龙中，有偷尝禁果的喜悦，有女人带来的浪漫事件，那是我们写作的开始，每个人既是作者又是读者兼评论家。那些早期作品，无疑浸染着重复了千百次的音乐。那是一种仪式：拉上厚重的窗帘，斟满酒杯，点燃香烟，让音乐带我们突破夜的重围，向远方行进。由于听得遍数太多，唱针先要穿过尘世般喧闹的噪音区再进入辉煌的主题。短促的停顿。康成用手势加强语气，开始阐释第二乐章："黎明时分，一小队旅游者穿过古罗马的废墟……"夜深了，曲终人不散，东倒西歪睡去，而唱针还在乐曲结尾处兹啦兹啦地不停滑动。

一凡在家洗照片，红灯及曝光被误以为特务信号，引来警察搜查。倒霉的是所有唱片被没收，包括《意大利随想曲》。那小队旅行者进入暗夜般的档案，永世不得翻身。

第三张是帕格尼尼第四小提琴协奏曲。这张德意志唱片公司的33转密纹唱片，是我姑夫出国演出时带回来的。他一直在中央乐团吹长笛，直到前几年退休。

一说起那次在欧洲巡回演出的经历，他不禁手舞足蹈。特别是中国古装戏法把维也纳镇了：魔术师先从长袍马褂变出一舞台的火盆鸽子鲜花彩带，最后灵机一动，翻了个跟头，把闲置在一边的京戏大鼓给变了出来。静默片刻，全场掌声雷动。而这段趣闻，由于叙述与联想的错位，让我把帕格尼尼的唱片跟中国古装戏法连在一起，好像也成为了魔术的一部分。

“文革”期间姑夫下干校，那几张好唱片总让我惦记，自然包括这张帕格尼尼，特别是封套上标明的立体声让人肃然起敬。那时谁家也没有立体声设备，毫无疑问，单声道的音响造就了单声道的耳朵，而单声道的耳朵又构成我们倾听世界的独特方式。每次借这张唱片，姑夫总是狐疑地盯着我，最后再叮嘱一遍：千万不要转借。

记得头一次试听，大家被帕格尼尼的激情弄得有点儿晕眩。正自学德文的康成，逐字逐句把唱片封套的文字说明翻译过来。当那奔放激昂的主旋律再次响起，他挥着手臂，好像在指挥小提琴家及其乐队。“多像一只风中的鸟，冲向天空，爬升到新的高度，又掉下来，但它多么不屈不挠，向上，再向上……”

在我们沙龙，一切财产属于大家，不存在什么转借不转借的问题。顺理成章，这张唱片让康成装进书包，骑车带回家去了。一天早上，我来到月坛北街的铁道部宿舍。我突然发现，在康成和他弟弟住的二层楼的小屋窗口，有警察的身影晃动。出事了！我头上冒汗脊背发冷。我马上通知一凡和其他朋友，商量对策。而我们的第一反应是书信文字出了问题，各种假设与对策应运而生。

那是1975年的初夏，那一天显得如此漫长。傍晚时分，康成戴着个大口罩神秘地出现在我家。原来这一切与帕格尼尼有关。师大女附中某某的男朋友某某是个干部子弟，在他们沙龙也流传着同样一张唱片，有一天突然不见了。他们听说某某在康成家见过，断言就是他偷走的，于是一大早手持凶器找上门来。康成的奶奶开门，他们推开老太太冲进房间时，哥儿俩正在昏睡。先是酱油瓶醋瓶横飞，然后短兵相接。由于“小脚侦缉队”及时报案，警察赶到现场，不管青红皂白先把人拘了再说。帕格尼尼毕竟不是反革命首领，那几个人因“扰乱治安”被关了几天，写检查了事。

帕格尼尼怎么也不会想到，他的音乐将以一种特殊的物质形式得以保存复制流传，并在流传中出现问题：大约在他身后两百年，几个中国青年人为此有过一场血腥的斗殴。而更不可思议的是，这两张完全一样的唱片是通过何种渠道进入密封的中国的，又是如何在两个地下沙龙搅动青春热血，最终交汇在一起。这肯定与魔术有关。

---

1. 北岛在西村，photo by 迟阿娟。
2. 这本老的《朦胧诗选》是当年一个老母亲的，现在她身体不好，不能来北岛朗诵的现场，
让自己的儿子带上30年前的诗集请北岛签名。
1986年的12月，北岛和欧阳江河、舒婷、顾城、谢烨等人，
在成都的望江楼公园留下了中国新诗颇为柔情并铿锵的声音。photo by 翟頔。
3. 北岛，诗人，香港中文大学荣誉教授。
4. 2015年11月30日,我问北岛，如果《何时再见梦中人》这本书里要放一篇你的文章，
讲时光、讲情怀，讲1980年代，你会推荐哪篇，他说，诗不合适，还是散文合适。
我只好自己选，打开《城门开》（2015年7月北京第1版，生活 · 读书 · 新知 三联书店），
目光游移不定，最终妄自选择了《唱片》，
涉及版权，北岛看得很开，说他去打招呼，算是给我莫大的一个鼓励。
后经北岛先生特别授权，特刊登《唱片》一文，致敬我们的纯真年代。
该文写于2014年9月7日，补记于2015年11月30日。

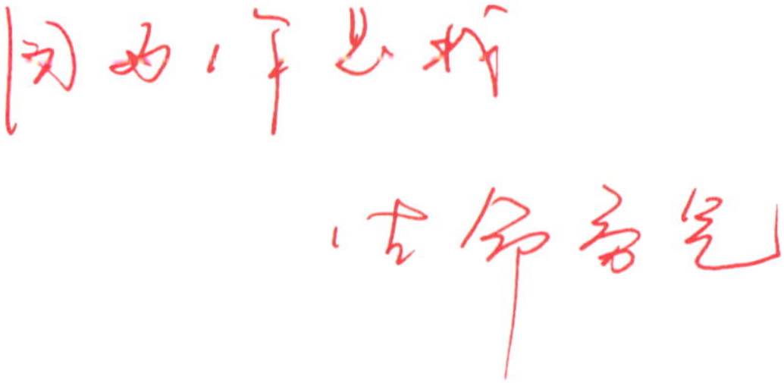

1

姚谦[2]

/最懂

女人心/

姚谦，台湾著名的词人、制作人、音乐经理人，
华语乐坛举足轻重的重量级人物。
今天之姚谦兼作词人、音乐人、收藏家于一身。
甚至，收藏家已成为他的新名头。

有意思的是，写了那么多情歌，藏了那么多媲美情歌的艺术品，52岁的姚谦到现在依然单身，依然对爱情保持着纯初的向往和热烈，信奉“可遇不可求”，按照他的话来说：希望有一个人，能够解开我这个穴。访谈安排在9月8日，姚谦带着他的新书《脚趾上的星光》来签售。“最懂女人心”的音乐人姚谦，畅谈自己一手为张清芳、蔡琴、李玟、萧亚轩、江美琪、赵薇、袁泉等打造音乐传奇的经历，这位写了《鲁冰花》《我愿意》《味道》等等经典歌词的传奇人物其实还有一个更为特殊的身份：收藏家。林风眠、吴作人、徐悲鸿、常玉等人的藏品他收了不少，其专业性和资深性一点不逊色于他的情歌创作。

姚谦6岁到台南，住进眷村，当时叫“竹篱笆”。姚谦小时候家教甚严，父母要求他每天要练毛笔字，不能穿着拖鞋就出门，对人要有礼貌。姚谦慢慢成为一个内向而害羞的孩子。“我小时候害羞，盯着人家脚趾看，要不然就盯着人家手指看，养成看别人细节的习惯。”文学作品《脚趾上的星光》，也许正来自这样的少年行知。他看人家阿姨光脚穿凉鞋，看脚趾头，看到别人不好意思为止，这样的“坏习惯”竟为后来他的创作提供了精彩的素材。他记得小学三年级，一位家庭环境好的同学天天都穿得干干净净，白色的熨烫过的衬衫、白色球鞋、白色袜子……在那个年代，这十分不易。他很欣赏，一次姚谦帮他拿老师批改好的作业本，跟着他走在后面，白色的袜子在阳光的衬托里给了姚谦极大的震撼。没想到后来一个周末，那同学在建筑工地玩耍时意外去世。可白色袜子本身附着的死亡记忆却被姚谦记住并置换成一种美好的色彩，“我想把这种美好放进一个女孩的爱情里。”多年以后，姚谦的这首《味道》（辛晓琪）成为他“最懂女人心”的典范作品，歌词里“赤裸裸”和“白色袜子”（他说白色袜子还有一点点性暗示的意味）这两个词样一度被制作人杨明煌要求更换，但他说“没商量”，“这是我最直接最有力道的一个表述，代言的是我那白色袜子的时光记忆。”

姚谦小时候最喜欢的是画画，并不是写作。他自称写文章是被逼出来的，由于放学后父母不准他出去玩，只是派作文题目给他，所以

《我的爸爸》《我的妈妈》之类的样板文章他驾轻就熟。“熟能生巧，让我练就一个甜言蜜语的文字，但画画就是我的自由了。喜欢美术，读了工业设计，可是我爸爸觉得那是个没有前途的（行业），就决定帮我转到纺织。”可一转，纺织业即变成黄昏工业。离开大学，他成为一名汽车销售，业余时间在满是露水的窗台旁看书听音乐。他自我评估可以走三条路：去杂志社、电影公司或者进入唱片行业。

在与姚谦面对面交流的时段里，我多次听到他聊起自己画画、藏画和对艺术品位的认知，他的审美情趣有年代感的质地、有巨变时代眷村人的人格、有那种善于读懂女人的细腻，以及一点点不可名状的孤独。他提到《中国好声音》，说终于在这段时间的电视上看到了音乐，听到了音乐，感受到了音乐的存在，“很长一段时间电视上是看不到音乐节目的。”他提到唱片已死，音乐仍在的现状，写了那么多女人歌，终于有陈楚生这样的男歌手让他有欲望合作，“唱片在我看来已无药可救，我们这些圈内人都在寻找突破口。”

最懂 女人 心

做汽车销售，并不妨碍他往唱片公司投简历，可当时的唱片公司几乎都在台北，于是他北上，去到无数青年趋之若鹜的文艺之地。在餐厅打了半年工以后，他进入海丽唱片。一年后的1986年，他转入点将唱片，正式开启姚谦的音乐时代。一开始他当然只能做助理，企划、文案、艺人助理、老板助理、录音师助理，一个人包干，“刘若英以前经常会提到帮陈升买便当买槟榔，我说我都干过。”

开始写词，有一个典故。当时姚谦在做江淑娜的专辑，红得发紫的陈家丽在做音乐，但没交歌词，江淑娜又在大陆拍《戏说乾隆》，只有一周时间回到台湾录音。没办法，之前从未有写词经验的他被抓到办公室开始写词救急。江湖从不缺一剑封喉的亮相，这首处女词《今生最痛的歌》（童安格作曲，姚谦作词，江淑娜演唱），现在回过头去看，当时的作品显得浅显，脱离不了“泪水”“寂寞”“痛”等空幻抒情的词语。但对于1988年的台湾乐坛来说，这是一首新鲜的歌。而后，他的代表作《鲁冰花》（1989年）获得当年的台湾金马奖最佳电影插曲奖，同年他为张清芳打造的专辑《你喜欢我的歌吗》再度爆红。当时正迷恋新诗的姚谦用一种在词和诗之间摇摆的实验性叙述方式开启了一片新地，大量的结构法、生活常态用语被反复提及，这和同时期的李宗盛的歌词写法异曲同工。包括后来打造的歌手江美琪等等，他都在力图表现女人心中最浅白而又最深刻的情感语言。

他的创作成就了张清芳，张清芳也助推了他的词人生涯。

李玟的出现，平衡了姚谦作为一个词人在商业性和文学性之间的纠结。1995年，姚谦来到索尼唱片担任华语部总经理，他从一个单纯的词人转变为一个管理者，一个需要考虑市场，要让歌手卖钱的音乐商人。“我当时在电视里看到这个很会唱歌的李玟，九弯十八拐的唱法很新颖。跟我以前合作的张清芳、蔡琴不一样。”1998年，李玟在姚谦的打造下推出《DI DA DI》，一下子卖到了180万张，李玟成为天后。作为李玟的恩师，姚谦一句点到要害，“李玟的特点是她很性感，但仔细看，她又带着一种傻和天真，我刻意保留了她的这种‘傻傻的天真’。”后来大热歌曲《好心情》开头的那个笑声，也是刻意保留下来的。“李玟的那种笑法其实是某种纯真和某种信任，而这种讯息放在音乐里是很好。”和李玟这种从小接受美式教育的开放心态一样，王力宏当时也被姚谦打造成一个随性、努力的“年轻新样本”。

穿 紧身 泳裤 的 潮叔

接下来被安排出场的歌手是萧亚轩。Elva似乎是姚谦压力最大时推出的一个作品。《Cappuccino》《最熟悉的陌生人》……一系列的热门歌曲让萧亚轩成为乐坛的一股新风，专辑在亚洲卖到120万张。多年以后萧亚轩在受访时提到，“当时谦哥告诉我，你如果站上（舞台），第一句话稳了，唱稳了，接下来就是你的时代。”萧亚轩的直发、迷人小眼睛让姚谦印象深刻，《最熟悉的陌生人》就是姚谦根据萧亚轩在加拿大温哥华结束的一段感情创作的。“也许今夜我不会让自己在思念里沉沦”也成为当年流行的“洒脱分手语”。

说姚谦最懂女人心，至少在和萧亚轩的沟通上体现得淋漓尽致，他经常和萧亚轩的母亲热线，聊一些萧亚轩都不知道的事情，这也进一步完善着他的“女性创作”。

身为唱片公司的老板，他一贯以严师严父的形象出现在艺人面前，但他也尝试着介入年轻人的世界。一次公司搞“海滩风”主题派对，萧亚轩和其他几位歌手就穿得很夏威夷，海滩短裤，夹脚拖鞋，戴一朵大红的芍药花……没想到姚谦穿了一条白色的Prada超短紧身泳裤惊艳亮相，当场吓得萧亚轩等人目瞪口呆，其实当天大家并没邀请姚谦参加！姚谦当天穿了一件粗针织的绿色短袖衫，下面的七分牛仔裤还被他挽起来，“其实他是个在词上很敏感、在品位上非常前卫的音乐人，他的着装很有品位，他收集画，看时装杂志，走在潮流前线。”萧亚轩这样说。姚谦说萧亚轩像极了一只猫，而萧亚轩则形容姚谦像极了《功夫熊猫》里高深莫测的师傅。

他提到侯湘婷，那首著名的《秋天别来》正是姚谦个人情感的写照。那个时候姚谦三十几岁，终于有机会谈恋爱，谈得很不顺利，维京唱片刚成立不久，作为老大的姚谦，一面为培养江美琪、侯湘婷绞尽脑汁，一面又碰到失恋，“几乎都快要崩溃了，都想跳楼了……”于是，《秋天别来》成为他唯一的“情感自话歌”。

到后来到大陆做的赵薇、袁泉等等一系列歌手，他都遵循着“女人心、男人写”的心态和创作模式，一次次直击女性情感生态的活生生的现场。

收藏的理由

他提到林忆莲，后者当时（1999年）刚生完小孩，准备复出，姚谦特意飞到加拿大温哥华与之长谈，李宗盛知趣地在外面的花园锄草，把空间留给姚谦和林忆莲，林忆莲给他泡功夫茶，相当专业……随后两人合作的第一首歌出炉——《人间四月天》的主题曲《飞的理由》。

事业如火如荼，姚谦在加拿大工作期间唯一的消遣就是逛画廊和美术馆。“经常是晚上和林忆莲在录音室，下午一般都在美术馆。在台湾也是如此，有展览我就去。那个年代开始，我就开始写大量的艺术评论，开始收藏艺术品。忙于各种事务，写词的时间越来越少，最严重的就是交不了稿，这是很耻辱的。”

姚谦祖籍浙江，小时候的美术教育仍然受到中国美术史的影响，而且他很愿意了解美术史，觉得与自己是有关系的。姚谦早期的收藏一直追寻第一代寻求中西结合的艺术家的作品，像林风眠、吴作人、徐悲鸿、常玉、潘玉良等，以后还有程抱一、关紫兰、周碧初以及庞薰琹。那个时候画价都不贵。同时，姚谦开始关注新加坡、印尼、菲律宾，寻求这一地区开始受西画影响的第一代创作者的作品。在姚谦看来，“非常有趣，因为从美术史来观察历史事件非常有趣，因为亚洲经济的兴起、艺术市场兴起，后来又发觉当代艺术也跟着兴起。”

也是在1997年左右，姚谦初次接触到了一批年轻艺术家。“第一次看到他们就在圆明园特别辛苦地画画。当时他们的画鲜有人问津，也没有画廊代理。我并没有想到收藏，纯粹是支持，就是到今天为止我还是愿意!”那个时候他并没有想到建立自己的收藏体系，更没有投资的想法，只是强烈地感到整个当代艺术的兴起。在以后发生的一件事情让他始料不及：一段时间，开始做音乐和办演唱会，没有那么多现金。就有人劝他卖出刘小东的画。他不以为然：那画儿不值钱啊。然而别人报出的价格吓了他一跳！怎么可能？后来拍卖公司来跟他沟通，以整整20倍的价钱卖掉了。“我都吓傻了，我都觉得我有一种骗钱的感觉！”姚谦幽默地说。在无心插柳下，当代艺术在恰当的时候帮了他大忙。时至今日，姚谦还是会常常去艺术院校，看重一两件作品，觉得合适就买下，重不在收藏，而是支持这些青年艺术家。

他提到刘若英。在张艾嘉的撮合下，刘若英加盟姚谦的维京唱片。本来想留在滚石的她当时已有大量代表作，《为爱痴狂》《很爱很爱你》……“当时我已体会到唱片萧条的境况，我想到了做演唱会，可刘若英的演唱会又不是那种舞美华丽、劲歌热舞的类型，我不想把刘若英的演唱会变成单口相声+音乐会，所以我让她尝试着唱有节奏感的歌。”于是，和黄立行合作的《分开旅行》出炉。歌词里多次提到的“巴黎”正与姚谦迷恋的巴黎画派有关。他特别喜欢巴黎画派，认为线条和用色奔放，又跳跃着印象派的光影。如果让姚谦只选出一个画家会是谁？他说如果不能选夏加尔，我就选常玉，“因为常玉是忠于抒情的，作品里有着浓郁的时代气息。”

抒情，其实和音乐人的本质是分不开的，问姚谦选择绘画的标准是什么，以及什么样的画作能够打动他，最概括的答案就是抒情。他比较着迷一些女性画家的作品，“我特别喜欢潘玉良、丘堤这些女性。女性在绘画中能够打动我的是情感。当时男性艺术家还是有一些社会责任感，革命精神，要为这个时代做点儿什么，从徐悲鸿身上可以看到。而像丘堤不画就不画，去养孩子去了，她越是小家的时候，越是那个情感她才会画，我觉得她们的画比较抒情，这个是会打动我的。可是后来发觉太难受了，丘堤就二十几张画，我已经收了两张，再也买不起了。”

姚谦真是对收藏做了大量研究，“潘玉良用色不是很中国，是很东欧颜色的。莫迪·尼阿尼是意大利裔的犹太人，他跟林风眠都受了非洲雕刻的影响；还有一个林飞龙，他是广东跟古巴人的混血儿，他的油画线条的颜色有一点异域色彩，把原始图腾转化为充满力量的绘画符号；夏加尔又是苏联出生、长大的犹太人，他经常把爱情画成公鸡，很有意思，他和公鸡的关系太有趣了。”

奶茶结婚后执意要和姚谦见面，说要当面给他喜糖。姚谦专门从台北提前一天飞到北京，一见面刘若英就讲笑话，“我一直认为刘若英是个穿衣非黑即白的女人，没有女人味，直来直去。哪知她看到我以后就大曝她的婚后生活，‘结婚后的第几天是最爽的呢，就是他出差的那天！因为整张床都是我的，没人跟我挤了，我实在习惯了一个人睡！’”

那首很红的《原来你也在这里》也出自姚谦之手，他说其中的经典一句“爱是天时地利的迷信，原来你也在这里”就是谈的关于收藏，情感的收藏，爱的收藏和收藏的心态。如是，收藏刘若英和收藏艺术品是一个道理。

“那是1996年的时候，本来和朋友约好在一个书店见面，结果他迟到了。为打发我，说那里有一个拍卖公司正好在做拍卖预展。他知道我喜欢看艺术品。那个时候我完全没有艺术品收藏的概念，不知道艺术品居然是可以买回家的。预展看完的第二天，我就拍回了我的第一件藏品——一件台湾艺术家的作品。这件事给我很大的启发：原来艺术品是可以带回家的！”现在工作重心移到了大陆，姚谦更多地改变着传统的艺术观念和欣赏体系。他看到了20世纪的油画，觉得非常有意思。“以前对西画的理解都停留在印象派上，可是后来发觉，到了大陆，才发现原来徐悲鸿还有油画，以前只知道他画马。那个时候大家都不重视油画，只喜欢水墨。”于是姚谦选择20世纪中国以及亚洲西画作为自己的收藏定位。姚谦认为：“艺术最好是放在你的生活里边是很重要的。我相信艺术是一个很有灵气的东西，当你没有盘算它的时候，它给你的回馈超出你的想象。我们可以扪心自问很多现在倒腾那些古画的、有进有出的人，他们是怎样做的？你越是盘算越赔。”

姚谦对于自己将来的收藏道路并不作具体规划，他觉得自己不把艺术收藏当成是一个目标，而是一个过程。姚谦把收藏形容为一个很大的拼图，没有拼到最后，就不会知道答案。姚谦说，自己随着年龄的增长，变得越发哲学化，对生命的感悟也越多，“我觉得生命，有效的应用就是经历一些东西，变成你个人的爱好，把生活反馈给我的记录下来。所以我除了写专栏以后，现在想要往小说方向发展，而且人到中年，身边的故事也会给我一些真实的想法，我想中年或者是很多东西才知道原来中年后的东西，我说实话，我真的说实话。”他要把《脚趾上的星光》变成舞台剧，这是他又一项极深刻的收藏。

1. photo by 陈谋。

2. 姚谦，1961年06月21日生于中国台湾 。
华语流行歌坛写词人，制作人，音乐经理人，作家。
代表著作《鲁冰花》《我愿意》《如果爱》《脚趾上的星光》。
该文写于2012年6月9日，补记于2015年11月3日。

美丽的
梦中人

1

徐冰[2]

/世界 太 大了

幸好 有

徐 冰/

三十年河东，三十年河西，老话说的是“鸡犬升天”，
由苦难到天堂，不是一个意思，对徐冰来说，
这河东河西说的是东西方的地域跨越和人生命运的奇妙穿越。

2014年5月15日，我给艺术家徐冰打了一个电话，诗人、作家翟永明跟他说，有个成都记者想问问他关于“9·11国家纪念博物馆”的事情。徐冰在香港的酒店里回我：“我给你一个座机号码，你一会儿给我打过来。”徐冰当时在香港巴塞尔艺博会上看到了很多东西，有了很多感触，借着“9·11”的话题，他对我说了很多肺腑的话。

美国“9·11国家纪念博物馆”2014年5月15日起要举行6天纪念活动，5月21日正式向公众开放。有一个煽情的标题送给这个磋磨了

10多年的博物馆：在这里，时间正在愈合。位于美国纽约世界贸易中心大楼遗址上建造的"'9·11'国家纪念博物馆"在"9·11"事件13年后，很多人奇怪它会是什么样子。我给作为总设计师的史蒂芬·戴维斯发去了邮件（实际上他回复我的时候已经是一个月之后了）他说："这是一种弹性的设计。它让我们缅怀过去，对逝者追思，对未来奋进。"博物馆在110000平方英尺的空间里陈列了17种不同的原事件纪念品和艺术品。其中包括清理废墟的机械手、世贸中心的交叉钢制构造件等。博物馆官网首页挂出这样一句话：在这些故事里充满着希望、勇气和团结。

丝带和还水池

世贸中心受袭后，一直保存着原建筑的规模。基金会的大厅有一个大教堂那么宽，是一个可以留给人们沉思的地方。它是由北塔和其他水泥墙体组成的18米高的墙面，其中含有重达58吨的钢架结构。在它的最后一列上标注着"2002年5月30日，长达9个月的援救和拆除工作正式结束。"史蒂芬设计师事务所的赫塔设计的玻璃大厅和下降到负一层倾斜的"丝带"走廊位于大厅入口处。在走廊里陈列的是"9·11"事件里感人的故事，还有1993年2月26日第一次世贸中心遭受爆炸袭击时的情景再现。

博物馆由三种基本材料：混凝土、铝（合金）、木材搭建而成的。旨在唤起“原址的情节和状态，也提供可触元素让客人们感到身临其境的体验。”设计者还特别为参观者考虑设计了游客体验馆，目的是为了让游客在面对主体建筑的强度情感触动下，引申出严肃的思考。“纪念馆设计的象征和历史意义，是让我们找到集体和个人之间的平衡态度”。史蒂芬·戴维斯对我说，“我们是以记忆、真实性、规模和情感四原则来指导设计工作的。希望我们能给参观者留下最丰富的体验，最深刻的思考和对逝者最尊重的哀思。”

很显然，参观博物馆将是“一段经过曲回行径的情感之路”。它坐落于世贸中心大楼遗址上，下沉地面21米。“博物馆的建筑师应对的是一个具有挑战性的任务，”纪念博物馆馆长爱丽丝·格林沃尔德说。“但更重要的是，他们还必须考虑它的神圣性，这是一个需要体味观众参观所需和感染观众情感记忆的地方。”它的设计保持了“9·11”事件的历史原态，记录了受攻击后造成的影响和它持久的可探究意义。“在110000平方英尺的博物馆里，由世贸中心广场和通道式玻璃大厅组成。在这里，设计者还在‘丝带’式的走廊旁为‘9·11’遇难者家属提供了小礼堂和私密交流空间。”

"丝带"的灵感来源于受袭后施救的斜坡通道。它作为博物馆主要的环流状过道，引领着参观者通过怀念和反思，让"9·11"事件的原貌最终还原在世界贸易中心大楼的地基之上。"往下继续沿着幸存者下楼的楼梯前行，是'9·11'数百位幸存者逃到安全地带的通道。这是楼下的两个展示空间。博物馆这样的设计构想是在原有的理念下补充构建的。"一个历史展览馆和一个纪念展览、教育中心，这两个展览空间位于双塔的地基下，下方配"还水池"。

"9.11"亲历者和艺术创造者

"9·11"发生的瞬间，徐冰闻声跑出了公寓，那时他住在与曼哈顿一河之隔的布鲁克林，亲眼看见两座大楼相继倒塌。爆炸后，曼哈顿的地上都被灰尘覆盖，像雪一样。事件后第三天，他到世贸废墟附近收集尘埃，仅仅是为了收集一些有意思的材料。从那个时候开始，他就开始关注9.11国家纪念博物馆的建造，由于和之前博物馆的艺术总监是朋友（博物馆在10多年的设计建造周期内，由于多种原因，更换过几任艺术总监）也曾多次去到建造现场参观。徐冰给我的说法是，他自己认为这个纪念博物馆开放的意义远在艺术之上，但从设计整体上看"不是太有风格"。更值得一提的是，徐冰正好拥有三根“9·11”废墟的巨大钢构件，经过千辛万苦从纽约运回北京，准备利用它们创作一件当代艺术品（实际上因为诸多现实困难，作品直到现在都没完成）。

2004年4月，徐冰就以“9·11”废墟的尘埃为材料所做作品《何处惹尘埃》（*Where Does the Dust Itself Collect*）在英国获得当今世界视觉艺术最大的奖项之一——首届Artes Mundi国际当代艺术奖，并且在纽约举办名为“灰尘自我收集的地方”的展览。这是美国华人博物馆与曼哈顿文化委员会合作的“9·11”纪念展览之一。在作品中，徐冰在铺满“9·11”尘埃的地面上写下了中国的名句“本来无一物，何处惹尘埃”的句子，用中国的禅意来表达对9.11的纪念。几年时间里，美国方面的一些机构甚至是艺术家个人都有向他购买这些灰尘的意向，“他们收集了各种各样的遗物，比如遇难者的衣服，机械手臂、废墟的照片视频，但灰尘，没有。所以在不同的文化里，对物质的态度不一样，“9·11”第二天，我早上一推开工作室的门，就感觉这个世界不一样了，不可思议，发生了很大的变化，我就去收集了废墟的灰尘，做了这件作品。时光之中，灾难过后，这些灰尘其实很美，很安静，但透露着紧张感，不露声色的刺痛，仿佛风一吹，就要溃散。它表达的还是人们的精神世界和物质世界的关系。”这件作品一度在美国和欧洲不被接受，因为哪怕在多年之后，“9·11”仍是个赧颜和敏感的话题。直到后来，展览一再被提及，艺术界对它的评价是，“这种四两拨千斤的方式和态度，极具东方感，同时，其艺术表达的国际化和情怀令人印象深刻。”

提到“9·11”国家纪念博物馆，徐冰去过多次，看着它一点点建造起来，“在视觉上它不是太有风格，这是遗憾，作为这样一个公共艺术项目、博物馆项目，它的意义远远在艺术之上，虽然在我看来它不是那么有性格，但‘纪念池’（还水池）这部分还是很不错的。博物馆的建立，是美国的大事件。”

徐冰特意讲到自己是如何找寻到三根“9·11”废墟的巨大钢构件的。当时纽约市政在对废墟的清理工作完成后，对满目留下的无法收容和再利用的遗迹（遗物）感到头疼，各种废弃的、损坏的建筑构件、物品等堆在数个巨大无比的仓库里，慢慢变成一个不堪触碰的灰色地带。后来市政方面表示，除了标志性的两块最巨大的钢构件（当时已决定放置到“9·11”国家纪念博物馆），其他所有的物件均可被非营利性的机构和个人领取和收藏，徐冰闻讯后在一个尘土遍地的工厂里找到三根长10多米，宽3米多的废弃钢件，“它们扭曲、被损坏，每根上面都有精心打理好的编号，据了解它们属于飞机撞击大楼后，楼面与飞机腹部撞击的部分，应该是那两块以外最大的三件。”由于可预见的原因，这几件物品运回中国的历程充满艰辛，美方虽同意物件被领走，但不出具任何相关的文字资料和证明，徐冰绞尽脑汁，通过特别复杂的运作，才将东西运回北京。“‘9·11’事件中，有200多位华人遇难，处理这些事情，双方都得十分谨慎。”徐冰当时希望利用这三件“9·11”废墟遗件，创作一件当代艺术品。

“人类一直在追求理想的生活之地，但这理想之地却离我们越来越远。或许真正的理想世界只存在于心中，或者像孩子们搭积木般的活动中。”2013年的寒冬，嘈杂的工业化城市伦敦著名的V&A博物馆内，中庭Johh Madejski花园一潭明净的湖水，被徐冰的作品《桃花源的理想一定要实现》环绕其间。“进入中庭后看到的实际是《桃花源》的背面，而最美的东西都在正面，是被包在内里的。这样安排是想表达，理想虽美，但与现实遥相阻隔。”伦敦转到北京，柳树悄然发芽，桃花待放吗？徐冰当时履职中央美术学院副院长6年多，电话里说话仍旧没有官员架子和习气，后来在成都与他见面，说话依旧和气，翟永明说“我从未见过他对人发火，也未见过他出口伤人。作为个人，谦逊、低调，不张狂一直是他恪守的原则。”

他谈到“知天命”，“人类的发展与一个人的成长差不多。孩童时代对母亲的依赖表现在对上帝和神的崇拜上，把神刻画成看见的真人一样的形象，于是雅典的文化兴盛一时。到了恋爱的青春期，浪漫的法国人最有这个本事。往后就要工作、解决吃饭问题了，以工业生产和科学研究为主导的英德文化，引领国际。产品丰富后呢，以大众消费和商业为特色的美国文化雄霸世界。人类折腾到现在，到了‘知天命’的阶段，中国人最懂得‘天命’文化，懂得尊重自然，真的是要轮到中国文化来发挥作用的时候了。”

崇尚自然，借力于自然，再表达带有个人情感体验的自然，徐冰上世纪80年代初的一大批木刻作品就有这种体现。徐冰2008年写《愚昧作为一种养料》长文，回忆高中时下乡插队，到北京延庆县花盆公社收粮沟村，一待3年。媒体说他对农村的痴情付诸在《碎玉集》系列木刻中，后来就是为《天书》埋下的伏笔，1987年到1991年，徐冰刻了四千多个伪汉字，其间他还移居美国，1991年12月，《徐冰的三个装置》大型个展在威斯康辛艾维翰美术馆开幕……我印象很深的一点是1993年，搬到当代艺术中心纽约东村，住在《北京人在纽约》中王启明夫妇初到美国租住的那间著名地下室，一住就是6年……1999年徐冰拿到了美国最重要的个人成就奖——麦克阿瑟“天才奖”。奖金是39万美元。那一年，徐冰45岁。

还有一个记忆点是，2014年11月1日，北京首都机场首次公共艺术作品展开幕，徐冰为展览题字，同时也成为他的艺术作品，并首次在首都机场T3航站楼展出中国当代雕塑家展望的代表作——《假山石46号》。他以英文方块字的书写形式，创造了一种更新的未被识别的所谓“伪汉字”，面对这些英文方块字，对众人来说都是非常特殊且前所未有的体验。展望说：徐冰的这字，是一种对未来的展望。

杂志一般是这样说徐冰的：５０后的徐冰，少年时光本应好好读书，却赶上了“文革”。有人说他们是被耽误的一代，但徐冰将所有境遇转化为独特养分，一步一步扎实地成为拥有国际影响力的艺术大家。其中的故事感人而励志。他是天才加勤奋的光辉榜样，一位极富创造力和知识分子气质的思想者。

实际上，作为“向往桃花源”那一类知识分子，徐冰1977年考入中央美院时，谁也没有想到30年后他作为一个国际知名的艺术家回国担任母校的副院长。三十年河东，三十年河西，老话说的是“鸡犬升天”，由苦难到天堂，可对于徐冰来说，这河东河西说的却是东西方的地域跨越和人生命运的奇妙穿越。报纸上说他“拼命三郎”，总有奇怪而有符合中国人情怀的东西不断涌现。

10月23日，翟永明在朋友圈晒出徐冰的一件参展作品《背后的事：北京塑料三厂的秋山仙逸图》。“背后的故事”是一个系列作品。它所呈现的画面，并非物质性颜料的调配，而是通过对光的调配完成的。换一种说法是：经过调配的散落于空间中的光，被这块穿过空间的毛玻璃所记录（这块毛玻璃的作用好比空气中光的切片）。光比任何实体的直接呈现都要细微、丰富，它可以表达实体材料表达不了的内容，从而就有了这种“光的绘画”。在这次的作品中，使用了人类批量生产的塑料用品，它取代着“自然”的内容，但它们永远无法参与进自然转化与循环之中。徐冰说：“这件作品，我有意保留了塑料生产车间历史现场的痕迹，并试图将其转换出与其本身无关的意象。古人创造了“青绿山水”，真是了不起，就像是给今人的警示。

这件作品是新作，但令我觉得惊艳。徐冰的作品是情愫上的清泉，它不是那种普遍意义上“干净”的清泉，也洗不去什么，但洗过后会有一些类似于矿物质的自然留存附着在身上或者心里，它的故事性永远迷人，充满着西方的理性和东方的情调，含混不清，而又不言自明。我很期待他利用“9·11”废墟创作的那间“旷世”作品，世界太大了，幸好有徐冰。

1. 徐冰《桃花源》现场，photo by 翟永明。

2. 徐冰，当代艺术家，中央美术学院学术委员会主任。
该文写于2014年5月15日，于2015年11月27日补记 。

何时再见

林心伟

1

翟永明[2]

/ 白夜

这些年/

令人惊讶的是，白夜十多年的经营，完全靠的是她个人的力量，
没有人给过她赞助，和外界想象的完全不同。
翟永明甚至要为白夜的房租犯愁。如果没有酒吧这个商业形态
来支撑白夜，可能它早关门了。最早翟永明想把它办成一个书店，
但要养活自己的理想，还是屈从于商业。

诗人的 声带

“蓝顶、白夜、星星诗刊、何多苓与青春……成都，曾经的艺术温床，文学与诗歌的乌托邦，在经济大潮中，正扮演着艺术急先锋的角色。”这是艺评人黄效融写过的《黄金十年——成都当代艺术产业观察》一文的开头。“被染成金色的这十年，成都的当代艺术似乎一直勉为其难又欣喜若狂地在资本与体制两者留出的飞地上蓬勃生长。”

10年，会让很多人、很多地方、很多事发生变化。17年，也会让许多事物成熟和坚持下来。2013年，成都蓝顶艺术节系列活动中，有一项活动显得“孤高清冷”，却没想到在首届艺术节上就令人难忘：诗会。2013年，诗人、作家翟永明在蓝顶策划了一次“屋顶上的诗会”。在艺术节马上就要开始的时候，原定的诗会取消了。蓝顶主办方临时找到翟永明，请她重新策划了一个诗会。“我当时去了原定作活动的工作室，一看有个屋顶很棒，马上决定就在屋顶上作朗诵会，我一直担心下雨，好在当天的天气也很给力。当时蓝顶艺术节有各种各样的活动，结果大家反映，这个诗歌活动给大家留下了最深的印象。”翟永明说。

难忘，也许是艺术作品、艺术行为打动人心的最高标准。诗与画、人与景，是艺术节另一个迷人的所在。2014年的蓝顶艺术节携手白夜酒吧，于10月11日推出“蓝白诗会”——“诗人的声带”朗诵活动。活动由本届蓝顶艺术节艺术委员会委员翟永明总体策划，邀请7~8名在国内具有重要影响的当代诗人以及本地诗人参加：这中间既有势头正旺的中青年诗人，也有崭露头角的年轻诗人。在音乐活动环节，著名爵士乐队BOSS MA为大家带来很棒的演出。“蓝白诗会”的取名来源于“蓝顶+白夜”，两个最纯洁的颜色掺和在一起，就是诗。“声带”，既是朗诵，也是乐音。

白夜的这些年，见证了成都艺术圈的一个高速发展的时期，大多数能想到的艺术家，都在白夜留下过影像或故事，白夜搬迁过一次，老白夜关门的时候，翟永明很伤感，她做了一个纪念活动，“曾经有十年的时间，我都是在老白夜度过的。那时我住得离老白夜很近，每晚都会去。那时也比较年轻，挥霍自己的体力，基本都是很晚才回家。喝酒的时候也是乱喝，去跟别人拼酒。我酒量很大，我从来没有喝趴下过……我什么酒都能喝……”

最文艺的生意

白夜是个很奇怪的地方，身处商业闹市的宽窄巷子，却经营着几乎是成都最清淡最文艺的生意。我印象最深的一次，是著名雕塑家朱成在白夜喝酒喝到兴奋，自唱自跳的场景，摄影人张骏拍下了那张颇有纪念价值的照片。那是一次诗歌朗诵会，画画的、摄影的、做雕塑的、搞文学的，以诗的名字，配着酒，纪念身边的时光。17年过去，如今回过头来看白夜酒吧，翟永明说“白夜”二字对她而言，没有发生大的变化。“当时就非常想取一个有文学性的名字。一般来说酒吧都喜欢取较商业的名字，好像更能吸引人，但是我更想强调它的文学性。当然，最关键的是隐喻了陀思妥耶夫斯基的《白夜》。当时我喜欢一部电影叫《白夜逃亡》，它也是带有文学性的含义。所以，对我来说，我把‘白夜’定义为主要以文学为主，也能与其他艺术形式融合的一个名字。”

令人惊讶的是，白夜十多年的经营，完全靠的是她个人的力量，没有人给过她赞助，和外界想象的完全不同。翟永明甚至要为白夜的房租犯愁。如果没有酒吧这个商业形态来支撑白夜，可能它早就关门了。最早，翟永明想把它办成一个书店，但要养活自己的理想，还是屈从于商业。身处宽窄巷子，有年龄不小的“白夜”酒吧，也有刚刚三岁的“白夜艺廊”，它几乎是全国最小的画廊，但也几乎是全国人流量最大的画廊。酒吧不太挣钱，一个月房租五六万，压力很大。这与她的经营方式有关系，画廊一开始就没想过挣钱，倔强地为年轻艺术家展示着他们的傲气和天真。“我觉得从酒吧角度来说，这条街区比老白夜更商业，但从我们搞的活动来讲，其实比老白夜更纯粹，更文学化。以前受场地限制，很多活动都没办法搞。比如我们现在策划举办了很多文学活动，当年完全是不可能的。曾经有个英国诗人代表团到这里来，做过一次朗诵活动。是诗歌朗诵与表演相结合的形式，这在老白夜就不太可能，没足够大的空间。搬到新白夜来后，我们举办了大量的诗歌朗诵与其他艺术门类的融合活动，如与音乐、绘画、戏剧等，我们没收门票，是非常纯粹的文学活动。”

白夜目前的经营基本能维持正常运转，但不赚钱已是客观现实。“好耍”的初衷一直在翟永明心里没变。德国戏剧家曹克飞在白夜演出过一个很前卫的戏剧，叫《乘过山车驶向未来》。曹觉得白夜的院子本身，就能构成舞台，观看的人在旁边，而舞台就从外边延展进来。“我想做更纯粹的文学艺术活动。但是，这个酒吧虽是商业模式，但是它还不够商业，因为它经常导致我还要为酒吧的经营和收入焦虑。”

白夜的未来在哪里？翟永明说要更多利用平台做文学活动。电影《黄金时代》曾在白夜举行一个女性话题的讲座，反响强烈。前不久翟永明又请了美国哥伦比亚大学学者刘禾与川大的教授赵毅衡对话，还有建筑师刘家琨的新书发布会等。最近的一次，则是2015年香港国际诗歌之夜成都站，在白夜举行的开幕式和朗诵会。来自美国、以色列、日本和中国台湾的四位诗人，以及总策划北岛的来临，让当天夜里的白夜人山人海，最后不得已，提前关门。

“在白夜这样的环境，会比较容易融入气氛。我们的朗诵会和讲座与别的地方不一样，除了年轻人和学生参加，也会有一些著名的艺术家，学者和诗人，甚至音乐家来参与，有时候他们也会在现场互动。这样的气氛是我很看重的。我也会选择一些严肃而又与当下有关的话题。我肯定不希望我自己都不喜欢的话题来谈。话题要有意思，与现实有呼应的就不错。”这么多年来，白夜的艺术家常客太多。艺术家何多苓基本每次青年艺术家展览都会来，里面有不少都是他的学生。“如果要说来得最多的话，就是何多苓、刘家琨和朱成吧，这些是艺术家。诗人来得多的就多了，比如何小竹、石光华、刘涛他们来得最多。”

来白夜耍得最放得开的，那可能就是朱成了。“朱老师跳舞是最放得开的，在他看来是一种释放。我们在这儿喝着酒，音乐有点儿节奏感的时候，他总是最先跳起来的。有些年轻人还会有点儿腼腆。他的舞还真有点儿意思，无法归类的那种舞姿。是他独创的，有现代舞的成份，也有上世纪70年代的风格。可以达到‘灵魂出窍’的感觉。”

艺术会客厅

翟永明算是成都当代艺术发展的见证者。白夜则见证了成都艺术家的成长。

在上世纪80年代，翟永明就进入了艺术圈。她曾经在著名雕塑家朱成的工作室工作了一段时间。“80年代。他那儿就像一个小小的艺术收容所一样，很多年轻艺术家都给他当过助手，连我都给他当过。在那时，艺术家很边缘，毕业后最多安排去出版社当美编，就算好了。很多现在的大腕，当时都是被分配到边远地方当美术老师。”

老白夜开在1998年，那时艺术家都还没有成功，但也不能算潦倒。“成都的艺术家一直不算潦倒，因为他们有单位有房子，养得活自己。现在回忆，还是很纯粹。严格意义来说，白夜不能算一个很成功的酒吧，在开始阶段，应该算一个‘客厅’。只不过那时大家房子都很小，似乎需要一个公共空间（大客厅）的时候，有了白夜。当然，也大不了多少，60平米。完全可以叫穷开心，大不了喝点儿威士忌就不得了了。记得那时大家经常讨论是喝威士忌更有格调，还是喝啤酒更有格调。开始就是这样一个状态，谁也谈不上大腕，有些稍微有点名气。应该来说，最大的变化在艺术家，诗人基本没怎么变。诗人的基本生存状态，从那时到现在基本都还出于比较边缘。艺术家可以说是一夜之间就改变了，连身份都变了。”翟永明对成都艺术圈的观察，几乎可以深入细致到每一年的每一个月。

多年过去，一些艺术家变了，一些艺术家没有变。混酒吧的开始混会所，有的却还在租房子住。

2000年后，成都当代艺术的气氛活跃起来了。“在成都，大部分是川美毕业的艺术家，他们的架上绘画真的算是最厉害的。成都相对于其他地方比较舒服，这样艺术家们比较集中，有一个很好的氛围，可以互相影响和帮助。成都有本土的养料和国际化的状态，我认为是很好的。我不介意‘本土艺术家’的说法。成都很闲适。诗歌、艺术等门类在成都很受滋养的。”

翟永明又说，“成都的艺术家很讲义气，这些朋友这么多年过去了，还是会主动地带外地朋友来白夜，让朋友了解白夜。这十多年，从来没人给过我赞助，所有的活动都是我一手做起来的，每一分钱都是白夜挣来的。何小竹就说过多次：白夜没倒闭，就算很成功了。”

采访间歇，在白夜角落默默喝茶的一个人走过来，给翟永明递上一枚便签：今天我第一次到白夜，有幸目睹您的风采。请允许我向您致意。叶叔 2014.秋。

白　　夜　完成之后　又怎样

我的助手张涵对“翟姐”有这样的感慨：“白夜，是白天的夜晚。夜晚，是白夜的白天。白夜是翟永明，翟永明也就是白夜。可白夜完成之后又怎样？”白夜就要18年了，从办白夜的初衷，只是想让朋友们可以一起耍的酒吧，到今年最重要的一个作品出版：长诗《随黄公望游富春山》，30节，800余行，“是语言的尝试，结构的尝试，诗体上的尝试。包括对中国传统文化的致敬，包括对现实的一些思考，长诗的结构上，相当于你在古代和现代的山水中游观，沿途看见很多风景，你可以东看一眼，西看一眼，就是这样。”其实，现在看来，这种对沿途风景的观看，也是对自己的人生回望。未来就是过去，而过去不再是未来。

“一三五零年，手卷即电影/你引首向我展开/墨即景 缓缓移动/镜头推移、转换/在手指和掌肌之间/走过拇指大小的画题/走进瘦骨嶙峋的画心/我变成那个浓淡人儿/俯仰山中/随黄公望 寻无用师 访富春山/那一年，他年近八十/……”

翟永明热衷于自己的诗歌实验，也包括让诗歌借用其他艺术形式来表现。很多年前，她就开始在白夜做与诗歌相关的各种活动，诗歌与影像，与音乐的融合，甚至尝试过将诗与装置艺术结合起来。2014年，年轻导演陈思安提出想把《随黄公望游富春山》这首长诗，改编成多媒体戏剧，翟永明一口答应。当时，这首诗还没写完。后来，这出戏上了2014年青年戏剧节好戏榜。

在翟永明看来，白夜经历的这十来年，有件事特别重要：“我和四位成都诗人与四位著名的斯诺文尼亚诗人，搞过一个翻译工作坊。

我们就一起互相翻译。双方的背景，各自的要求，彼此写作和出发点，让诗人全部了解后，再逐字逐句翻译出来，最后再把它翻译成中文和斯诺文尼亚文。一首诗要打磨很久。”诗人们都认为这样的互译，是特别有价值的。许多翻译作品是一个人单独完成，不跟诗人发生关系。“这样的方式有时就会产生几种情况，一种是意译，还有一种是直译。各有利弊。我们这样的翻译方式是一对一的，是诗人与诗人之间最接近的一种交流。我觉得这已不是简简单单的翻译了，是完完全全的对诗歌的深入探讨。我们能了解对方诗人的创作状态是怎样的。他们也会更了解中国诗人的现状。这是我以后想要做的事情，白夜今后还要继续，更多的举行诗人互译工作坊。”

1 翟永明和洁尘，以及朋友们 。photo by 张骏。

2 翟永明，1955年生于四川成都。中国当代最著名女诗人。
1984年其组诗《女人》以独特奇诡的语言与惊世骇俗的女性立场震撼文坛。
该文写于2014年9月17日，于2015年12月2日补记 。

吵、火爆吧

火巴广海

1

张骏[2]

/ 今日的往昔 /

“因为照片本身有它的客观性，
我想让它们有一种陌生性，这是我的一个习惯，
一个爱好，按下快门的一瞬间才是“今天”的概念，
啪的一声响过，作品就成了“昨天”。

“今日的往昔——张骏摄影展”1月19日在蓝顶美术馆开展，142幅照片，30年的萃取，对张骏这个身份复杂、用意单纯的人来说，“要镜头”“找感觉”的时代早已过去，他的照片记下了中国当代艺术很多历史性的人物和时间节点，在很大程度上保持了这些镜头的单纯性和真实感，正史、八卦都在其中，只是他表达的方式是“不言自明”。他的朋友刘家琨说，张骏的这批作品，既是新手之作，又是成熟之作。厚积薄发，风生水起，张骏终于找到了自己的表达工具，“张骏成了摄影艺术家，张骏是幸运儿”。

张骏在摄影，真的还可以。

张骏的身份确实复杂，他当过兵、做过电影美工、读过美院、干过装修、搞过建筑设计，以前迷恋画画、现在执着摄影，目前的身份是五彩基金秘书长，和十几位老师一起，帮助两百多个残疾孩子学习艺术。

他的特点在于永远在场，永远不打扰这个活生生的艺术现场，一直在拍，噼噼啪啪，没关系，不满意就再来，因为他有的是时间和这些人在一起。拍累了，就坐下来跟他们一起喝茶吃饭聊天，然后又拿起相机，继续。"自伙子拍自伙子，不自然才难怪。"一位被他拍了无数遍的艺术家这样说。于是张骏就说："我的照片不是怀旧的，我反而还在找一种照片中的生疏和距离感。这些作品没有一张是摆拍出来的，也很难得跟哪个艺术家照合影。他们大部分眼睛看着镜头的照片，我都没选。我就是一个旁观者，他们都不在一个被摄影的状态，这是我想要的摄影方式。"这个话其实很牛逼，因为他晓得哪个时候该按快门，最能体现这些人的生活一面。

张骏在这群艺术家中最早认识的是何多苓。之前在部队当兵的时候认识了艾轩，1982年的冬天，当时艾轩在搞创作，张骏是部队基层的宣传干事。经过艾轩的引见，张骏认识了何多苓。在张骏看来，这几年何多（圈内都这么喊他）喜欢和学生们待在酒吧，张骏拍了很多这类照片，"但我觉得这不是何多的生活状态，大部分这种状态的我都剔除了，因为这不是他的创作状态、艺术状态。最终选择展出的这几张，是我认为能捕捉到他的古典特点的作品，他有很深厚的古典音乐的根子，这一点让他的状态很纯净，很古典。”

30年，都没拍到最　周春芽 的　周　春　芽

张骏和周春芽认识了30年，两人亦师亦友。张骏当时就是以拜师为目的结识的周春芽。随后几十年，两人成了好朋友。“但在我心目中，周春芽始终还是个师长的身份，这一点一直持续到后来我到了五彩基金。我对他的了解很深，他要做五彩，做公益，和其他艺术家有一些不同的想法。在我看来，直到现在，我都还没有拍到好的周春芽的照片，我还没找到在镜头中最周春芽的周春芽。”一张照片中，周春芽跳起来说话的样子令人印象深刻，这在张骏的想法里才是他所认识的周春芽，“他有很单纯的一面，一般人认为他很成熟、很周到，但在我这里，他在艺术上有极为单纯的一面，这也是我们做朋友这么多年，大家一直没怎么变的原因。”

周春芽这次专门为张骏的展览写了一篇文章，叫《老友记》，张骏很喜欢，反复看，反复对照：1980年代初，周春芽从四川美院刚刚毕业，分配到成都画院，张骏还在部队，喜欢画画。“他经常到画院来找我和何多苓玩。那时候，我的女儿褐褐在读幼儿园，张骏有时

还会骑着自行车去帮我接褐褐放学。现在回忆起来，他还一定要强调，他骑的可是锰钢28凤凰牌，全链盒带转铃铛，当年最牛的私家车。”周春芽说摄影家可以把平凡的瞬间转化为不朽的视觉图像，岁月亦可以定格永恒。“这些年，我们一起画画，一起看足球，一起旅游，坦白说，我们甚至还一度一起沉迷过一阵儿老虎机…… 现在，我们在一起做帮助残疾孩子的工作。”正是有了共同的为孩子服务的工作，两个大男人的各自的艺术表达都显得纯净直接。周春芽说，张骏是一个感情非常细腻的人，很真实，还是一个非常有正义感的人。他从事绘画创作的时候，常常表现人的内心的思考，很观念，以至于他迷恋摄影之后，主要的题材也是关注人。即便他拍的风景，里面也有人的故事。

和 张晓刚是一对最透明的朋友

张晓刚和张骏是一对交往近30年最为“透明”的朋友。张骏说张晓刚可能是大家觉得离我们生活最远的一个当代艺术家，大腕，价格高，成名早，话少，或者在媒体面前基本不说话。这可能是和他的性格、家庭环境和身体情况有关系，“但我觉得一看到画就联想到艺术家本人的，就是张晓刚，很直接，那种在作品中透露出来的神经质的气息很迷人。”

去年夏天，一起去欧洲的艺术之旅，同行者有张晓刚、艺评人黄燎原、导演李红等人，法国南部小镇阿尔勒和阿维尼翁……张骏很感动，一行人在欧洲看了30多个美术馆，还去到了很多大师的故居，格列柯住过的地方，梵高住过的医院，去过的咖啡馆等等，作为一个陪客，张骏吃惊地发现张晓刚在整个行程中的真诚，“作为在全球已有一定影响力的艺术家，没想到他在参观它们时，整个人保持的那种谦恭和学生状态，他没有以平视的态度去看，带着的敬畏却远远超过我们的想象，甚至已转化为了一种宗教情怀。”这些敬畏反映在张骏的作品里，成了中国当代艺术的某种代表性，一个走向，甚至是一种普遍而没有说出来的情怀。

张晓刚回忆说：“我们相处得最密切的时期是1990——1992年他在四川美院读书时，他租了黄桷坪最著名的蹄花汤老板的一间小屋连住带画画。有段时间几乎每天傍晚下课后我都会去约他吃一两个小炒，喝两口重庆老白干，谈天说地相依为命。1992年春我离开重庆去德国那天，张骏一个人帮我提着行李淋着小雨送到车站，那一刻因为没有相机永远消失了。而且后来发现我们在黄桷坪居然没有几张合影！那时的张骏对绘画的痴迷不亚于现在之对于摄影，但也强烈地能感受到时代的变革对他以往形成的美学观的冲击，相信那是他最单纯的学习时期同时又是充满迷茫和思考的时期。”

老栗　烟不离手　继续“清贫”

“老栗（栗宪庭）是我认识几十年时间里最没有变化的一个人，作为中国当代艺术教父级的人物，他继续‘清贫’，始终保持着一个知识分子的状况，他太有这个条件去奢华去拥有财富，他在将中国当代艺术引向一个阶段时反而抛弃了一些东西，拒绝了一些东西，沉淀下来，不关心这些我们认知的‘大牌’。”

张骏在老栗的照片选择上，没有按照策展人吕澎的意思，回避肖像，而是执意选择了这种颇具代表性的照片，老栗手执香烟若有所思，镜头逼近，他却毫无察觉……烟不离手的老栗依旧忧心忡忡。张骏心里一定是对老栗有种孤独的崇拜感，要不然他不会不断地将这张照片减掉颜色，回到最基础的画面构成，减到老栗手上的青烟一直飞到头顶，像只野鹤——老栗远没有远离江湖，而是在不经意的淡然之间有着对当代艺术敏锐的判断力和纯初的情怀，他对当代艺术、对年轻艺术家方向的把控依旧让人印象深刻。

吕澎说，“张骏拍摄他的朋友，是他要拍摄他记忆中的朋友，张骏拍摄风景，是他要拍摄他想象中那样的风景，张骏要拍摄故事，是他要拍摄他希望那样的故事。”

法国阿尔勒形式广场，在梵高的兰卡散尔“黄色咖啡馆”（名为梵高的作品《夜间的咖啡馆》），张骏拍下了后来成为展览海报的一张照片。

就住在咖啡馆对面的张骏，很喜欢镜头中间隔着的那些虚化的阻拦物，他喜欢这种巧合的阻挡带来的叙事性和电影镜头感。中间有几个陌生的女游客——和众多男摄影师创作的习惯一样，张骏的画面中出现得更多的是女性，表现张骏心目中女人的优美、自然的快乐和不经意突出的动态感。概括起来，张骏形容是“真实的现场感”，不被摄影的状态下的抓拍与其说是营造，不如说是“偶成”，张骏应媒体之邀正式拍过两场大片，对象是他最熟悉的周春芽和方力钧，但是一次也没有成功过，“摆着拍我实在不会拍。”

张骏在去年夏天的艺术旅行拍了大量照片，本次展览也单独辟出单元，诗人翟永明说：“作为艺术史上最为重要的地点、场景的呈现，他关注的更多的是这些艺术地点、艺术空间与艺术家、艺术品之间的关系，以及与此次旅行中的中国艺术家的这些关系。其中一幅优美宁静的风景照片《托莱多的晨曦》与格列柯充满魔力、扭曲旋涡般的油画《托莱多风景》具体处于同一视野，显然是一幅致敬之作，二者对照起来看，也别有意味。青山不改，绿水长流，大自然和艺术史迎来送往，并不管其中谁会成为下一个梵高、毕加索或格列柯……”

摄影状态下的张骏是区别于肖全的拍摄手法的，虽然他们的身份相似，圈子也差不多，又都是成都人，但他说自己是比较随意的，随意的张骏很生活，或者比别人更懂生活。

作家兼建筑设计大家刘家琨说得好：纵然不再重拾画笔，但张骏对艺术的关注，以及和艺术家的交往却一直没有中断过。完全懂，但自己不碰而且人又随和，这是很多外地艺术家一来成都首先就找他的重要原因。一找到他就找到了组织。“大家在一起主要也就还是吃吃喝喝，不管谁一张画拍几千万，该吃小面就吃小面；双年展大家说，小妹在捏脚。与其说张骏喜欢和这些朋友玩，不如说这些朋友更喜欢找张骏玩，虽然乐在其中，但我看他确实也有点疲于应对，艺术社交已经成了他的日常生活，其实他还有五彩基金的忙碌工作。有点累。不过既然喜爱艺术，艺术江湖也是艺术。累就累，让他累。”

现在明白了，张骏确实在摄影。

1. 从左至右：唐蕾、周春芽、毕克俭、吕澎。photo by 张骏 。

2. 张骏，1962年生于四川成都。1982年毕业于成都陆军学校。
1992年毕业于四川美术学院中国画系。现居成都。职于五彩基金（理事、秘书长）。
该文写于2014年1月19日 。

学诗早时

少寒意

1

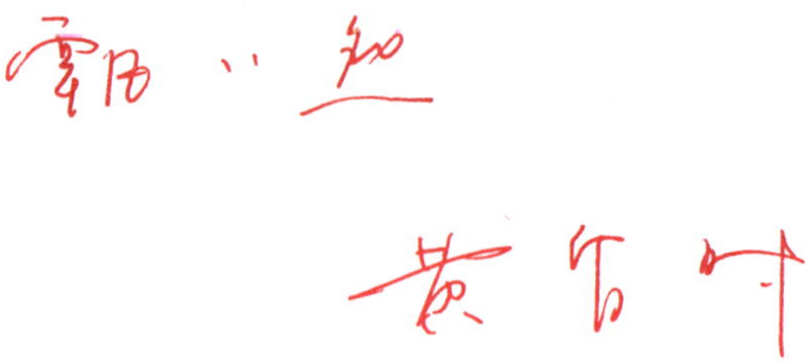

2

毛晓初[3]

/一个女人的极地传奇/

从2008年开始，她扛上照相机三次去到南极、一次抵达北极拍摄，
在风浪中演绎了一段女人的极地传奇。人的绝望，没有新颖的理由，
发自内心的失落和不快，都是滚烫而真实的。
她曾是个孤独的女性，负债去到南极探险拍摄企鹅，
去到北极体验极地严寒，这穿越极限的全部意义在于使她善用自己的孤独，
在她的经历背后，这一孤独的最终形式是一个人和自己的命运相遇。

迷恋极地的女人

今年12月，毛晓初将第四次踏上南极之地。届时将是这世界一极气温最高的时候。在这之前的3月15日，她还将扛上照相机第二次踏上北极之旅，目的地是加拿大东北部巴芬岛与拉布拉多半岛西侧的哈德逊湾小镇丘吉尔，这里是世界上最大的北极熊聚集地之一，为了赴这次北极熊的约，她已准备了半年。

先是去老家找乡亲弄了些新棉花，为照相机的电池武装一层“保暖衣”，为的是电池的电量能在严寒之下多拍几张，随后更在网上“漫山遍野”地做功课，加上每周都去健身，“我相信这已经远远超出‘旅行’的范畴了。”

“去北极的费用要低一些，一般不到10万就可以搞定，南极就要花费很多了。”毛晓初显然不是那种亿万富翁，当初对去南极的花费和收获比，她看得很重。但后来，随着片子越拍越多，她恨不得把南极的所有帝企鹅全部搬到电脑里去，“我满脑壳都想拍企鹅和人在南极那种极地的‘极状态’，简直是迷恋。”后来才明白，她迷恋的，是在南极换了一套心境的自己。

毛晓初第一次去南极是在2008年10月31日。“作为一个旅游、摄影爱好者，南极，是我梦寐以求的地方。我们从北京出发，经罗马转机飞往阿根廷，梦幻之旅开始了。不过我们乘坐的航班真是烂透了，座位拥挤、过道狭窄，最可恶的是座位靠背让人的头无法伸直，只能低头认罪似的坐着……我们埋怨的同时，也怨自己囊中羞涩，谁叫你不去买头等舱呢？”毛晓初的日记里清晰地记录着自己初次远足南极的新鲜和兴奋。11月2日到达布宜诺斯艾利斯，次日抵达乌斯怀亚，这里是距南极最近的一个城市，800公里，坐船两天即可。“到了这里，我们的南极之行终于到了实质性的一步。”
接下来的旅程更让人兴奋。11月4日登上探险船，6日抵达福克兰群岛，“船终于停下来，因为我们要登陆看企鹅了！”一行人按舱房分成5组，穿上防水衣裤和防水胶鞋，橡皮艇将所有人分批拉上岛，温度不算太低，加上人人兴奋不已，信天翁和跳岸企鹅混居的福克兰群岛让人流连忘返。“我们都是第一次零距离接触企鹅，兴奋惨了，由于我们在高处，它们在岸边，加之崖石呈深褐色，拍摄起来难度很大，它们似乎一点也不怕人，只要不弄出大声响，它们简直就是天生的模特！憨憨的样子让人心里爽翻了。”毛晓初仍旧记得当时的拍摄感受。

11月9日，一行人抵达南乔治亚南部的爱德华国王港口，在衣着、行李全部清理消毒后，“上岛”成为一次久盼的狂欢。所有人都在拼命地寻找企鹅，摔倒，爬起来，又摔倒，又爬起来……冰山一座一座地从身边掠过，晕船药、矿泉水、饼干和红酒混合的味道在胃里翻腾，“现在想起来，第一次去南极是给了我极大震撼的，那种在极地之上捕捉镜头的快感，让我终身难忘。你瞬间会觉得之前人生中遇到的不快，都可以换一种角度去解读、去认识。”22天的旅程，几乎改变了她的人生态度。

女老板 是个“冒险王”

远足，已成了这个女房产老板的新生活、新事业。去年三八妇女节，成都电视台做了三期女性特别节目《这里是成都——女性故事》，第一位嘉宾就是毛晓初，片子起名叫《行者无疆》，大体讲了她25天的海上航行、零下30度穿越极地严寒的经历。这是她第二次踏上南极之路。“2009年12月3日到2010年1月4日。我一辈子都记得。”让她忘不掉的不单是旅行的经典、照片的收获，还因为她2009年5月刚刚结束自己18年的婚姻。“一个中年女人，在结束婚姻后瞬间觉得失败之极，你完全找不到方向，在我们整个成长的过程中，竟没有人教过我们怎么去面对痛苦、挫折和失败，它不在小学、中学、大学的教科书或课程里，更不在我们大众传播里。家庭教育、学校教育、社会教育只教我们如何去追求卓越，却没有人教我们如何抵御失败。”毛晓初更没有想到，半年后，她竟然还能站在去南极的破冰船上对着滔天巨浪兴奋尖叫、迎风流泪……

“房间里的物品因船的剧烈摇晃滚来滚去，椅子翻了，箱子倒了，放在地上的摄影包也滚到了屋中央，‘稀里哗啦’‘乒乒乓乓’……就像天崩地裂似的。人躺在床上不能侧身，平躺也上下左右摇晃着，大部分时间必须紧紧抓住床边的挡板，人才不至于掉下床。这种感受前所未有。”12月7日，毛晓初的日记里这样记录着当天恶劣的天气。两年过去，现在看来，当时是把突然的自我融进了日记里，“当时心里也就是这样乱，真实写照啊。”

毛晓初第二次去南极的路线有了一些变化：北京——法兰克福——圣保罗——圣地亚哥——福克兰岛。这是一段经典而特别的旅程。“有两个女人拿着国旗，一个是王新妹，一个是毛晓初……”同行的老魏对着摄像机在罗斯冰架上大声地宣告。缓缓地，摄像机对准这两位穿越西风带滔天巨浪、登陆罗斯冰架极地冒险的勇敢女性。

就是这个王新妹，让毛晓初走出了一段新的人生。

作为一个浙江女商人，王新妹对极地旅行摄影有着高烧般的热爱，一套哈苏的专业相机和镜头就是几十万，当初在毛晓初的房地产项目遇到资金链问题时，因着和王新妹在之前的交情，王新妹说服家里的企业投资将毛晓初的盘子接下来继续做，“有些时候，两个女人因为一次重要的旅行而结缘，这样的缘分反而更加浓厚，反正我们都觉得对方就是自己的‘毛杆儿朋友’，惺惺相惜。”

“在这样的风浪里航行了两天，脑子里会想很多，心里在问自己，为了什么？也许是为了很多，也许是什么都不为，人生，体验的滋味属于自己。”漫长的航程似乎装不下整条船的疲倦，于是，酒就成为这群冒险者的共同语言。王新妹和毛晓初与船长、领队成为了好朋友，通过翻译才了解到，原来这帮队员经历太丰富了，有的经历了生命的悲欢离合，有的闯荡了大半个地球最终还是觉得离不开南极，有的更是以工作来养自己的旅行……“这个时候，我才发现，一个女人其实还有很多可以去做、去体验、去记忆。”

1960年代生人的毛晓初出生在龙泉洛带。1979年17岁的她上了技校，两年后去了国营清江仪表厂（原成都航空仪表公司），一干就是4年。她现在都很自豪地说，当时自己曾亲手制造过国产歼七、歼八的飞机仪表零件，没人能想到，几十年后，她竟如此地爱上了飞行和航行。仪表厂还没来得及改名为“成都航空仪表公司”，1984年，毛晓初就跑到了当时的龙泉广播电视局当起了奔走于田间地头的“土记者”。这一干，又是8年。“那个时候对新闻抱有无法言语的激情，每天都在跑，都在路上寻找，写消息、通讯，消息一篇8块钱稿费，通讯10来块，干劲十足。”也正是这段经历，让她受益匪浅。接着在1992年，她又被调入当时刚成立的成都有线电视台，这随后的8年，她成了一名“洋记者”，对身边的信息能够快速把握，“正儿八经地跑新闻，拍片子了。”

晓得的事情多了，路子越熟了，不安分的毛晓初开始酝酿更大的事业。“当淘金的时机成熟，毛晓初毅然辞职下海，10年商海沉浮，成就了毛晓初的女强人形象。”电视片里的介绍，带着总结的意味，而在毛晓初自己看来，2000年自己的下海是带着一种理性的必然，“我把我的智商、能力和修养在某个特定的区域里排名，这个区域的设定和人选样本的确定是基于我干‘土洋记者’的16年经历，发现综合起来我属于中上层次，所以我觉得这个事情可行。”

毛晓初选择的是当时风头正劲的房地产行业。到目前为止，她治下的“四川重锦实业”成立刚好10年，开发运作的三个楼盘都曾在当时热销，卖完了房子的毛晓初觉得自己该换个行业扎进去，作为一家小房地产企业，“其天生的‘气质病’无法避免，很多东西要学会抽身，当时挣了钱，不一定现在就能挣钱。”她当时带着员工去俄罗斯、去西班牙过农历新年，家属也跟着去，公司买单，很多人艳羡，毛晓初倒是认为，这是一种企业文化，“爱耍和会耍的企业是有生命力的。”

还是出人意料，当初第一次去南极的决定，正是在她公司最艰难的时候，甚至10多万的花费都是借的。“2008年5·12大地震后我的公司资金链出现了断裂，在这之前我刚好在4月份去了一趟印度，认识了王新妹，浙江女人，后来地震，大家都傻眼了，完全不知所措，结果一挺过来，也就没什么了。”

从为“散心”开始的南极之旅，到后来变成一年之内穿越地球三极的专心事业，毛晓初的感受像是个孩子回到母亲的怀抱，无论她此时彼刻的年龄。“作为咱们妇女摄影协会的代表，能把咱们的旗帜，插到南极去，不容易。”四川省摄影协会副会长王建军在去年三八节前夕的四川省女摄影家协会表彰大会上这样评价毛晓初，作为协会里唯一在一年之内跨越地球三极的女摄影家，毛晓初获得了一份沉甸甸的表彰。这个“跷脚老板”的摄影梦，在前两次南极之行后变得异常茁壮起来。

南极西风带，是海上航行最危险的地区。在南纬50度到70度之间，自西向东的低压气旋接连不断，风速可达每小时85公里，有时还要连刮数日。在飓风掀起的惊涛骇浪里，毛晓初所乘坐的船，简直就是一叶孤舟，“遇到意外情况，我们是死无全尸的，你想到了死无全尸，你就没有必要再怕了。浪最凶的时候，我简直是无力起来，生不如死。当时还曾在心里对自己说，老子再也不来南极了！”可每当南极，这块世界上唯一没有土著人居住的大陆缓缓出现在面前时，毛晓初还是轻易就陷入那种极地之美、极地之震撼中：高大晶莹的冰山、广阔无垠的冰海、憨态可掬的企鹅，还有肥硕的海豹和鲸鱼在海上忽隐忽现……绚丽的南极光和洁白的大地交相辉映，然而这片土地上也有暴风雪、飓风和零下90度的极限严寒。恶劣的天气让多少向往它的人望而却步，一个年近半百的女人如何会反复将自己置于这危险的境地。包括自己作为中国大陆旅行者之一首次登上罗斯冰架的壮举，也让这个中年女人如复童颜。

她在船上遇到的一个英国老人让她到现在都备受震颤。罗宾森患了小儿麻痹症，“一副拐杖、高原红的脸、蹒跚的腿，带着他去了三次南极、两次北极，他特别喜欢攀登，总在路上，总在向上走，他告诉我，他总是希望出发，希望像一个健全人一样去到任何他想去的地方。这让我对去南极冒险产生了一种新的人生领悟：不要老去抱怨生活，要享受你所拥有的一切。”

毛晓初因了这样的体验，将之前淤积的阴郁瞬间释怀。

2010年新年前的最后一周，当大多数企业都选择大宴宾客到酒楼聚餐的时候，毛晓初带领公司20多个员工开始了峨眉之行，他们要在金顶度过公司的团年之夜。“吃，已经没有什么意思了，没有觉得啥子东西是好吃的了，大家出来走一走，会有更好的体验。”员工们之前的一次团年，还是3年前，目的地是浪漫的西班牙。公司经历了金融危机后，这次的“寒酸”安排丝毫没有影响员工们的心情，因为她带着她的女儿，员工们也带着自己的儿女。

家庭对毛晓初来说意味着太多太多，她希望自己和女儿都能保持一份最简单的纯粹和向往。“在去南极摄影这种体验式的人生面前，我还是太年轻了，所以对这个世界的理解带着盲目的信任或者盲目的不信任。”毛晓初在去年12月第三次从南极回来后对记者说了这样一句话。

毛晓初的女儿去年夏天考取了美国费城一所大学的室内设计专业，对设计的狂热让周边的人都感到吃惊。到美国前，毛晓初带着女儿去了一趟非洲肯尼亚，母女俩扛着照相机去了那片神奇的土地，女儿拍的一张非洲豹照片还获得了去年卢森堡第23届青少年国际摄影展的银奖。“看到女儿这一代人和我有共同的爱好，我很开心，这种交流更贴心，更加有效。”

美国夸克公司的“KK”号探险船曾载着毛晓初两次出入南极。今年年底，她将乘这艘即将退役的船再次前往南极。“这次的费用可能还要更高，30万左右吧，不过能赶上它退役前的收官航行，我很满足。”这是已经多次经历极地探险的毛晓初如今的探险心态。

去采访的当天，毛晓初正在整理自己的照片。蔡琴《恰似你的温柔》的歌声在偌大的别墅里回荡，“某年某月的某一天，就像一张破碎的脸，难以开口道再见，就让一切走远……这不是件容易的事，我们却都没有哭泣，让它淡淡的来，让它好好的去。”毛晓初的开放式厨房里，堆放着许多来自世界各地的红酒和冰箱贴，代言着她去过的地方和身上凝结的旅行故事。在她朴素的情感深度里，她喜欢和自己家乡的农民交朋友，为那些在岁月中慢慢衰老的庄稼人照相，记录他们脸上的皱纹、时间的更替和目送的身影。

现在很多有钱人很忙，忙着挣钱，忙着花钱，忙着再挣钱，很少去关注我们身边滋养我们的人，他们默默接受着时光的磨砺，守着一份单纯而美好的生活，因为没有太大的欲望，反而有太多的快乐。他们的表情，让我体会到了人生的快乐一面。”毛晓初为草莓园的农民拍照，人家送她新鲜的草莓，她又将照片给人家送去，在地里笑呵呵地和那些庄稼人说话，扯家常，像是走亲戚。一个守窑的刘大爷，毛晓初当初给他照相，扩出来后买个漂亮的相框装好给他送去，放在他简陋的家里，光亮了整个房间，“当你给别人带来快乐，别人看到你的时候是吸纳你加入到这种快乐之中，那种大家互相欢喜的表情是最高级的享受。”

毛晓初仍旧在为即将开始的南北极之旅忙碌，一切都在计划之中，一切又都在预料之外。毕竟，幸福就是，生活中不必时时担忧，幸福就是早上挥手给你说“再见”的人，晚上又平平常常地回来了，包丢在同一个角落，鞋塞在同一张椅下。

这个说“再见”的人，或许就是她自己。

想　念　南极[4]

文/毛晓初

提起笔，南极往事在我脑海里呈现出来。我想念南极，此刻更是想得要哭出来。四次南极行带给了我巨大的精神财富，它使我的心有了最踏实的、最美好的寄托。即使至今我的企业经营仍举步维艰，即使我的企业目前仍负债累累，但这丝毫不影响我对大自然的崇拜和对人类浓烈的关注。当企业经营有进展时，我就努力去做企业；当企业经营不顺时，我扛起相机就去摄影。近几年来，我两次去到埃塞俄比亚的原始部落，拍摄了大量原始部落人的人文图片。

中国摄影家协会理事、《大众摄影》杂志社主编徐艳娟曾给我写了这样一个评论：可能每个爱好摄影的人最初与之结缘都可以讲述一段故事，毛晓初同样是一个有着丰富故事的女摄影师。她因为生活的变化而走进摄影，又因为摄影而让自己的生活充满色彩。从事摄影创作多年，她的关注点主要集中在极地和非洲。远足带来的兴奋、对于远方未知事物的好奇过去之后，真正吸引她的是那些地方自然、质朴甚至原始的气息，女性特有的细腻和敏锐让她的摄影作品充满情趣，画面细节丰富而生动。近年随着国内与国际的摄影互动变得更加通畅，她的作品也获得更广泛的认可，获得了多项国内外摄影比赛的奖项，这一方面成为对她摄影爱好的肯定，同时也成为她不断孜孜以求的动力。旅行、拍摄，到自然中去，到那些遥远但同样面临快速改变的人群或生态中去，发现、记录、分享这个世界的美丽和神奇，是毛晓初摄影的快乐。久而久之，她也从中体会到一份责任，希望用自己的摄影讲述故事，让她所拍摄的对象被更多的人关注、热爱。用她自己的话说：我们生活在这个地球，就应该找到自己的方式给予它关照。摄影正成为毛晓初——这位女性摄影人对自己感兴趣的事物进行关照和注目的最好方式。

我喜欢这样的评论。

---

1. 毛晓初摄影作品：《南极系列》。
2. 毛晓初摄影作品：《赶场天》。
3. 毛晓初，中国摄影家协会会员，国际摄影学会会员，四川省女摄影家协会副主席。
   她多次到南极、北极摄影。其南极摄影作品《幸福家庭》。
   荣获第三届芬兰五地国际数码巡回展自然数码开放组PSA金牌。
4. 《想念南极》一文经毛晓初独家授权刊载。
   该文写于2012年7月19日。

画

何时再见
画中人

并非涂鸦·许尔纯作品

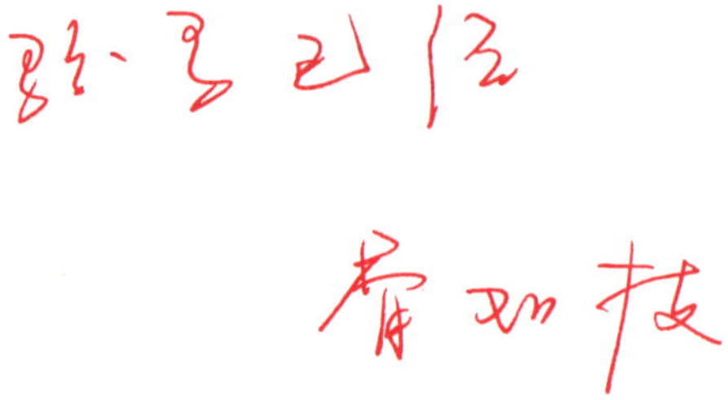

1

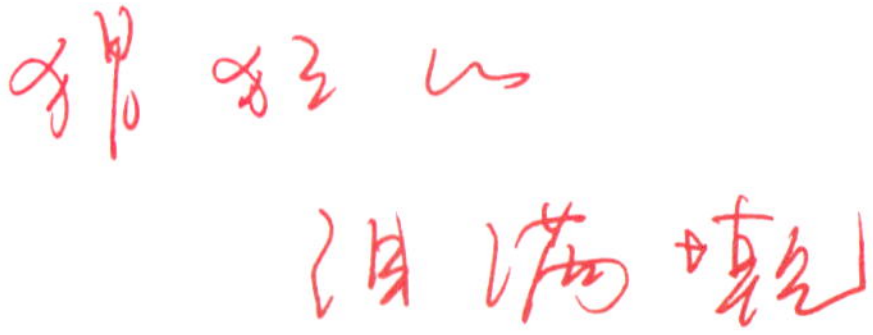

2

周春芽[3]

/ 郎迷

桃花 殷 /

如果要当一个纯艺术家，是很苦的，是一次冒险，更是一场赌注。
如果是热爱艺术，你可以去找一些方式去克服生活上的困难，
但是最重要的是要坚持你的个性。

澳 门

的确，其实人生并没那么复杂。“爱，不爱；画，不画；变，不变；向前看，向后看；向东进，向西闯……即使有过纠结，心意已定，一切变得从容。秩序井然，丝丝入扣。”周春芽，2015年10月16日下午站在澳门艺术博物馆二楼的专题展览馆门口，为自己的“始终是开始——周春芽作品（2015）”个展讲话，这也是2010年他在上海美术馆举办40周年回顾展、2012年上海周春芽艺术研究院展览、2013年南京艺术学院美术馆展览后再次举办规模个展，也是其“园林”全新系列作品的最新亮相。

简单来说，周春芽的新作，可见依旧笑春风的桃花，秀绝天下扬州园林的精灵，石涛济山僧的梦呓……是周春芽与古代文化的一次对话，更是对《园冶》的深度解读，对《扬州画舫录》的礼赞。

烟花三月 下 扬 州

周春芽今年60岁，2013年他58岁时有了儿子。也是从2013年开始，他每年“烟花三月下扬州”，采风、创作，选在花开烂漫时怀着幸福之心来到园林，感受幽深曲折、温暖冷冽、花开花落，他的创作状态发生了一些新的变化。“随着年龄的增长，家庭的温暖，儿子的诞生，作品更加的厚重，这次的展览不一定有进步，但是我希望有一些变化。我很感恩这个年月，在我人生中很重要的时期在澳门办这次个展。”耳顺之年的周春芽坐在我旁边，这样说。

生 命 重 新开始

澳门艺术博物馆馆长、本次展览的展览总监陈浩星说的几句话让人印象深刻，“和周春芽合作是一件乐事。他是个阳光型的艺术家，将幽深曲折都置放于作品中，为人处世，不矫饰，不造作，开门见山。他和你交流思想，无遮无掩，十分坦诚，经过几番琢磨，得出一个大家认可的方式。这，就是今天的‘始终是开始’，标志着2015年的周春芽，艺海扬帆40秋，在耳顺之年又回到起点，开始另一个艺术旅程，而且似乎可能肯定必然不知何为终点。他勇于冒险，精力旺盛，不会被昨日羁留。来日方长，他当是新旧世纪交集之中最具探索精神的艺术家。”陈浩星用了“来日方长”这个词，展览现场来的几乎都是周春芽多年的藏家，一群太有生命经历与故事的人在一起，气氛可想而知。当然，周春芽也有遗憾，2014年年底，他获选“成都商报2014读者口碑榜年度艺术家”称号，遗憾的是，60岁了，到现在还没有在家乡成都办一场真正意义上的个展。

本次个展还特别将周春芽在上世纪80年代与一些后来重要艺术家的书信往来编撰成书，密密麻麻，一张信纸正反两面都写。书信是根据重量来算邮费的，周春芽给自己定了规矩：所有的信都必须在两个马克[4]之内搞定，“写上三页纸就要影响我的生活了”。

他在给张晓刚的一封信里写：“当所有人对你的风格习惯了，那你的心也可以变了。人总是很怪，没有出来，就想出来看，当你达到目的时，生活在这种优美的环境里，却又想念艰苦的岁月。”周春芽回忆自己在德国留学期间，所有的书信似乎都是写给自己的。书信里情怀满满，鼓励自己待下去，是一种孤独的海外生活的写照。这些书信和写信者背后的心情，成为他身揣100美元和一箱方便面就去欧洲留学的原始动能。周春芽一辈子唯一靠体力挣钱的时候就是跟一个伊朗留学生去当搬运工，3个月，满足了他半年的求学生活，给了他最深的生活体验。回国后，他的老师为了鼓励他坚持绘画，还每个月在信里给他寄50马克，“盼信来”成为一段时间他最难忘的内心感受。

“绿狗”没有考虑传统

“画桃花从人性的角度思考得比较多，色彩很鲜艳，画起来比较自由；画园林就是另外一种感觉，更想把一些东西隐藏在画里面，把一些想法通过石头、树，通过笔触等表达出来，借鉴了一些传统艺术家的语言方式，难度也要大一些。画了几张以后，我又多次去扬州，通过对当时石涛、龚贤、髡残等艺术家那个年代的理解，寻找与他们画石头、画大自然方式中的共同点。”

“我的创作里，‘绿狗’没有考虑传统，画绿狗是一个全新的发现，包括色彩、力量、造型、构图、思想。桃花严格讲虽然是中国传统的题材，但是我画的时候比较开放。画园林就稍微有点儿保守，但其实还是借用，我没有必要单纯表现这个园林，我也不是做园林的艺术家，没有义务重复一遍。”重复太没有意思了，周春芽说，“比如说我对色彩的激情就跟石涛他们的创作理念已经完全不一样了。我在想，为什么石头、树是经久不衰的题材？西方的当代艺术家也还在画——西方叫风景，我们叫山水。我创作的时候想到传统的语言方式，用夸张的色彩表现出来，这又是和中国传统的‘墨分五色’不一样的西方色彩的概念，我想把它们结合起来。用油画画传统题材在中国曾有很多艺术家尝试，我还不想用西方的色彩去表现中国的题材，我觉得这样太简单，还是结合艺术家对大自然的爱，我觉得这是最重要的，手法只是一个方式而已。”

出国留学前，周春芽是既没有传统也没有受到新思想影响的艺术家——“我们受的教育都是这样，纯粹掌握了一些造型能力，但这个能力又是保守的、不开放的。”从“绿狗”“桃花”到“园林”的变化都不是故意的，到了一定的时候是自然而然的。“我是生活在中国的艺术家，但也有西方色彩等因素的影响，出来的东西会跟西方艺术家不一样。我是试图寻找一个区别于西方艺术，同时又区别于传统中国艺术的中间的路子，这是最初的想法。

“我们现在希望艺术家往前面走，创造新的语言，认为这是艺术家的责任，我好像还不是，我觉得我还是属于那种瞻前顾后的艺术家，不是彻底的前卫艺术家。有些东西是时间概念，像当代艺术家再过50年也是传统艺术家，但是有些人可能变成传统艺术家可能要晚一点，100年以后才可能去理解他的革命、他的创新。”

“坦诚地说，拿到‘成都商报读者口碑榜年度艺术家’的荣誉，我很意外，我的确在2014年画画也画得不多。我的很多精力也用到了家庭上，刚刚得了一个儿子，他很小。他从生下来到开始说话，现在马上就要开始学走路咯。我对他的爱把我扯得太紧了。他的生日是2013年11月15号，天蝎座。我先还有个女儿，褐褐，但那是比较年轻时得的，不像现在的体会，这是不一样的，没有那么细致，也没那么深。应该说，我对不起女儿。”60岁的艺术家周春芽2014年12月27日深夜淡然地坐在台北喜来登酒店的咖啡吧，和我聊起自己的获奖感慨。

口碑，是一个光怪陆离的光环，既悬在头顶，照得前方，又像一柄光剑，亮得刺眼，作为极需个性和灵感赖以傍身的艺术家来说，如何看待“口碑”，考人，也“考心”。

“我要感谢广大读者把口碑奖给我，我想也是成都的读者对我有更多的期待。一个艺术家的影响是很多年形成的，不是说2014年一年一次爆发，甚至可以追溯到10年或是20年以前。这些时间都可能是艺术家在搭建自己的口碑。我创办的五彩基金今年做了很多展览，去了外国，也在蓝顶艺术节上做了残障人士展等等。五彩基金花费了我很多精力，我估计大家评给我好口碑，这也有一个原因。艺术家的理想可能会长达一辈子，甚至到你去世以后。艺术家的理想和责任是一辈子的事情，甚至到死去后，你也要对作品负责，对社会负责，对读者负责。”周春芽说。

整整两个小时，周春芽借着“口碑”的话题，仿佛自己跟自己谈了一次长长的心。他的60岁人生感言、四段婚姻、两个子女、桃花、绿狗、园林、在乎的和不在乎的事……旧时生活，新年愿望，这一夜的“周叔叔”，特别坦诚。

柔软的伴侣

周春芽和另外21位成都艺术家此次来台北参加“居住在成都”当代艺术展于台北艺术大学关渡美术馆的大展，这是这个展览10年来的第五展。周春芽是个重情分的人，这点在圈内无人有异议。那只著名的狗“黑根”从某种意义上来说已成为他早期的精神灵感的飞地。它随着时间变化的力度，渐入周春芽作品的厚度，曾带给他一种撕扯的痛感。“从狗的角度，是人们印象最深的动物，在加之绿色是极具刺激性的色彩，这是一种前所未有的表达。我想，这两点可能更加贴近社会，更加容易被大众所记忆。”关于绿狗，多年来已有多种艺术评介样板出现，但回到他本人的内心世界来说，“黑根”曾是他内心最柔软的伴侣。

柔软的那一块基本处于他内心的同一位置。2014年，他在带娃娃，四川有句俗话说，“这个人带娃娃带得有点痴”。他就属于那种“痴”的一类。“说带娃娃是件很有意思的事情，这是真实的。”为什么儿子取名周紫岩？要提到他此次在台北展出的三幅园林系列新作，“我觉得一个艺术家不能一直重复过去的题材，一定要有新的冲动，这是表达对生活的关注。你的情感会不断的变化、升华，不断的有刺激。如果老是重复一个题材，也会让人产生疲劳。哪怕你这一题材是深受大家喜欢的，你也要试图去放弃它，突破它。因为你喜欢生活，喜欢去关注这个社会，热爱生活就会自然而然地产生一些新的想法。”

绿狗是绿色，桃花是粉红色，园林是以紫色为主。“我第一个女儿取名褐褐，因为当时正在画褐色的作品，现在儿子取的是紫色，原因亦然。儿子叫紫岩，栗宪庭取的名字。取自古诗中隐士的某个出处。‘周紫岩’，这也符合我们在蓝顶生活的环境。我当时画了很多石头，紫色的石头。儿子是一个新生命的诞生，这对我来说也是一次新生命的诞生。这是人生的一个新的体会。你会一下发现，虽然自己年龄比较大了，但你会从他第一天生下来开始观察每天的变化，到现在，一岁零一个月。每一天变化，都会触动我的心。有些艺术家对生活已经麻木了，他如果对生活麻木了，失去了理想后，这就必定要影响到他的创作热情。他的创作会枯竭，会没有想法去变化他的题材，包括他的语言和他的审美了。我觉得一个艺术家的生活方式决定了他对文化的态度。”

“第一个小孩生下来时是非常艰苦的。那时，住房是集体宿舍，隔墙简陋，用报纸隔的，手指都戳得穿，一共六家人住在里面。当时厕所都在楼底下，每天打开水要从六楼走到一楼，娃娃生病了不像现在还可以开车去医院，只能是自行车驮着去。艰苦的生活反而会忘记一些孩子出生的快乐，情感上也转向如何克服生活的困苦，生活就是一种拉扯，哪有那么多时间去感慨。以前肉也没吃的，糖也没有。奶水不好的话，只能吃奶粉。那时，我喜欢高原题材，我经常去红原，有一种红原奶粉，当时红原的奶粉厂产的是非常好的……”周春芽难得提到旧时困苦，对于活生生的现实生活，他背负的竟是一种诚恳的歉意。

艰苦生活的经历对一个人的锻炼是非常重要的。“从内心来讲，我以前对不起我的女儿，当时没有更多的精力，更多的时间去陪着她。以前的条件又请不起保姆，那么贵，我也只有交给母亲带。你又要去奋斗，要去挣钱，不像现在有经济条件了。现在我有很多时间陪着小孩，这种陪伴牵扯了我内心最深的一种情感。”这种情感投射到他的作品里，先有紫色的山石而后有了“周紫岩”，儿子的出生牵系着他的创作。“我有艰苦的经历，对不起女儿。但我中间也有非常自由的生活。我也有家庭婚姻处理不好的过程，但我觉得所有的，无论是艰苦或动荡的生活，到现在比较安稳、幸福的生活，我认为这都是艺术家的一个过程。每一个过程都会影响我，我很感性，包括我艺术的一些题材，一些语言方式，都跟我的生活变化有关系。我不希望每个艺术家按照我这样搞，大家各有各的生活方式。有的艺术家就是很有激情，很高调的创作方式，也有的他一直表现痛苦，自己也比较痛苦。艺术家无论怎样都要有他的个性，这很重要。”

真　坦诚　就真没压力

四川人过生，历来有“男做九女做十”的地方习俗。周春芽59岁生日时，已在香港庆祝过一次小范围的生日。再过3个月，60岁的周春芽有很多感慨。“我属羊，明年羊年对我来说是很重要的。”台湾地区的藏家已经几次邀请他明年3月26号生日在台北庆祝。“我们这个年龄段对当代艺术的影响还是很大的。为什么我们这个年龄的人容易出成绩？因为我们的经历太丰富了。全世界很多五六十岁的艺术家的经历都没有我们丰富。我们的经历，严格意义上说是经历了严重的政治动荡。这种动荡是非常强烈的。包括50年代出生的人，‘文革’过后，国家的变化非常大。我们的幼儿、少年、青年，到中年，到现在的年龄，这中间的变化在社会来说不一定是好的。变化太大，有很多痛苦的经历。但对于一个艺术家来讲，这也许就是好事情。它会给你提供丰富的源泉。所以我说，口碑不是一年的，是长期形成的。如果说，你2013年没有努力，2012年没有努力，前

10年你没有努力，光靠一个2014年，你不可能得到一个好的口碑。这个口碑我相信大家不是仅靠我2014年做的事来评的。它实际上是一个长期的口碑。”

周春芽的动力多于压力。“一个人首先要坦诚，要诚实，你不要说假话。你坦诚过后你就没有压力了。我要对我的作品和这个社会负责。但很多东西，包括很多荣誉是虚的，你不要去想它，埋头做事就好。作为艺术家，你本分地把自己的艺术创作搞好，然后向社会做一些额外的公益。”走在当代艺术的顶端，如何突破的确疑惑重重。但他似乎还没有考虑非要去突破什么。按照他的说法，他的创作是自然而然。“如果你是一个很有经验的艺术家，你的创作经历已经走过几十年了，其实也就掌握了应对创作难点的钥匙。不然，也走不到现在。现在很多人说，社会很复杂，艺术市场、金钱这些，对你是不是有压力，有影响，我觉得，一个优秀的艺术家是有能力面对这些的。他有能力去面对金钱，不会把自己的作品变成金钱的奴隶。你不怕，因为你没有向那个方面想，你想的是创作。我非常自信，我就是在搞我的创作。无论它有没有金钱，或是遇到困难时，我们也在创作啊。最困难时，艺术品不能卖钱，我们晓都不晓得它能卖钱的时候，我们都在创作，关键是你要热爱它。一旦经济崩溃了，艺术市场也不好了，我相信我一样地会面对这个困难。我还是热爱我的艺术，说不定画完紫色的岩石后还会画另外的东西。我觉得就是你有没有这个能力，有没有这个智慧来面对这样的现实，包括荣誉。”

周春芽说在两年多都在画画还债的状态。前不久他才还了一张2004年的欠画，1.5米×1.2米的尺寸。“那个价格便宜得吓人，才几万块钱，但是我还是非常认真地画——桃花。藏家很高兴，他没有想到过了这么久我还这么认真地给他画桃花，这也是个口碑。因为画拿出去了，观众并不会说你是十年以前画的，别人只认你周春芽画的。所以，我无论欠别人多么久的画，我都要认真完成，越欠得久的画，我越要认真。”周春芽生怕别人说他是在应付，如果是这个口碑他会很难受。“我很感激他十年以前对我的支持，我都是前两三个月才完成交给他的。他也一直不好意思催我，变相地在电话里跟我说‘周老师，我陪你打场球嘛。’我晓得他在催我，但他又不好意思说。

“这两年来说，我都在还债。当时是经济困难嘛，别人愿意把钱给我。我把它收了，当时经济也不像现在这么好。你一旦收了别人的钱，一定要认真地完成。你不能说你现在的价格涨了，就把以前的应付了，只把现在的画好。”

周春芽接下来的几句话特别坦诚，“我生怕别人在背后评价我，说我不好的，这个口碑我不喜欢。诽谤我的话，我无所谓，但是别个说你周春芽的人品不好，这个我就怕。口碑，其实也是收集大家私下对你的评价。”

“居住在成都”台北展策展人胡永芬12月27日去台大上艺术课，上课时她不禁给周春芽发了一个短信，说“课堂上8个学生，有7个学生觉得春芽哥最厉害。”周春芽说这也是一个口碑，这是年轻艺术家的评价。“我为什么在园林系列出来后，在南艺做新作展，就是想了解我的画在青年艺术家眼中的口碑怎么样。我很看重年轻艺术家喜不喜欢我的画。因为他们最单纯，他们不会对权威或名家盲目崇拜。就像我年轻的时候，我要评价哪一个人，站起来说，喜不喜欢，反正我又无所谓的。”

“我生怕别人评价我说这个艺术家画得又不好，喜欢搞名气，喜欢搞地位，去靠虚假的宣传，越画越差了。我最怕这个。一个人活到老学到老，它没有一个终止的时间，你只有一直往前走，一直去尝试新东西，这才是你的动力。今天我很坦诚，我不怕暴露我的缺点。我觉得这个是真实的。我今天在想，一个获得了荣誉的人，万一他哪天犯了错误，你们要去理解他，原谅他。一个人他不可能是十全十美的。现在是一个很公开、透明的社会。现在其实做人更难了。你要做很多好事情，做很多正确的事情也是很难的。——做人要正直，不能虚假。”

周春芽对我说，“如果要当一个纯艺术家，是很苦的，是一次冒险，更是一场赌注。如果是热爱艺术，你可以去找一些方式去克服生活上的困难，但是最重要的是要坚持你的个性。”周春芽艺术人生分享会，他坦承：“在绘画之外我还有着更多的理想，但作为一个艺术家，我所有的力量就是一支笔，有梦想的不只我一个人，那么多受人尊敬的艺术家，只要都加入到为梦想而奋斗的行列中来，我们的艺术就大有希望。”周春芽换了新发型，穿了黑色修身西装，里面的紫色衬衫很得体。“早些年，画画还不挣钱，就是奔着理想去的。当时为了找个模特什么办法都在用，生怕别人不同意，画了就把画送给他，好多人当时还不愿意要我的画。”这让人好生羡慕。

“我现在感到我的时间不够用，如果我有更多的时间，我想创作更多的作品。我现在是上午锻炼身体，下午画画，晚上我要陪小儿子。女儿小的时候，我没有更多的时间去观察她，了解她。我40多岁的时候，患上了椎间盘突出，别说画画了，当时走路都不行。后来，我每画一小时就要坐下来休息很久。因为我都是站着画画的，没有坐下的时候。我现在锻炼身体的方式就是打高尔夫，因为我的年龄和身体原因，无法去做打羽毛球、打篮球这些剧烈的运动。高尔夫相对不是特别强烈。现在锻炼身体后，我画画站五六个小时都没有问题。运动每天都要坚持。

“其实时间过得很快的，再晃10年，我坐在这儿都是一个老头儿了。人生很短，我们都要珍惜。你所有的经历都是人生的一个过程，有美好的，有痛苦的，但我们都要过，要珍惜时间。做一个纯艺术家很苦，要做的就是坚持个性，这是成为一个艺术家的关键和基础。我的每一个创作题材都跟我的生活有关。比如画西藏题材，我当时因为看到他们服饰的颜色很兴奋；画石头系列，是我想回归传统。因为在我看来，中国的绘画从古到今都离不开石头，它是个永恒的题材；到了绿狗，那时家里养了一条狗，我画画的时候，它就躺在我的旁边，所以我开始画它；画桃花，是因为有年春天去龙泉山，突然看到一片桃花……”

为什么他 总有 人 追

2010年3月号的《艺术财经》有一个封面专题名为《周春芽的价值》，有几个响亮的副题：为什么他总有人追？为什么他人缘最好？为什么他过得活色生香？为什么他独树一帜？为什么他积极入世？为什么认可他的作品？为什么从容面对拍卖起落？

古代画家里，他提到了龚贤，第一喜欢倪瓒，第二喜欢髡残，龚贤也是他比较喜欢的。“传统绘画的差别是非常微妙的，要放在当时那个时代和环境里，只能意会。”他谈到了车，“男人只要有钱就买车，有更多的钱就买更多的车。”有天下午周春芽收到方力钧的短信说要来找他，周就问到哪儿了，方回：接近中。周春芽很认真地说：“嗯？这难道说方力钧已经到了工作室附近？”他又发短信去问，这次得到的回答是：要拐到长沙一下。周春芽说方力钧可能是自己开车来，还说方开车特别兴奋，而他现在都全权委托给了戴师傅，自己一上车就犯困。1993年他买的第一辆车是北京吉普2020S，现在每天往返家和工作室的车，是JEEP指挥官，跟第一次买车的风格一致——越野。

1992年，有一次周春芽去香港，在张颂仁那里卖了一幅画，赚了6000块钱，他马上就买了一件5000块钱的万宝路格纹大衣，一个认识他的画廊老板都吓一跳，说你怎么那么舍得。周春芽说他就是觉得有了钱应该买好衣服穿。1986年在德国的冬天，气温下探到零下38度，当地德国人都说自从有记忆以来，是最冷的一个冬天。周春芽没有钱买衣服，教会的慈善组织知道了，就叫他去，在一个长桌子上，摆出好多旧大衣，让他挑一件，他就挑了一件好看的大衣，大衣一直保留到现在。周春芽认为从这时起他就对好品质的服装有了概念，而一件好衣服，他也会一直穿。

这个细节是我看到媒体报道的，多年前供需紧张时，周春芽天天想吃肉，周末和表哥一起骑车到造飞机的表姐家，能吃上回锅肉，印象很深刻，比现在好吃得多。很多人都知道当年在美院的时候周春芽吃肥肉，张晓刚吃瘦肉，两人凑一起吃肉刚刚好。周春芽说自己真是向来喜欢吃肥肉，可能每个人需要不同。他到兰州吃羊肉泡馍，吃完就浑身痒，痒完了他觉得也还是值，也许一辈子就这么一次机会吃羊肉泡馍了。

现在的周春芽每天都会去三圣乡的工作室，中午左右，打开空调，泡一杯茶，如果有客人在，他也给客人泡，然后说喝茶，“先喝茶”，这里比之前的工作室好很多，600多平，整整一面墙都是玻璃，外面是树、花、草，再往外事一条乡间公路，路那边是大片大片的荷塘，盛艳艳开得惹眼。上海嘉定的工作室则还要大许多，1600多平，上海同济大学的著名设计师童明设计的。周春芽说设计师完全把那所工作室当作自己的作品来做，设计得干净利索。

胡永芬说，看到周春芽的作品，联想到生活像桃花一样美。周春芽说，我画桃花，画男女之爱，就是为了提醒大家恢复生活之乐。

---

1. 1979年周春芽在甘肃写生。
2. 周春芽作品：《晚樱与桃花》双联，2015年，布面油画，200cmx400cm。
3. 周春芽，男，艺术家。1955生于中国重庆，1982毕业于四川美术学院，1988年毕业于德国卡塞尔综合大学自由艺术系，现工作生活于成都、上海。
4. 德国马克是原德国的货币名称，简称“马克”。2002年1月1日,欧元正式在欧洲使用,马克退出历史舞台。

茫茫前路

伦信书

1

曾梵志[2]

/ 失控面具背后的心声/

我们都经历过追求和习惯的阶段，

归根结底是为了实现自由。

2014年12月2日，北京匡时2014秋拍“现当代艺术”专场拍卖，曾梵志《无题》750万人民币落槌，加佣金862.5万元成交，油画《无题》创作于2002年，是曾梵志这一成熟时期，尺幅巨大的代表作，画面中的两个男人具有曾梵志“面具之后”画作中典型的特色。曾梵志首次有拍卖纪录是在2000年5月，价格是12.1万，首次过百万是2005年5月，首次过千万是在2007年5月。2006年秋天开始到2007年，就像艺术家本人所说的“价格完全失控了”……2013年，曾梵志2001年创作的《最后的晚餐》在香港苏富比秋拍中更是拍出了1.42亿元的天价，刷新了曾梵志个人成交额最高纪录。“2014胡润艺术榜”，曾梵志以5.0394亿作品拍卖额位居中国艺术家第一，成为“2014年中国最贵在世艺术家”。

虽然追问一个艺术家如何成为“最贵”永远都是无案之题，但面对我在闭关期间的追访，曾梵志，给了一个显然十分诚恳的回答：我不知道。曾梵志不是第一个因为商业成功而备受瞩目并承受猜忌的中国艺术家，也不会是最后一个。他的作品神秘、精神抖擞地出现在多愁善感的艺术市场。藏家们需要他这个光彩熠熠的名字，但他不一定喜欢或者愿意承受，他甚至习惯了远离媒体，只让作品说话。曾梵志似乎仍然戴着他的天价面具，那些主导艺术市场的权力精英和大藏家们，他们中又有多少人具备勇气、鉴赏力乃至兴趣关心曾梵志究竟是怎样一个艺术家？

德侬厅的长椅
“面具”系列只是一段人生体验

2014年10月20日，曾梵志在巴黎卢浮宫德侬厅的长椅上坐定，自然地叠上腿，“直至看到作品最后被挂到墙上，我才能肯定这是一件真实的事情。”10月22日至11月17日，曾梵志新作《从1830年至今》在巴黎卢浮宫博物馆德侬厅进行为期一个月的专题展出。受卢浮宫之邀，这幅作品以法国浪漫主义代表艺术家德拉克洛瓦名作《自由引导人民》为母题进行再创作。在卢浮宫历史上，这是首次将当代艺术家作品与艺术史上的大师原作并置在同一空间展出。2013年10

月，他的阶段性回顾展在巴黎市立现代美术馆展出，他一贯不愿多在媒体面前多说什么。他甚至不愿意发言，面无表情，奇怪地有一种不置可否的样子。一篇传播很广的新闻稿里有这样一句：曾梵志认为，极端的自信与自卑同时出现在自己的性格里，中间几乎没有灰色地带。“在创作的时候，我非常自信，简直接近于自恋。但一旦要我当众发言，我就像一个词不达意的中学生，胸闷，就连嗓子眼都被堵住了。”此次专题展耗费了将近一年时间，四幅组画，每一张都达到了297cm×360cm的巨大尺幅，最终卢浮宫选定了其中的第四号作品。他厌恶重复，又向来为自己下笔的果断快速而自傲。我采访他的时候，正好遇到他的闭关创作期，要联络到他实属不易，对于早年使他扬名的“面具”系列，他的说法是，“‘面具’系列是我刚来北京那段时间的人生体验，记录了我当时的所思所想，对我来说仅此而已。”

紧张的　初衷

2004年，曾梵志开始尝试“乱笔”系列，对于颜料的湿度更是有着近乎苛刻的要求，“每一笔都不容许任何修改，因而这个系列本身几乎就可以看作是艺术家某种骄傲的宣言。”记者问他那幅创造亚洲当代艺术品最高拍卖纪录的《最后的晚餐》（2001）到底该如何解读，他的机灵一面让人印象深刻，笑着说：时隔一年多，如果这场拍卖还在成为我的标签，那看来是我的努力还不够。

“我大概八九岁就开始画画，但那时候没有想过要当一个画家。”曾梵志这样说过自己的初衷。1964年，他出生在武汉，两年后，“文革”降临，他回忆，孩童时代“文革”留下的那种既紧张又喧嚣的氛围也在一定程度上影响了他后来的作品，他早期作品中的很多人物都带着一种紧张不安的表情。17岁，他被人带着去参观湖北美院，第一次听说有这个专业学府，“原来画画也可以上大学。”他高中时辍学去印刷厂当了工人，但很快又拿起画笔，他考了5年，终于上了“画画的大学。”

1985年，他和朋友北上北京。在中国美术馆，他看到了赵无极和美国艺术家劳申伯的展览，他震惊，这些表现主义、抽象主义以及装置艺术与官方长期宣传的艺术形式和思想相去甚远。“我当年创作的作品就是画我自己在城市里对生活的感受，我觉得生活就在我的身边，不用跑到别的地方去体验。”于是，“肉联”系列和“协和医院”系列，高度概括了他身处城市的紧缩与舒张。1991年，曾梵志大学毕业，但还没毕业就碰了钉子。他本来被计划分配到武汉画院，他还在兴奋之巅却又被告知有一个领导不让他进画院。在那年的最后几天，他被分配到一个广告公司，利用业余时间创作。当年夏天还有栗宪庭到武汉去为“后89中国新艺术”展览选作品，看到了他的“协和医院三联画”，后来他又介绍曾梵志给香港汉雅轩画廊的老板张颂仁。

“1993年到2003年，10年时间，几乎没有一个中国人买我的作品。”曾梵志说这个话的时候，已说不清是什么感受了。2003年至2006年，曾梵志作品的最高价格记录上升到550万，2007年首次破千万，在创下2008年7400万的纪录后，受金融危机影响，当代艺术市场整体价格下挫，曾梵志的作品仍稳步上涨，平均维持在3000万至4000万。2011年，高古轩画廊在香港举办了“曾梵志肖像作品回顾展”，这是他的首次大型回顾展，同一年，曾梵志成为高古轩代理的唯一中国艺术家。到了2013年，他共有100多件作品出现在市场上，成交率达82%。记得当时安迪·沃霍尔美术馆馆长埃里克·辛纳2013年接受《纽约杂志》采访时评价说：“在众多层面上，一位艺术家得到在高古轩画廊的展览机会和在美国现代艺术博物馆或泰特现代艺术馆办展具有相同意义。”对于曾梵志与高古轩之间的合作，评论家波拉克认为存在市场方面的考量，她介绍曾梵志是为数不多的能够直接与买家沟通的画家之一，“曾梵志是个很好的商人。”波拉克说。

商业上的成功让曾梵志像明星一般出现在跟艺术无关的媒体和活动上，穿着考究的设计师服装，露出符合身份的深沉表情。在2009年6月刊的《芭莎男士》封面上，曾梵志手拿画笔，目视镜头，杂志封面的文字写着“中国式大师”。中国经济网的一则报道说：曾梵志很快意识到，在这样的环境下，他自己和他的作品一起成为了被人们消费的对象。他谈到，一次去香港出差，偶然发现自己和作品照片一起出现在酒店摆放着的奢侈品杂志中，但他并未对其内容授权，杂志对他进行着吹捧，旁边就是游艇的广告。“我不愿意跟这些东西放在一起。但是你没有办法。”

他开始重新思索创作的意义和艺术家的身份。在“商人”与“明星”的外表之下，他要强调艺术本身：“那些说我炒作的人应该到我的工作室来看看我是怎么工作的。”曾梵志说，他一年有至少300天的时间呆在工作室思考和创作，他还策划办一个用于展出当代艺术作品的公共美术馆。

我与 曾梵志 的 十 问

谢:能不能给我透露一下目前的创作情况？对于“2014 胡润艺术榜”，你的作品拍卖额位居中国艺术家第一，你如何看待？你曾经接受媒体专访时提及，“对于金钱这一关，我过了一半”，现在你还是这么觉得吗？

曾:每年岁末都是我创作的高峰期，今年也是，最近一直在闭关画画，我一般会交替完成不同题材和类型的作品，比如风景和肖像，油画和纸上作品，对我来说这就像休息和游戏。

榜单的事听说了，几乎每年都会被问到类似问题，觉得有点儿无奈，艺术家控制不了二级市场，今天高了明天低了都有可能，我对此早有思想准备。我想所有艺术家在心底对自己的作品价值都有个标尺，他的自信不应该随外部世界的标准浮动，不然太可悲了。而媒体一方面清楚价格不代表艺术价值，一方面又不断研究和探讨价格问题，这挺矛盾的，对观众的培养也没有好处。艺术本身应当是形而上的、美的、让参与者感到一种不明确的幸福，现在这么一讨论就让它显得无聊粗暴简单化了。现在与我同龄的一代人几乎都在讨论金钱的意义。我们都经历过追求和习惯的阶段，然后再尽力摆脱它的束缚，归根结底是为了实现自由，这种丰富性或许是我们这一代真正的精神财富。作为艺术家，体验每一个阶段并冷静地思考、审视和记录它们，是本能也是责任。

谢:《最后的晚餐》创造了亚洲最贵当代艺术品的纪录，你如何看待这个价位的拍卖？你对作品的解读在网上有多个版本，我非常想知道你对这幅作品创作理念和表达的直接回应。

曾:时隔一年多，如果这场拍卖还在成为我的标签，那是我的努力还不够。这一年多里，其实我做了两个有趣的展览，也画了几幅让自己满意的作品。比起旧作，我对现在和未来的艺术创作更有把握和信心，在创作上付出的心血也一贯如一，不管拍卖价格怎样，我都不会改变这一点。有关作品的解读，我认为一千个观众会有一千种想法，艺术家只需要提出问题而不必给出答案，观众是用眼睛在看作品，而不是用耳朵。

谢:你如何看待大师？针对艺术圈内“大师众多”的现象，你看法如何？

曾:我没想过这个问题。对我来说，诚实和坦率地面对自己，用作品来表达自我是创作的根源所在。任何人都不能影响我，不管是表扬还是批评。

谢:你的作品在市场上的表现一直高开高走，引人入胜，很多艺术家以你为榜样，有一些甚至走上了另外一个为市场而创作的极端，你曾经也提到中国当代艺术有近功急利、浮躁多杂的现状，现在如何看待这个问题？

曾:创作时任何的杂念都会立刻在你的作品里体现出来，它会变得俗不可耐。在这件事上，我对我的作品有绝对的信心，这是不断做减法得来的。生命非常短暂，我认为集中精力将有把握的事情做好，要比瞻前顾后想别人或是揣摩所谓的成功学重要得多。对艺术家来说，最重要的是直觉和感知，你怎么想和看，世界就是怎样的，作品也就是怎样的，观众才是最终的检验者。

谢:能不能给我讲讲与冯小刚合作《一念》的过程，这一作品当时曾引起巨大关注，以慈善为目的，表达的是两个有情怀的男人之间的意气、合作，你如何看待冯小刚的创作？王中军等国内商界、娱乐大腕都有收藏你的作品，而且已逐渐跨界为专业收藏家，你如何看待这种趋势？

曾:越来越多的人关心艺术，这是一件好事。

谢:在成都，你有很多朋友，包括五彩基金的残疾孩子们，从某种程度上来说，他们都是你的学生，受过你的福慧，对于方兴未艾、日渐兴隆的艺术学院、院校子弟向走上艺术之路，你可以给他们一些怎样的从艺建议和指点？

曾:以我今天的感悟来说，我认为一是要注意保护自己的本真和坦诚，尤其是面对创作；二是不能忽视技巧，完全掌握技巧以后才能做到无障碍地表达甚至遗忘技巧，就是庖丁解牛的道理。

谢:你之前在印刷厂工作，到如今作为职业艺术家享誉国际，走到现在，最大的成功是什么？

曾:无法总结。我觉得所有回过头来总结的成功经验都有可疑之处。另外我也不同意这就是成功，艺术创作是我唯一有信心做好的事情，也是我的庇护所和人生最大的享受。如果将它看成是获得“成功”的工具，那是亵渎了人生。我所在意的“成功”是内心平静，不断有创造力，有能力专注于手边正在做的创作。

谢:你曾经有过一个近乎疯狂的想法，建一个有国际水准的个人美术馆。2009年说过这样的梦想，目前你的收藏品有哪些？这个梦想还继续有效吗？如何看中国当代艺术的未来？

曾:美术馆的筹备还在进行，目前一切顺利，但还没有到公诸于众的时候，相关的团队到时候会公布相关状况。

我不认为自己有资格谈论中国艺术的未来，现在的当代艺术对未来的观众来说可能就是古代艺术，至于在艺术史里怎样定义，也是未知的答案。我唯一能做的，就是提高自己的创作力。

---

1. 曾梵志和他的代表作品《面具》。
2. 曾梵志，1964年出生于湖北武汉市，1991年毕业于湖北美术学院油画系。
当代中国较具代表性和国际影响的艺术家之一。
本文写于2015.1.8。

恨自己

失意者

1

董培新[2]

/ 泼墨

画　　金庸/

既是一张张插图，

也是一幅幅具有岭南画派风格的国画作品，

以水墨淋漓泼写胸中的侠气豪情。

2008年，武侠大家金庸对其作品进行修订，曾一度引发读者争议，此版《金庸作品集》亮点之一就是外封采用香港地区画家董培新的水墨画。有评论说："金庸新修版《金庸作品集》里董培新画的既是一张张插图，也是一幅幅具有岭南画派风格的国画作品，以水墨淋漓泼写胸中的侠气豪情。"

董培新曾以中国水墨的手法来描绘金庸小说中的情景和人物，陆续创作出了100多幅以金庸作品为主题的国画作品，金庸在《金庸说部情节画集》的序言中写道："董培新先生提起画笔，绘出了不少金庸小说中的场面。那些场面是他在心里酝酿了很久很久时日的。长期在心里酝酿的艺术作品，一出来果然不同凡响。”2004年，董培新画了一张小龙女与杨过在古墓中的中国画寄给金庸，并恳求金庸允许他用中国画来表达金庸作品的故事情节。金庸很快地回复了五个字：“放心去画吧！”

我花了两个月的时间，与这位移居加拿大的绘画大家反复用邮件沟通，力图解开一代武侠小说大师金庸和一位画家的神秘交情。

熟读 金庸作品
揣摩 角 色 心 理

金庸是懂绘画的，那幅古墓图是如何打动金庸的？此幅画体现了中国国画的精髓，妙在“似与不似之间”，达到了“不似之似”。我们谁都没见过小龙女长什么模样，中国画也并非强调形似，而是重在神似。小龙女睡于一根细绳之上，举重若轻，再看小龙女体态，全身宛若无骨，睡姿悠闲。整幅画面全部冷色，偏偏朱唇一点红！一点暖色就让画面温馨起来。而且画面中间部分明亮，四周阴暗，仿佛床前真的有一盏油灯在照耀。这是糅合了西洋画的光影透视法。观之印象强烈，突出人物性格，正是中国画不求形似但求神似的特点。整个背景“密不透风”，与中国画通常“疏可走马”相映成趣。

董培新说："一般都要把金庸的书看很多遍，虽然有些人物很早以前就已经熟识，但是还应该细读小说里的描述，力求还原最真实的人物形象。"难怪金庸诚言："许多画家曾尝试为金庸小说画插画，有的画家功力很深、构图很美，但他们都没有董培新的创作成功。"董培新在接受我的采访时透露："在那么多年的创作中，金庸先生没有向我提出任何意见，我们之间从没有讨论过他的作品，更不用争执，多谢查先生对我的信任。"

谢:在你看来，这几十年为金庸"插画"的最大心得是什么？

董:几十年前画的金庸插图是假金庸的作品，没有什么感觉。2004年才开始画金庸故事里的情节。1958年，我找到第一份工作，画小说插画，第一张画就是画金庸小说，记得是《射雕英雄前传》。那时金庸的《射雕英雄传》还在报纸连载，薄本单行本陆续出版，读者疯狂追读。一些漠视知识产权的出版商大量印制假金庸、假梁羽生武侠小说。我的第一份工作，就是当了这不道德行为的从犯。

谢:你如何处理小说情节中不方便用画面表达的内容？比如人心、人物的心理活动等？

董:小说中不方便表达的内容不必怎样去处理，不会去画，但人心和心理活动是我最喜欢去揣摩的。

谢:金庸说你的作品是"长期在心里酝酿的艺术作品"，并特别提到了你创作的乔峰来到聚贤庄外那一场和韦小宝在扬州妓院里和众女大被同眠，画面上没有猥亵和色情，反而有了滑稽、风趣和人物的玩闹，正是小说所要表达的情调，你是如何处理这两幅作品的？

董_聚贤庄大战前夕发生在聚贤庄内，不在庄外。聚贤庄大战是《天龙八部》里最精彩的片段，大英雄乔峰忽然间被所有人视为狗熊、杀人狂魔、叛徒、契丹奸细、不忠不义的小人。从前忠心耿耿的丐帮兄弟全与他割席相向，一切推心置腹的朋友都要将他诛之而后快，乔峰却自觉顶天立地，从未做过任何伤天害理的事。就在群雄于聚贤庄内共商歼杀大奸人乔峰之际，乔峰驾着骡车冲进大厅，求薛神医挽救重危的阿朱一命。兄弟朋友全反了，内心撕裂的乔峰和众人饮下决裂酒，血腥大战一触即发……

韦小宝带着七个女子去到妓女母亲的妓院，将七个吃了蒙汗药的女子搬到大床上，一脚将假太后踢到床尾，看到这里已不禁笑了出来，就画了它自娱一番。

谢:你最喜欢金庸哪部小说?

董:个人最喜欢《鹿鼎记》，并不羡慕韦小宝的艳福，却爱韦小宝是一个人，有人的劣根性，也有人的最后善良，看小说好像触摸到真实的人，看时发笑，却笑出眼泪。

泼墨 画江 湖 非常 快 意

著名导演、武术指导程小东说："在温哥华忽然看到董培新的画，脑中就那么一闪，他笔下的金庸武侠人物，就像我脑海中想象的人物，他描绘的场面正如我构思中的电影镜头。这就是江湖，武侠的意义。"

谢:你合作过的武侠大师很多，比如倪匡、古龙、卧龙生、诸葛青云等等，能不能分析一下他们的作品特点?

董:你所举的倪匡、古龙、卧龙生、诸葛青云，我最喜欢古龙。他的武侠小说常常会将人生哲理放在其中，除奇情曲折、热血沸腾外，多一份人性，多一份侠气，多一份浪漫。倪匡想象力无比丰富，说故事能力非常高超。诸葛青云常将局开得很大，有点啰嗦，聚焦点不够强。

谢:你如何理解“江湖”？特别是你用水墨是如何表达“江湖”的感觉和味道的?

董:江湖，是豪迈的、冷酷的，是热情的、冰冷的，是义不容辞的，是诡计多端，是大义凛然，也是欺诈凌弱……矛盾、矛盾，非常矛盾，像个压缩了的社会，凸显了极致。任何画都可以表现江湖，但水墨画可以泼墨淋漓，可以细致勾勒，非常快意。

谢:金庸小说“插画”和小说“连环画”的区别在哪儿？其“水墨金庸”的艺术价值在哪里?

董:这问题很难回答。基本上画金庸这组画并没有抱着画插图或连环画的心态去画，我是以选择金庸作品的精彩片段用创作壁画的心境去创作，选择题材有极大的自由度，所选的都是内心有所感受的题材，有异于插图和连环画必须服从于书本，为所需空间去描画。“水墨金庸”的艺术价值不能由我来评定，需由学者、艺评家来判定，欣赏一幅好的画是无须任何方法的，好的画自然有一股魅力。

相识半 世纪
希望为金庸 画幅 肖 像

董培新说，热爱美术是因爱美，画美丽的女孩是他的至爱。同时他也欣赏不同形体的美：骨骼、肌肉、力量、性格、经历风霜雪雨潜藏在深处的美、大自然的美、光影的美。他特别提到《白雕救郭襄》一图大胆改动了原著描述昏迷的郭襄伏在雕背的情节，以及桃谷四仙拉开橡胶人，却变了五仙齐齐拉人的错误，“都要向查先生致歉”。

谢:据金庸先生介绍，上世纪50年代，你当时是为《明报》竞争对手《快报》绘制小说插画，一直无缘和金庸合作，那你和金庸先生的交往是从何时开始的?

董:“无缘”两字谈不上，和查先生的交往在上世纪60年代就开始了，一星期一次，有空时会和倪匡到查先生家里打纸牌，打纸牌是智力游戏。关于现在与查先生联系方面，这很难了，大家都是忙人，能抽出三四小时放松已很奢侈。

谢:1958年开画金庸，如今已近60年，“画说金庸”以后会有什么计划?目前正在创作什么题材?

董:“画说金庸”还是继续在画，有很多题材还未画，经典名著会去画，生活中的感怀会去画，生活小品会去画，大地河山会去画，诗歌词藻里的境界会去画……太多了，间中看到的一花一草一叶都是很好的题材。

谢:你画过金庸肖像吗？你如何理解金庸小说里女性角色的特点？

董:我和金庸先生一直以来都是各忙各的事，直到2003年才再走在一起，查先生的肖像没有画过，你提醒了我替他画一画。分析金庸作品里的女孩子相信要用几万字才写得完，就说一个吧，王语嫣。这是金庸小说里最难画的人物，我也跟查先生讲过了，因为王语嫣是个没有心的美女，她的心交给了表哥慕容复。美女易画，没有心的美女难画，画出来都不满意，心里总是不忿，看哪天要征服了她。

和蔡志忠同为国画大家杨善深弟子

著名漫画家蔡志忠说，自己15岁时看到了一套《武侠小说周刊》，其中的小说插图就是董培新画的，印象深刻，二十几年后，他去温哥华，终于见到偶像。“我们喜欢相约打高尔夫球，边聊天边打球，之后，我们一同拜岭南派大师杨善深为师，正式成了同门师兄弟。”

谢:杨善深对你的启迪是什么？2010年，你的作品在成都举办过展览，对成都的印象如何？

董:杨善深老师的影响是很大的，重要是画的结构。从前一知半解想不通的都因为老师而想通了，杨善深最厉害的功夫是构图。四川是卧虎藏龙之地，在成都与四川画家联展时得领教益，看到很多超水平的好字、好画，真是一个非常开心的交流活动。

谢:漫画家蔡志忠与你同拜国画大家杨善深为师，你如何看待他的漫画作品呢？

董:我与蔡志忠兄在拜师杨善深老师之前已结识。蔡兄漫画早已追读，原来更早之时志忠兄也在追看我画的插图，两个人可说是“画牵一线”。

谢:能不能谈谈你和故友黄霑先生的交往？

董:1964年“丽的电视”有个节目叫“青年联谊会”。黄霑是节目主持，我是对话嘉宾，我们一见如故，从此成为好友，相交相叙频密。黄霑、我、王司马三家人常在一起，可惜王司马1984年离世。后来，黄霑也离开我们。2003年黄霑抱着肺癌末期的身体为我主持画展开幕仪式，就是那天我和来支持我当嘉宾的查先生（金庸）再次结缘。

1. 董培新作品：《聚贤庄大战》（天龙八部）。

2. 董培新，1942年出生，曾是电影美术指导，后从事漫画创作，
还曾为倪匡、亦舒、古龙等作家的作品配画。金庸的御用小说插画家。
他将传统的水墨画法融合素描、写生、透视法等西洋绘画的技巧，
既展现文人写意，亦见工笔细绘，在当时堪称为名作家配图的“顶级流行选择”。
该文写于2014.10.15。

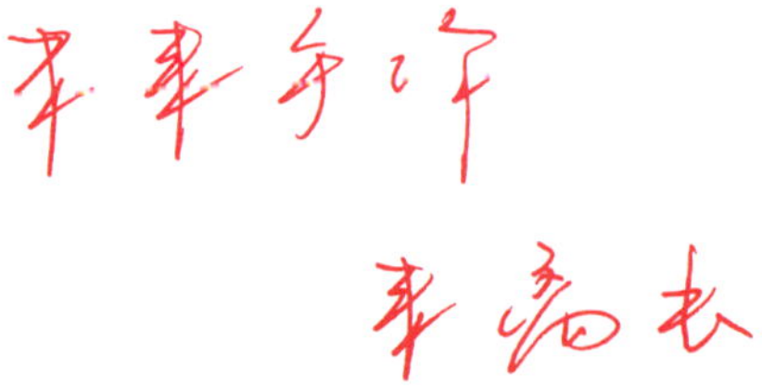

1

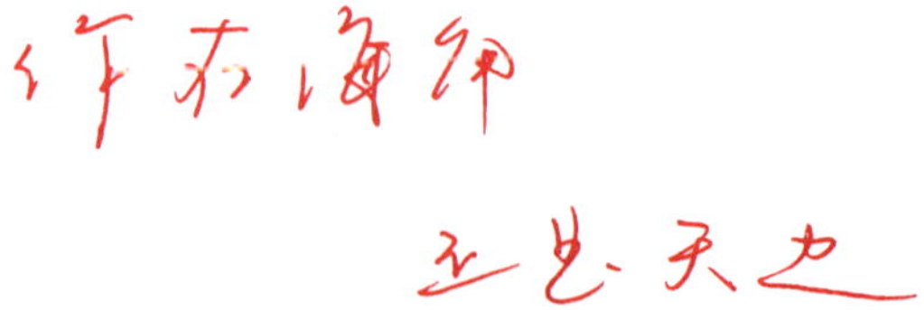

2

徐善曾[3]×高小华[4]

/诗人　徐志摩　的

“朋友圈”/

徐志摩唯一嫡孙徐善曾邀著名画家高小华创作的徐志摩“朋友圈”
群像呈现在我面前，作品或将收藏在剑桥大学徐志摩纪念馆。
想着它即将离开，然后悬置于欧州某个未知的湖畔或厅堂，
时光再一次考究那些未尽的爱与恨，心生惆怅。它幽幽的有一层光，
浮光如梦，逝去的爱，未得之人，难免令人长忆伤春的歌喉。

“月儿，你休学新娘羞，把锦被掩盖你光艳首，你昨宵也在此勾留，可听她允许今夜来否？”除了众人皆知的《再别康桥》，浪漫诗人徐志摩1923年写的新诗《月下待杜鹃不来》更是一阕多情忧伤的诗作。写完这首诗后8年，徐志摩因飞机失事罹难。

90年后的2013年，徐志摩唯一的嫡孙徐善曾（托尼）操着一口流利的英文在美国郑重委托画家高小华为徐志摩画一张纪念肖像，作品将出现在他将要出版的徐志摩家族传记中，或将被剑桥大学徐志摩纪念馆永久收藏。在高小华位于西南民大的工作室里，我见到了这

幅令人惊叹的作品：一幅三联作的油画草稿安静地呈放在画架上，泰戈尔、胡适、梁启超、徐悲鸿、沈从文、鲁迅、张幼仪、林徽因、陆小曼……人物栩栩如生，各人表情都选取在同一年代的形象，不动声色而又惊心动魄地揭示着徐志摩的豪华朋友圈。按照之前的约定，70岁的徐善曾将在今年来成都带走这件作品。我还通过徐善曾与高小华多达百封的电子邮件沟通，完整了解到徐志摩家人如何看待徐志摩与张幼仪、林徽因、陆小曼的情感纠葛和评价。身为耶鲁大学工程学博士的徐善曾诚恳地说："大陆人认为我爷爷是个风流才子，风流韵事一堆，其实更多的是他的才华吸引人。徐志摩在上世纪30年代时就与当时众多文化名人有过交道，这些名人都很欣赏他。好像大家都挺喜欢他。"

根据 徐志摩的"朋友圈" 创 作

徐善曾一句中文不会说，他用英文写信，高小华让人翻译。这幅群像，是两人之前就沟通好的。前几年，徐善曾在美国看到关于一部高小华的专题片，其中就有他创作《周恩来和他的朋友》这幅历史人物群像作品的介绍。那时徐高二人还不认识。2010年，徐善曾带着他的夫人和女儿来成都，"我们学院的老师之前一晚还在排一个关于徐志摩的戏，还在朗诵《再别康桥》，第二天，徐志摩的孙儿就来了，简直像梦一样。"

就这样，创作一件徐志摩纪念肖像的想法就有了。2013年夏天，双方在美国再次面对面，一起商量画面应该呈现的内容。“我们列了一个表，十多个人。他认为这十多个中国人是应该画上去的。他说最近一期欧洲月刊还刊登了欧洲名人回忆徐志摩的文稿。他说，我作为徐志摩先生的后人，虽然他对我的奶奶（张幼仪）不好，但是……”

为了更好地创作，徐善曾给高小华提供了相当多难得一见的珍贵照片和资料。徐志摩和张幼仪有两个儿子，大儿子徐积锴，次子徐德生，小名彼得，三岁多就夭折了。徐志摩的后人独有徐积锴一支，后来生有徐椇、徐放、徐行、徐善曾四个孩子，徐善曾是独孙。“最先，他是想把这些资料送到海宁徐志摩博物馆。后来我们正在研究，哪些人应该被列出来。后来，我考虑还是要把林徽因、陆小曼放进去。他也同意，说‘这也是历史’。”

高小华给徐善曾提了很多创作的想法和意见，一些被完整采纳，一些则被严谨的徐善曾拒绝，这个可爱的理科博士老头给高小华发了不下50封邮件，详细提供徐志摩“朋友圈”人物的生卒年月、各个年代的照片，与徐志摩的关系远近等等。“我不能告诉你，我是多么兴奋地看到了这张素描。”当徐善曾看到万里之外的高小华的创作时，兴奋至极。在邮件里，徐善曾这样表示，“这是深思熟虑的结果，构图很美，谢谢你给这个项目这样仔细的思考和研究。真正打动我的是，它给我生活带来了许多重要的人。在我祖父生活中出现的人，都出现在了这张作品里，让我感觉我们是在重建他的历史。”

在访问世界各地时，徐善曾试着去跟所有与祖父相关的人建立联系。“其中有一个非常富有的、以大学为根基建立起来的小镇，我祖父徐志摩曾经在这里生活过两三周，我去了当地的博物馆、文化馆。如果你去到这个小镇，就会感受到许多从他的书中了解不到的东西。在那里，有一个以我祖父的名字而命名的茶馆，当时有许多学者都会时常到那里去聚会。

“如今，在那个校园里修建了一栋新的建筑，取代了之前的那个茶馆，它被命名为Suisma茶馆（Suisma是徐志摩的昵称，来源于印度的某种文字，有着其特殊的含义，但是现在我已经不记得具体是什么含义了）。2013年此时，我拜访了罗素在Cornwall的家，与他年近90岁的女儿喝茶聊天，我祖父徐志摩也曾在周末去Cornwall拜访罗素和他的第二任妻子，当我祖父从中国返回英国前去拜访罗素时，正是其第二任妻子多拉·布莱克怀孕之际，之后罗素便与他的第二任妻子离婚了。我想这或许对我祖父之后对待婚姻的态度有所影响。”

“轻轻的我走了，正如我轻轻的来。我挥一挥衣袖，不带走一片云彩。”徐志摩的这26个字刻在剑桥大学的一块石碑上。徐善曾对高小华说，“放心，高。我会把这26个字放到它该去的地方。”

关于这幅画的构思和尺幅，两人讨论了很久。后来，越加人越多。徐善曾先是加了很多不是徐志摩亲人的形象上去，后来又有一些是高小华提议加的。“我把他的父亲、叔叔还有他的曾祖放到了画上。这一是对内容的考虑和对画面的考虑。我觉得如果全是死板的成年人在画面上，不好看，有些小孩，会让画面好一点。然后，我和他商量，把画作变为三联作，好拿，叠起来正好是一个方块，方便国际托运。第二层考虑，三联画很像中国的屏风。很中国，就像中国的文人一样。”

画面出炉过程相当复杂艰辛，素描画了好几稿，最终定型。人物不断增加，包括徐志摩的母亲和闻一多、徐志摩的推荐人狄更生等等。还有一个是泰戈尔，高小华希望他穿着一身红色和金黄色交杂的袍服。但后来徐善曾回复说，当时的历史年代和实际情况，泰戈尔是常穿灰色袍子的。“画面上每个人的形象和位置都是经过反复推敲得出来的。他建议，把泰戈尔放到画面前面来。我一直没搞懂，有一些人的出现到底是什么人。沈从文在徐悲鸿的旁边。刘海粟是跟徐志摩家很熟，和陆小曼的母亲也很熟。正是他劝徐陆合了又分。徐悲鸿与徐志摩还是有交往的。这是徐志摩身边四个重要女人之一的凌淑华，她是徐志摩非常崇拜的女性，性情也非常好。他所有的书信几乎都放在凌淑华手里，而不是陆小曼，他非常信任这个人。徐志摩罹难后，胡适带着陆小曼去拿东西，凌淑华不给。她说，她不会把东西交给陆小曼。所以，托尼有好多东西是从凌淑华那儿来的。”

徐志摩的豪华朋友圈里还有哈代、法国哲学家卢素。高小华被徐善曾滔滔不绝的介绍震惊了，“这位我与托尼讨论了半天，他非要把她画进去，说是徐志摩非常欣赏的一名女性，叫曼苏菲尔德。其实，他就与她见过20分钟，是哈代介绍的。她是法国非常有才的女诗人，徐志摩见到时，她已快死了。活了30多岁。徐志摩与她见面时，是在她家的昏暗的阁楼里，她躺着，交流大概只有20分钟。然后，给他留下了非常美好的影响，也把她写进了自己的许多文章中。他简称其‘曼苏’或是‘苏菲’。还有一个男的，叫‘登赫尔斯’，我刚开始一直都没有画这个人，我也搞不清楚。他是徐志摩在经济上的一个赞助人和把他引介西方很重要的一名中间人，所以一定要把他画进去。”

“梁启超，徐志摩跟陆小曼的证婚人。其实，在我和徐善曾的交流中，看得出来，徐志摩和林徽因其实没有什么关系，只是当林徽因小的时候，他去她家玩，看到这位姑娘就非常欣赏。其实林徽因看他，就是叔叔。后来，他去英国后碰上了，他就老追人家。其实人家和梁家已经谈好婚嫁问题了。当然，林徽因也很欣赏他。”高小华还特别选了一张胡适的朋克头的照片作为参考入画，“徐志摩帅气逼人，当时的胡适其实更是帅气逼人。我觉得民国时代的这些才子们都很有意思。家庭情况也很好。”

画面中巧妙地涉及了和徐志摩有关系的几个女人，张幼仪、林徽因、陆小曼、凌淑华。作为原配夫人，张幼仪如何看待林徽因和陆小曼的？徐善曾在美国时曾详细地提及：“我记不得她具体说过些什么，我的祖母是一个非常实际客观的人，对所有的人和事都本着接受和包容的态度。她认为陆小曼是一个非常迷人的人，有着非常鲜明的性格特点和魅力，并且能够吸引所有人的关注。然而另一方面，在我祖母看来，陆小曼也是一个曾经吸毒并且从某种程度上来说对徐志摩并不忠诚的女人。关于林徽因，在我的记忆中，我的祖母并没有经常提起。林徽因是一个很优雅得体，并且受过良好教育的女人，在之后的生活中，她也找到了自己的爱情。人都是复杂的，很难一概而论。有一些人或许抱有偏见，而我的祖母是非常客观的，她接受所有人的一切，不过这并不代表着她原谅了徐志摩所做的一切。”

昨夜 小楼又 东 风

徐家后人眼中的 徐 林 陆 三角关系

关于徐志摩的情感世界，这似乎是一个永远充满话题的话题。2003年，徐家后人首次整齐公开露面，2012年，徐善曾携女儿徐文慈带到济南出席徐志摩研讨会，提及了一些关键问题。

徐志摩在中国出名的不只是他的诗歌和文学作品，大家似乎对于他的野史以及和不同女人之间的恋情更感兴趣。对此，徐善曾和他的家庭如何看待，众多徐志摩的粉丝都关心。从徐善曾给高小华的邮件里可以了解到，徐善曾对祖父的了解，主要是与祖母（张幼仪）有关的方面。“我的父亲与我的祖父见面的机会并不多，对我的父亲来说，徐志摩更像是一个活在记忆里的人而不是一个真实生活中的父亲。所以，与我的父亲有着真实接触的人，主要是我的祖母。根据我的调查研究，我发现了许多让人触动的故事。

“我给你分享一个最近的故事：两年前，我去到了上海图书馆，他们为我的来访准备了一些资料，并为我找到了我认为可能是我祖父出版的第一本书，以及其他5~7本书的复制本。其中最特别的，是关于我祖母的一份副本，其中描写的并不是浪漫的爱情故事，而是非常简单私密的关于他们个人生活的写照，我随后将它进行了出版，这成为了一本非常畅销的书籍。在这本副本上有我祖父对我祖母写的书信，当我第一次看到时，深受触动。”

而提到身边几位女性角色，徐善曾说，“我不认为有人能知道徐志摩到底爱哪个女人，我所知道的，只是我的祖母传达给我的部分。我祖母和祖父之间的关系是不幸，我记得那是在1921年，也是他们关系中最艰难的一段时间里，徐志摩和林徽因陷入了一段恋情。当我的祖母到达沙士顿的时候，她非常失望，因为徐志摩提出了离婚。我相信这对我的祖母来说是一段非常艰难的日子，我无法想象一个从中国来到外国的21岁女人，一个不会说英语、怀了孕，还得知自己的丈夫要提出离婚的女人，当时是何种心情。这对我的祖母来说是极具悲剧性的一幕，但是在离婚之后，我相信他们建立起了一种不同于以前的关系，无关乎浪漫，而是相互理解的一种默契。”

而关于徐志摩与林徽因和陆小曼的关系，徐善曾的原话是：“我不知道哪一段感情更加浪漫，因为我认为这是一件无法衡量的事情，我不想去评论。但是我认为徐志摩和我祖母的缘分是命中注定的，在他生命的后半段，他开始更加地去珍惜我的祖母张幼仪。而林徽因，我认为她只是一个徐志摩没有实现的梦想。但是不可否认的是，每一个女人的出现都为他的创作提供了灵感，我无法说出哪一首诗是写给谁的，但是我相信有文献记载。在我大概2岁的时候，林徽因曾请求我的祖母带我们去医院看她，也许我真的见过她，但现在已完全不记得了。这件事，让我觉得很好奇，为什么一个病重的女人会要见徐志摩的子孙，在我看来，这或许是她对徐志摩还有着一种感情，她认为自己将不久于人世，希望看到传承了徐志摩血脉的后代，也就是我的父亲。”

月　下　待杜鹃　不来[6]

徐　志摩 / 1923年

看一回凝静的桥影
数一数螺细的波纹
我倚暖了石栏的青苔
青苔凉透了我的心坎
月儿 你休学新娘羞
把锦被掩盖你光艳首
你昨宵也在此勾留
可听她允许今夜来否
听远村寺塔的钟声
像梦里的轻涛吐复收
省心海念潮的涨歇
依稀漂泊踉跄的孤舟
水粼粼 夜冥冥 思悠悠
何处是我恋的多情友
风飕飕 柳飘飘 榆钱斗斗
令人长忆伤春的歌喉

妍知我

洋洋思念你

1

阅后仍退我

请命寄[illegible]

2

冯明[3]

/ 传奇

画 外音 /

从前进镇的镇长助理到
第二炮兵指挥学院教授，
并坐拥一座踏踏实实的美术馆，
冯明的这盘火箭，一坐20年。

冯明美术馆2016年将启动开建，40亩地，他想把它做成一座画家创意生活园区，建一个主题艺术酒店、文化走廊以及综合性的文化设施，设计全由香港公司做。“我接受央视采访时，记者问我‘冯老师，你认为你的艺术成就是你的天赋还是勤奋成就的呢？’我说，都不是，应该是我的人生阅历成就的我。一个搞艺术的人，如果没有丰富的人生阅历是不能在艺术上去感动人的。我想在我60岁或是70岁时写本书，把我的经历写下来。我想这一定是一个很好的励志教材。未必非要读大学才能成功，人生应该是条条大路通罗马。”

从媒体眼中“二炮少了一个将军，多了一个艺术家”的戎马经历到沉浮商海、横纵开阖的人生传奇，我们总是有习惯性的思维：冯明很江湖，“很会事”，2008年那场关于作品《总理在汶川》的风波折腾得够戗……但实际上，通过数次采访，他身上典型的川西坝子上存活的那种悠悠然的幽默、嬉笑怒骂的生活哲学和非传统意义上的精明世故，着实很有煽动力：和他的画一样，“太逼真了”。

落日 黄 昏

冯明坐在我面前的时候，正处在母亲去世后的悲痛期。从小特别宠爱他并一直以他为骄傲的老母亲，在人生的最后几年却患上了老年痴呆症。由于工作太忙而没能始终陪伴母亲的冯明，内疚。为了纪念母亲，他把全部的身心投入到《守望》的创作中，这对他来说很重要，我有些感动。

冯明出生在四川邛崃，飘着酒香的地方，纵然全国走遍，他目前仍将邛崃作为自己的大本营。他太邛崃了。

8岁开始偷着画画，意外得到家人鼓励。“文革”期间因为外婆的成分问题连累到母亲被开除公职，全家7口人靠父亲每月32元生活费过活。冯明去当地的军需食品加工厂帮忙摘辣椒做豆瓣酱，“摘一斤给一两分钱，每天回家双手被辣椒刺激得红肿难耐，母亲就给我打盆石灰水，手摁进水里，呲啦啦消肿，晚上再继续画画。”

冯明运气好，梦想是考川美油画系，没搞成，转而被川师录取，但终究没甘心去报到。18岁，刚好是入伍年龄，当时的二炮学院（现二炮指挥学院）到四川招兵，他就去了。激情燃烧，随后被安排到政治部的俱乐部放电影，他郁闷，可多年后仍感恩当年的放映员生涯给了他绘画当中的画面感和氛围感。“逼真”，是外人对他作品的初印象。后来俱乐部分来一个新主任，姓李，发现冯明的才华，二炮举办首届教职工书画展，冯明的《落日黄昏》获得一等奖。

后来的经历他反复提及，堪称洋气：部队新兵当到第二年，他获得全军考试资格，以武汉考区第一名的成绩考上南京政治学院。“但当时我偷偷在部队与一位女兵谈恋爱，被算作违反纪律，活生生被刷下来。”命运转弯，前途未卜。当兵4年，“告老还乡”。冯明回来被分到邛崃县委政策研究室，公务员，喝茶看报纸。

“那个时候公务员能停薪留职去闯荡世界是很少很少的。在当时，我就破了这个例。当时我去海南是缘起于在《文摘周报》上看到一个消息：中国将在海南打造中国最大的经济特区。而且当时给海南经济特区的政策还要‘特’。我被这句话吸引了，决定了要去闯海。1988年4月13日海南经济特区正式挂牌成立。我到海南的时间是4月12日。当时过海的感觉很壮观！坐火车到了湛江，在湛江坐公共汽车到海安码头，从海安码头过琼州海峡到达海口，我等渡船就在码头等了3天。当时叫‘十万人才下海南，百万大军过海打工’。海南在那时一下就变成了一个非常热闹的世界。”

繁华沙漠，传奇开场。

到了海南，激动人心。住在海南文学艺术界接待站，每天8块钱一晚，吃饭免费，很舒服。后来，冯明坚持了一个星期就发现不行了，钱遭不住，转到海南的“地洞天旅社”，曾经的海南防空洞。一块五毛钱一晚，不大的面积通铺睡50个床位，几十个人。“当时那个环境，脚臭、汗臭、霉臭、狐臭，乌烟瘴气。住在里面的有卖水果的，擦皮鞋的，端盘子的，当然还有作者、记者、艺术家，什么人都有，总之鱼龙混杂。”

在那里冯明认识了当时南京日报的一位新闻部主任，姓刘。他也是赶海人。认识后，大家关系处得非常好。“当然，当时我们很造孽。每天沦落到吃‘对时饭’。什么叫对时饭？今天下午3点钟吃一碗2元的面，要到明天下午3点才能再吃一碗2元的面。早已不能享受早餐、午餐、晚餐的待遇了，身上的钱早都已经囊中羞涩了。为什么这么恼火我们还没有走呢？实际上还是虚荣心在作祟。在去海南之前，亲戚朋友、领导同事都来劝你不要去凑热闹。但是那个脸面又放不下来。也不想告诉家里我现在的困境。”

趁着高中时阅读广泛的基础，冯明发现，海南有个奇怪的现象，由于海南的条件，两个95%都是靠内陆解决。一是日常生活用品95%都从内陆运过去。二是基本的生活设施95%都是依靠内陆。当时海南经济非常落后，很多去海南找工作的人找不到工作。“很多闯海南的人就开始迷茫，把期望寄托在算命先生上。我就发现他们的生意很火。我就去文具店买来笔筒，画了一个易经八卦图。我就说，老刘我们去算命。他说，我不会算。我说，根本不用你算。你的面相比我好。他当时长得胖乎乎的，我当时才90斤，身材又瘦小，现在有140斤了，你想，差距好大。胡子很长，完全像个九方道人，仙风道骨。”

两人找的地点是海口当时最好的望海大酒店。两人把摊子支起后，就从酒店门口走出一对男女。“那个女娃娃可能就20来岁，那个大胡子男人可能就是45岁以上。从他们暧昧的表情上看去一定不是父女俩。是什么？按照现在的话：你懂的。我就发现这是一个商机了。走过去把那个男的喊到。‘老板，您的印堂发亮，气色红润。你来海南投资发展会有一个很好的前途。’他就很意会转过来问我，‘你会看面。’我说，我不会，我的师兄才是高手。但他不轻易给人看相。我问他‘你听说过一个相面大师张恨冰吗？’其实根本没有这个人，是我当时灵机一动想到有个张恨水，编出的名字。他居然回我‘听说过’。我心想，这下你要遭。但后来觉得他一定是想在那个女子面前显示他的‘渊博’。如果要把这单生意做成一定要把这个女娃娃留下来。”

请原谅接下来的继续引用，因为原话已足够精彩：“当时，她已经在那儿开始不耐烦了，要挽着他的胳膊带他走。我想这第一单生意一定要做下来，不能让他走。我说‘你命中缺阴，如果你在海南遇到一位千年不遇的红颜知己，你的事业将会如日中天。’那个女孩儿听到这句话，马上就很撒娇地望着这个老板好像在说‘我就是你千年不遇的红颜知己！’这段算命经历之所以记得这么清楚，因为他改变了我在海南的命运。后来，就坐下来说了些他的生辰八字，每个人都有他的虚荣心。一个恶人也希望听到人们说他心地善良。所以，老刘就说：‘老板，你这辈子最大的优点和缺点就是太善良。’那老板拍着大腿说：‘俺这辈子就是太善良，太实在了。’最后，他留给我们100元，说‘祝你们生意好！’两个人就高高兴兴地走了。”

每个人都埋怨自己曾浪费过那些寒冷的年华，可这些年华回过头来又给了人生足够的支撑与震颤，无一例外。

冯明当时去海南时29岁，离了婚走的，女儿一岁多。拿到那100元，已是到海南半个月后的事。他之前听过“广东早茶”，但不知道怎么吃。两个算命先生拿着那100元准备先把肚子问题解决——望海大酒店的早茶一派生机盎然：两人一坐下来就看到那些服务员推起车子，上面叠着小蒸笼，什么叉烧包、凤爪、排骨、皮蛋瘦肉粥等等。“我们根本不敢点，因为不知道这些东西有多贵。我们就把服务员叫过来，两人按照牌子上标注的最便宜的皮蛋瘦肉粥点了。吃饱喝足，出门买了两包烟，算命先生改变自己命运的又一次摆摊开始了。

“我们吃完早餐出去摆摊，就来了一个女娃娃，这个女娃娃的名字我到现在都还记得，叫蒋亚琼，西安人，24岁。她说，‘先生，我不需要你给我推算过去，也不需要你给我预测未来。你就告诉我，我今天去参加一个单位的应聘，我的胜算有好大？你说得准，给你两百。’嚯哟，这个女娃娃的口气好大！我想她是不是之前看到我们在哪儿算命哦？原来果不其然，她之前一直在那儿关注我们两个。当时我一下就觉得，一个好的消息来了。因为当时在海南你要得到一个单位的招聘信息是很难的。而且这个女娃娃能把这个单位看得这么重，可以出200元的代价，说明这个单位相当好。我就说，‘你能出200元，说明你对这个单位看得很重，说明你很希望到这个单位。这样，今天就免费给你看，你把单位名称、所在地，还有领导的名字告诉我们。如果相生你就去，如果相克你就去都别去。’”

昏睡的顽童，梦好似烈酒，做了就泪流成河，不做就难耐忧愁。蒋亚琼一语惊醒梦中人：海口电视台面向社会招聘记者。冯明到海南那么久从来没听说过有海口电视台，“只听过有个海南电视台”。她说，这个海口电视台是陕西省文化厅和海口市政府合作办的，这个负责人是来自陕西文化厅的，叫陶冶（音同），他们的办事处就在望海大酒店的405。当时听到这个消息，冯明激动不已，他跟老刘说，快收了回去，老刘看他慌慌张张的，问“你干吗？”他说：“去应聘！”

老刘的钢笔字

冯明和老刘根本没来得及考虑自己的着装，就直接到了望海大酒店405房间的门口，很有礼貌地轻敲了三声门，门一下拉开，只见一个肚子横在眼前，是一个1.9米多、很高大的西北大汉：“你们干吗干吗？我们这里不接受推销，你们走吧！”冯明接着：“先生，我们是来应聘的。”当时，为了得到这份工作，两人扯了个“垛子”，说自己是从四川电视台来的。对方果然一下就很感兴趣。为什么敢说自己是四川电视台来的呢？闯海南之前，1986年冯明在成都电视台的文艺部电视剧制作中心待过。当时成都电视台和成都文联合作搞了一个电视剧制作中心。冯明在那儿当文艺部主任。对方对他这样的经历感兴趣，让进去了……进去后，他们俩就傻愣愣地在那儿站着，对方在一张摇椅上一副轻视地看着，桌上摆了一包万宝路。当时万宝路是最好的烟，要10元钱一包。“他把烟掏出来抽了一支问我们，‘你们抽烟吗？’我的烟瘾本来就大，但是又不敢说抽，怕失风度，就说了句，‘不用了。’两头话，你给我就抽，不给就算了。他说，‘抽吧。’就甩了一支过来。我把它点燃，一口我就吸了半支。后来，我们就越聊越投缘。最后他说，我委托你们写一份关于电视台栏目设置。包括如何办好海口电视台的方案。”

说干就干，回到“地洞天”旅社后冯明就跟老刘商量：“老刘，你把你的烟全部捐出来交给我，我来写方案。”老刘的钢笔字写得很好。“我完成后就交给你誊抄。”那晚，冯明就在地洞天旅社的铺上，把两人的行李包叠在一起，趴在床上写。从晚上9点动笔写到第二天凌晨3点，洋洋洒洒写了27页，然后誊抄。

冯明在海南一直穿的是T恤，他把行李箱打开找出衬衣，完全被压得皱得不像样子了。头发又长，还是山羊胡子，就这样穿着去望海大酒店找那个西北人。见面后，对方问：“你们吃早茶了吗？”冯明接：“还没有。”他说，“那好，我们下去边喝早茶边聊。”冯明很坦率，“当时我想如果今天应聘失败，我怎么也要把早茶吃好。那天，我皮蛋瘦肉粥喝了三碗，叉烧包吃了两笼。后来我才发现我自己吃来都有点儿撑不住了。吃完后，他递来烟我们抽。看完报告后，他很满意，他说‘这样，我们电视台现在正在招聘，月薪150元，试用期3个月。’这就相当于我们内地3个月的工资，解决住，不解决吃。这对我们来说很重要！他说，‘你俩去把行李从宾馆搬过来，我们有专门的记者公寓。我带你们去。’我这辈子就是好面子，其实好面子在有些时候还是会害很多事情。我就跟老刘说，‘老刘，你到海口宾馆去把我们的行李拿出来。’老刘很老实，说‘海口宾馆在哪里呀？’好在老陶在看报告，没听我们的对话。我就在桌子下用脚踢了他一下。老刘一下就明白了，说‘台长，我们到海口宾馆去把我们的行李拿过来。’‘好吧，抓紧时间拿过来。’”一行人到了海口的大英村13号，这是当时的记者公寓。电视台把两人安排在1楼，一间房，两张床，两张小办公桌，两个小电风扇，两个台灯。那当时简直是天堂。“后来楼上走下几个女娃娃，其中一个就是蒋亚琼！只听见她说，‘台长你怎么把这两个算命的带过来了？’那一刻，我认为蒋亚琼是世上最丑的女人，虽然她确实长得是很漂亮。后来，我就把我们为什么沦落到去算命讲给了陶台长听，台长笑了，在我瘦弱的肩上捏了一下，表示理解。”

一帆风顺。冯明试用期三个月后成为海口电视台第一任新闻部主任。当时他是由海口市市委书记林明玉亲自签字，作为人才引进过来的。“我在海南呆了4年，1992年底离开。这是我在海南的经历。”

1993年冯明到了深圳，又一段传奇开场了。他到深圳后把当时有影响力的报纸逐一搜索，那时的《深圳法制报》周末版办得很有特色，有一些纪实文学和一些连载的内容。他就开始投稿“卖女人”！什么叫“卖女人”？他写了20个成都女人在深圳奋斗的故事，半真半假。当他写到第5个故事时，一位姓顾的副总编辑看了，拍板说‘你把你的20个女人全部卖给我。’他就这样全部给我买了，一个女人5000元的稿费。”就这样，在冯明还没找到工作前，他就怀揣着首付的5万元定金闯天下。

“我这一辈子离不开这些贵人的相信，相助。随后，我就看到深圳广播电视台招聘编导，招聘策划。我就去应聘了。当让我留地址时，我写下了当时下塌的香格里拉大酒店，这个气势就把对方给震住了。”

虽然曾经在电视台做过，但是对于编导冯明相对还是陌生的。应聘之前，他去买了一本美国著名导演吉斯伯格写的导演学来抱佛脚，看了几天。他还去自学了许多西方蒙太奇的理论和相关知识。应聘时，和澳洲留学回来的总编导聊得很是投缘，后者甚至已经忘记后面还有人要应聘。谈到薪资，当时在深圳，一般较高的月薪是3000元。“我的要求是月薪5000元，还需解决一套二的房子。他说，第一个条件没问题，不过第二个我没有这个权力，需要请示台长。”冯明回去等电话，下午2点40分，电话响了。让他过去。房子解决了。到电视台后冯明接到的第一个任务是为一家楼盘做广告策划。当时，王石的万科要在深圳开盘，做广告，找了很多家广告公司都不满意，后来文案又回到冯明这里。剧本经过冯明的操刀改换，一下通过。这是他做成的第一单广告，60秒就60万。

前进镇　　助　理

冯明从深圳回到了邛崃。

邛崃当时的市委书记带领党政代表团到深圳考察学习，吃了闭门羹。一行人到了深圳的一个乡镇，一个副乡长就把他们打发了。他们去看望在深圳的邛崃同乡会，大家说，当地电视台有个邛崃人，跟领导关系处得比较好，可以找他帮忙。

冯明去了，找了宝安区书记，事情办得颇漂亮。邛崃方面当时就喊他回邛崃作贡献，不要留在深圳了。“当时我女儿才几岁，迫于要照顾女儿的想法，所以我选择了回来。”邛崃方面本想让他随便选哪个单位的一把手，但迫于程序，就让他到邛崃市的前进镇去当了镇长助理。

当前进镇助理搞了一年，让他分管计划生育。“当时，我抓到大肚子就放了，后来传到了组织部，大家也就睁只眼闭只眼。一年后，他们实现了让我在基层锻炼一年的诺言，重新安排岗位，但冯明却毅然放弃，再次下海！”

名扬天下

邛崃出酒，自古以来就出酒，冯明眼见机会，华丽转身，成了商人，卖酒的冯明亲自操刀写了个广告剧本：一开始，镜头拉得很远，孙海英在长廊里穿一件灰色的中山装，从远处不停地向镜头走过来。在他走的过程中，画面不断地切换，孙海英的画外音就出来了：“这些年，我一直在走，不知道走了多少路。有时我很累，我想停下来。但是，我停不了。”在这过程中，他就坐到沙发上，背后是书架。而后，他沉思了一下，“但是，我相信在山的那边一定是一片广阔的天空。一起来吧，五粮液名扬天下铸就英雄梦想。”30秒的广告，当时很多人以为是电视剧，结果让五粮液的名扬天下酒名扬天下。当时甲A正火，CCTV-5和CCTV-3都在播，广告投资了1200万。五粮液的名扬天下酒当时在兰州还是很普通的品牌，广告播出三月后，成为了销售第一大品牌。后来统计，一共签了8000多万的单。

在兰州，冯明把名扬天下酒冠名为音乐剧，大家都不知道这是酒。后来，一伙人在兰州海选“名扬天下”之星，那晚就在兰州剧院，人声鼎沸。养在深闺人不识，大家轰然才知“名扬天下”是酒！评选结束后，所有的酒店都在找名扬天下酒，“我们5台送货车都不够送。从上市以来，不到5个月，我们在兰州销售了1500万。”冯明的底气来自于一开始对这个江湖的判断。

画外　　　　音

“2004年起，我完成了我所有闯荡社会的经历，回到了四川。这些年，无论我在做什么事情，还是从事什么样的工作，我从来没有放弃过画画。我如果有时间，我就把它当作我的兴趣爱好，坚持作画。为艺术而艺术。我从儿时8岁起开始画画，一直从小学画到高中毕业，再画到部队。”

冯明受苏联电影的定格镜头影响很深，他认为每个定格都是一幅油画。“色彩之丰富、漂亮，哪怕是战争片。演《魂断蓝桥》那个女主角，她的眼睛和鼻梁精致到你无法去复制。我最喜欢还是画肖像，我觉得那是可以和人对话的。我画肖像有个我坚守的东西，就是不熟悉的人我不画。我要画这个人是一定要建立在了解其人的基础上，在我们的交流中，我才能去定格他最美的瞬间，而后才能落实到我的笔端，入骨传神、深入灵魂！”冯明在作画时有个怪癖，如果不恭，不画。讨价还价，不画。但是，如果是朋友，一分钱都不要。他认为对艺术的尊重首先就是对画家本人的尊重。”

画画的冯明丢了酒瓶，重新拿起画笔，现在，他更喜欢画风景。画风景不会那么紧张，写意潇洒。构图、落笔、用色都可以随心所欲。冯明说只有在画画的过程中感到的才是最纯粹的幸福和快乐。

记得在海南刚安顿下来时，他常去五指山画画，一次遇到一群美国人在身后看他画画，叽里呱啦不知说了些什么。其中有个翻译，走上前就说，美国人夸你画得好，问你卖不卖，他就比了一个“2”，意思是200元人民币你就拿去。结果，美国人摸出2000美元。到那时，他才知道画画不仅是让人愉快的东西，其实艺术也可以被人欣赏甚至改变你的生活质量，这件事比起后来卖几十万上百万的作品愉快得多。

如今的冯明已不是一个单纯的艺术家。他在都江堰搞了一个葡萄种植园，每年就为他自己定制一批酒，酒的标贴上就印着他的作品，不进入市场，只用于馈赠。“我希望通过更多的媒介让更多人知道自己的作品。他喝一瓶酒，就可以看到我的作品。四支一套。英文翻译是“灵魂之伴””。他把他最喜欢的一位西方画家名字注册成了葡萄商标——‘伦勃朗’。”

现在的冯明，绘画成了他生活的重要组成部分，风霜在肩，他悟到了很多东西，他把自己的业余时间都用在了公益事业上，为需要帮助的困难人群送去温暖，以一己之力负重前行。无论是贫困地区的孩子，还是残疾群体，以及老年白内障患者、心血管少年患者的免费手术，冯明都全力帮助。

现在，冯明已是成都市最美双拥人物，四川红十字会公益形象大使，还是汶川中学的荣誉校长……2015年，他设在汶川中学的冯明艺术培训中心开始定点向阿坝州13个县招收学生，“阿坝州有艺术天赋的孩子很多,我希望给他们实质性指导,我组织了一批志愿者老师去支教,给予他们艺术教育,从高一到高三,为艺体生升学教育拓宽渠道。”2016年，占地40亩的冯明美术馆也将在邛崃启动，领袖谷主题艺术酒店和画家生活园区作为配套一并与冯明美术馆组成一个庞大的文化、艺术创作园，这是冯明乐见的一幕。对于身份复杂，又钟爱画画的冯明来说，是时候给自己放一场电影了。

1. 冯明油画作品《红牡丹》。

2. 冯明油画作品《守望》。

3. 冯明，中国人民解放军武汉第二炮兵指挥学院教授，解放军第二炮兵美术学部委员。
先后得到油画大师吴冠中、陈逸飞等艺术家指导，
先后为姜昆、张艺谋、宋祖英、李丹阳、陈思思、殷桃、袁立等业界精英绘制油画肖像。
该文写于2015年11月23日 。

美丽的

梦中人

1

何时再见

林心伟

2

魏葵[3]

/ 何时再见

梦中人 /[4]

去年春节，魏葵在家里画了20双“鞋底”。

郎情妾意的那种，你侬我侬，巫山云雨。他为什么要画春宫？

因为一位成都的女藏家所订。她说她生活中缺乏这种情意的东西。

魏葵希望观者能在画中的欢愉里读出一份现实的苦楚。

欧洲房子西餐厅。“这里是我这么多年来的会客厅，我的朋友来聊天，藏家客户谈艺术、项目都到这儿来。这个包间叫‘向日葵’，正好和我这个‘葵’一样。”魏葵是个画家。魏葵拿出一幅国画手卷，今年画的川军抗战题材，有4米长。他一直想画这群内心的情感群像。一般画国画的不愿这么画，像这种血战的题材，用油画描绘好把握得多，这种上百人的肉搏战场面用水墨表现难度很高。他几乎没用线，如果不加线，就是纯水墨，难度更大。他在“自虐”：如果把生宣利用好，会出现很多意想不到的画面效果，但不好控制。“原来我也是勾线、上色，但是我觉得这样画太有把握了，没有了技术上那份不可预见的偶然性所带来的刺激与挑战”。

实际上我当时看到的只是这抗战长卷的一半。画这种大题材要事先准备资料，庞杂、迷乱。在这个基础上，他还要调整自己的状态。“这是纯创作，没有参照。我这张画，主题是川军抗战，但是里面的场景故事是一个很真实的川军参加的战役，我的外祖父就参加了这个老河口战役。当时，他隶属于45军125师。我外祖父是45军125师379团团长李传林。日军当时是想打通湖北到四川的通道。每一次日军从湖北进军四川的战役打得都是无比惨烈的。外公是1952年去世的。最后的官阶是中将参谋长。作为第一批出川抗战的团长。当时出去的时候共有400多名团职军官，三年之后只剩下几个人了，其他都已阵亡，川军抗战初期的惨烈可见一斑”。作品的这一阕初拟名为《川军之碧血山河》。创作时没有草稿，草稿限制情感。随手勾染，随人物段落自然生发。

“长卷是最符合中国画传统特点的，它可以带观者不断深入到画卷里。应该不会再有这样的画了，这是用中国画画出的第一件川军题材，是水墨的《我的团长我的团》,全部靠情感画出来的。我近10年没有画这样的大型群像了，画了一段时间后，人的精气神损耗之大，感觉人都被作品慢慢吃了，体力精力投入太大。”魏葵专门为这件作品写了一篇艺术美文：《明月下的初雪 厮杀无声》。

魏葵是1969年出生的，每一个60后似乎都要走出自己的心境。他经常在网上发些怀旧的文字，唱老歌，没见他人时，大家都觉得他老，但是见到他的人都晓得他可能注定不会和“老”字沾边。他喜欢怀旧，画画时都是听20岁时的歌，仿佛又回到当年。他用这种方式来保持年轻的状态。一个情感丰富的人，不容易老。“我那时爱听的有费玉清、童安格、王杰、谭咏麟、杨庆煌……我脑子里现在就想起了《水中花》。这些歌的段落旋律，会把人一下就带回到当初的情境里。我当年有方闲印，刻的是‘长春’。这是一种心境。现在我的画还常用这方印。对于一个艺术家而言重要莫过于保有他人生的‘初心’。”

魏葵是个复杂又单纯的人。他画文人题材的场景，最爱画一个人在荒江河岸徜徉。这20年内画了很多，“这很符合传统文人画的某种标准”。“因为我从小就在锦江边长大的。我儿时逃学的时候都是一个人跑到河滩上去玩。十一二岁的时候我已生活在单亲家庭。很多画家在老年成熟的时候都是画的儿时记忆深刻的东西。一个好画家终其一生只不过就是在整合他童年少年时已形成的性格。无论是有意识还是潜意识的。你一定要懂得自己属于哪一个群落或是个体的。如果没有人生情结和伤怀去画文人画，我只能说那是在无病呻吟。真正的艺术品是不考虑买家的，只考虑情感。”

春宫　　闺

魏葵说自己最怕别人让他重复画曾经的画，“之烦躁”。有些商家想买他作品的版权，搬到旗袍上。去年春节的时候他在家画了20双鞋底。他为什么要在鞋底上画春宫？因为一位成都的女藏家所订。“她说她缺乏这种情意的生活”。“希望观者在画面的欢愉里读出一份现实的苦楚。我喜欢挑战难度，绝不循规蹈矩。”

魏葵在很多场合出现都显得很孤独。他这个人从小孤独惯了。“艺术家都需要孤独感，越是孤独感的东西越能打动人。我跟过四川画坛很多老先生。80年代初我原来的中学校就在现在太古里的位置，我现在也经常去那儿坐。改革开放之初老先生们就在我就读的中学开班授课。当时我12岁。我很有幸在那些年月里跟随他们学习。当年年龄小理解力不够但是都记住了。我是从小学国画出生的，从没摸过油画笔。”魏葵对文人画有一种近乎闺房趣味的宠爱。

路　人甲

1989年的时候，年轻的画家魏葵去成都广播电视艺术团做美工，然后随各种剧组拍戏。做美工之余也扮过好些路人甲、匪兵乙。“有一回让我去演一个盲眼退伍军人，后来差点凭这角色获奖。但开初时演不好盲人的感觉。我去问老演员许春林老师，让他教下我。他说，很简单啊，你闭上眼睛去感受一切就行了。我是纯龙套，也不是科班出生。妖怪、道士、匪徒这些角色演了不少。”那几年他认识很多女演员，还有几位演过1987版《红楼梦》。有一位后来很有名的女演员跟他有过一段。但，是谁，他不说。

魏葵和她1989年就认识了，他的原话是“这个故事太琼瑶了，不是哪个都能写得出来的。其中一个桥段是当年我们拍完某部戏，坐大客车回川，那个女孩一个人坐在客车前段，剧组的小伙子们商议好轮流去找她聊5分钟，因为她实在太漂亮了。我当时是第四个大着胆子去找她聊天的。5分钟后我要起身离开，她一把拉住我，不准我走。然后我就成了剧组男孩子们的公敌。

“路人甲”当了3年。1992年后，画家魏葵开始做生意。那时还没有BB机、手机。他的两个导游朋友“唆使”他出来，刚开始开了一个200多平方带两个大庭院的茶馆，“成都人防办公室的房子，2500块一个月。1992、1993年生意之好。”1993年的夏天非常热，我的茶馆是成都第一家安了空调的茶馆，每天很多人都在里面泡碗茶乘凉。一开门会把人吓一跳，横七竖八全是人。最贵的峨眉雪芽卖到38元一碗，我那儿消费应该算当时成都消费最高的茶馆了，每天门口摆上桌椅都是坐满了的，夏天乘凉，冬天晒太阳。很多客人帮我算账，认为我这能赶上一个中小型企业的产值了。因为茶利润很高。当时我的服务员累到什么程度？我一会儿一人给他们50元辛苦费，一会儿又加50元，都是工资以外的。她们累不下来，只有不停加钱。”魏葵在那个茶馆的岁月里经历了中国当时几乎所有能够挣大钱赚小钱的生意，而且这些生意他都参与了，茶馆一共做了8年。“我如果写本自传，最江湖的、最诡诈的、最腥风血雨的、最不可思议的、最浪漫柔情的故事都在我心中。后来1998年，我又开了一个酒吧，遇到的事就更多了。那时我对任何社会事物都已经比较免疫了。”

秋　飞集

1996年的一天，魏葵在成都百盛百货门口与两个美女擦肩而过，然后双方都惊讶转身，“怎么在这儿遇到你了？”当时双方互问的是这一句，随后就移步旁边的咖啡馆坐了会儿。1991年后，两人就没有再见过面，这次重逢两人都深感对方所传递出的巨大变化，而且明白了两人都未曾放下过那份情愫……

多年以后，魏葵清晰地讲了两个细节，一个是和“红楼梦”第一次牵手在百花潭公园被她的熟人看到时的囧状，当时她已经名声大振；一个是她后来离川的前夜，他送她到她楼下，两人还有机会，但一切都又已太迟，告别时如同倦鸟余花。再后来，又是几年过去，魏葵到一个朋友在槐树街开的酒吧去，遇到她曾经的闺蜜，得知她订婚的消息。

魏葵说他这一生中写的最好的文字是写给她的。“我写过一篇小说。在上世纪90年代我写过一本诗集，取名《秋飞集》。这名字不是我取的，是我们两人的一位知己取的。里面有一首长诗，我写了一个月。在这一生，我想自己再也写不出这种真挚而美好的情绪。”

餐　厅

2000年以后，他的人生又有了很大变化。很难想象，10余年间，魏葵已为中国高端餐饮企业实施了多项大型室内设计与商业策划。诸如我们熟知的“云门锦翠”“成都映象”等等，捧红的知名餐饮品牌也是可圈可点。所以当作为画家魏葵的身份回归艺术圈，把在市场积累起来的资源丢弃，把在设计行业获得的声望也一并放下，对慕名而来的业务、立竿见影的利润一概拒之门外的时候，还是让人吃惊不小。“我挺欣赏濮存昕的一句话，大意是坚守是有前提的，接拍广告是为了可以从容地生活，全身心投入舞台艺术。”

“画家魏葵其实是靠做设计累积起人气、名声的。做画家、做设计师，跨界艺术市场，风生水起。在滚滚商业大潮中处理艺术与吃饭问题的智慧，这是魏葵令人刮目相看的重要一点。有那么多年时间魏葵是出现在各类高档餐饮空间的主设计师名录里的重要人选。”

外界这样写魏葵。他的“混迹”与“出现”，给人既江湖又跳脱江湖的味道，“爆红”的时候一度“坐飞机坐得进医院，心率失调”，因为请他做项目设计的餐饮老板太多了。可决意离开这个江湖的时候他又决绝得不近人情。“我常说，我们都是手艺人，除非你不卖画，你才能标榜自己是‘艺术家’。我说能用设计力量推动本地餐饮业的发展。大家都说，只有你说这话不会挨板砖。我每做一个成功餐厅，都有很多人学我。我没有公司，每次签合同就是签个名字。当时，要做高端餐厅设计都会考虑找我，这个行业已绕不过我。

“我为什么要急流勇退？因为有一天突然觉得自己已变成一个老板，这有违我人生的初心，我发现我必须离开，我的灵魂是萦绕在画画上”。

“他突然冒出来，吓别人一跳，挺震人的。”这是大家对他进入绘画界的第一感知，在他看来，这无可厚非。“我已为这样一个转身准备了十年。我无论在设计圈和绘画圈，也许都不是会受欢迎的人。”

于是，魏葵就是这样的一个魏葵。

月光下的初雪

厮杀无声[5]

文/魏葵

为什么思绪总还在娘子关下？水墨已挽过最远的一片雪原。锌白颜料化成的几粒初雪落在黑的衣襟上。铁蹄声渐近了，你拉开冰冷的枪栓，准心外只见到那条大河一片萧寒。身边还有几个兄弟在。冷月的清辉洒过，你看到团长的刀锋已残。雪粒和着刀光掠过眼睑，敌人更近了，来吧！你低下头，枪栓声在周遭响了一片。

城已破，瓦砾在硝烟毒气间却透出清冷的高远来。烈风吹过，梅花岭下的冻檐冷脊，你的厮杀无声。血肉在刺刀上飞快冷却，老兵把最后的嘶哑融进钢刀里，刀式挥成永恒！一笔似青藤的飞白写出枪带，挽来一路冲杀过黄泉的锋火。子弹穿过胸膛，灰色的身影将倒未倒，是在望城楼后的远山吗？那里可是归处。你站在雪地上，脱下染满酋血的灰衫，身躯灼伤了雪意。有龙吟在刀尖玄黄的血气里。你纵身跃起，在背脊的辉光间，向血肉的青史冲杀而去。水墨之后，试着用文字来概述画意下不能褪歇的情绪，将尽未尽。想起少年时读过的温瑞安的几句诗，就用它来做这首散文诗的结尾：就此诀别吧 在明月天山间 我化作大海 你化为清风 我们再守一守 这锦绣的神州……

初雪时不会有明月，厮杀声总会冲撼天地。我试着用八大的冷寂笔意铺开半阙《富春山居图》般的萧萧淡远。可在这凄美的剩水残山下，数十万川军士兵无声地倒下。“何须埋骨地　处处有青山”！时间流去，也只余下青山。这幅《碧血山河图》应该是迄今第一幅表现川军抗战的大型中国画。一百八十个人物刀马，以最惨烈的姿态纠缠绝杀着。我用传统手卷的形式来创作，只是为了让自己和未来的观者能够缩小现代人的视觉感受和身躯，更细致地融入到逝去的烽烟中去感受那段抵御的英勇和悲壮。用纯水墨来画这种群像很难，因为这不是几个摆好甫士的人物。但我只需要这片黯黯泛黄的灰调。我知道它不会让人愉悦，因为我画的不愉悦，因为它没去具备取悦性。因为那段历史正是灰黯如残雪。正如我外婆在后来的余生中再没有见到过丈夫，如我母亲和她的姐姐兄长们再没有见到过父亲，由此放大到所有抗战川军死难的遗属们……

我自幼由外婆带大，她生命的最后几年我也和她生活在一起，听多了她对丈夫的描述！1937年的那个九月，她牵着大女儿的手在大面铺等丈夫所在的部队出川，灰衣蜿蜒。外祖父从一匹大青马上下来，叮嘱声中，摸一摸女儿的青丝，上马出川。从此再没回到四川。1941年外祖父职务变迁，外婆终可随军，那一年部队在湖北过河时诞下我母亲。我对外祖父的形像定格在外婆所述他在战斗中为鼓舞士气从战壕中站起来向日军坦克开枪的英姿。外祖父是第一批出川抗战的川军中四百余位团级军官寥寥两三个活着看到抗战胜利的。“我的团长我的团”呢？还在神州的山水间吗？唯有神州子弟在。这幅《川军不朽之碧血山河》更多的是向川军无名英雄们的致敬！唯其无名，所以勇毅。唯其义尽，所以仁至。读圣贤书，所学何事？而今而后，庶几无愧。

---

1. 魏葵水墨作品：《风露云恩册》之一。
2. 魏葵水墨作品：《哈雷黄包车》。
3. 魏葵，四川美术家协会会员，北京画院专职画家，成都画院特聘画师，四川中国画会会员，四川人物画专业委员会委员。燃食图像设计机构创始人，首席设计师。
4. 《何时再见梦中人》发行于2000年《伍佰&ChinaBlue电影歌曲典藏+顺流逆流电影原声带》。
   是歌手伍佰的一首闽南语歌曲，由伍佰本人作词及谱曲。
   本书多次使用了《何时再见梦中人》中的歌词（每位人物的照片或作品旁，由作者亲笔书写）。
   《何时再见梦中人》歌词全文如下：
   渺然的 青春时 曾经放浪的秋天 / 黯然的 野花时 怀念绽红的胭脂 / 疲累啊 爱人啊 走找心爱已经十年
   你在海角 还是天边 咁知我深深思念你 因为你是我生命勇气 / 吹熄吧 火已虚 等待早时少寒意
   飘飘然 黄昏时 骏马已经骨如枝 / 猖狂的 泪满墘 茫茫前路佗住去 / 恨自已 失意去 未来乎你来离开
   你在海角 亦是天边 咁知我深深思念你 因为你是我生命勇气 / 美丽的梦中人 何时再见我的伊
5. 该文经魏葵独家授权刊载。以笔荐轩辕。向英雄的川军先辈致敬！写于2015年8月9日。
   该文写于2015年7月27日,于2015年11月3日补记。

图书在版编目(CIP)数据

何时再见梦中人 / 谢礼恒著. —成都 : 成都时代出版社，2016.3
ISBN 978-7-5464-1613-7
Ⅰ. ①何… Ⅱ. ①谢… Ⅲ. ①文化—名人—访问记—中国—现代 Ⅳ. ①K825.4
中国版本图书馆CIP数据核字(2016)第038618号

何时再见梦中人
HESHI ZAIJIAN MENGZHONGREN
谢礼恒 著

出 品 人：石碧川
责任编辑：龚爱萍
责任校对：李 佳
书本设计：许天琪
监　　制：许燎源博物馆
印制总监：袁海忠
编　　务：吴彦霖 张 涵
责任印制：干燕飞

出版发行：成都时代出版社
编辑部 028-86742352 发行部 028-86615250
网址 www.chengdusd.com

印　　刷：四川新财印务有限公司
规　　格：140mm×195mm 印张：15.5
版　　次：2016年04月第1版
印　　次：2016年04月第1次印刷
书　　号：ISBN 978-7-5464-1613-7
定　　价：59.80元